Mechthild Dehn · Daniela Merklinger · Lis Schüler

Texte und Kontexte

Schreiben als kulturelle Tätigkeit in der Grundschule

Klett I Kallmeyer

Texte und Kontexte ist die Neubearbeitung und wesentliche Erweiterung der ersten Ausgabe von 1999 (Mechthild Dehn: *Texte und Kontexte – Schreiben als kulturelle Tätigkeit in der Grundschule.* Volk und Wissen Verlag Berlin und Kamp-Schulbuchverlag Düsseldorf)

Bibliografische Information der Deutschen Nationalbibliothek
Die Deutsche Nationalbibliothek verzeichnet diese Publikation in der Deutschen Nationalbibliografie; detaillierte bibliografische Daten sind im Internet über http://dnb.d-nb.de abrufbar.

Impressum

Mechthild Dehn, Daniela Merklinger, Lis Schüler
Texte und Kontexte
Schreiben als kulturelle Tätigkeit in der Grundschule

1. Auflage 2011

© 2011. Kallmeyer in Verbindung mit Klett
Friedrich Verlag GmbH
D-30926 Seelze
Alle Rechte vorbehalten.
www.friedrich-verlag.de

Redaktion: Stefan Hellriegel, Berlin
Realisation: Jürgen Rohrßen, Hannover
Druck: Kessler Druck + Medien GmbH & Co. KG, Bobingen
Printed in Germany

ISBN: 978-3-7800-1077-3

Nicht in allen Fällen war es uns möglich, den Rechteinhaber ausfindig zu machen. Berechtigte Ansprüche werden selbstverständlich im Rahmen der üblichen Vereinbarungen abgegolten.

Mechthild Dehn · Daniela Merklinger · Lis Schüler

Texte und Kontexte

Schreiben als kulturelle Tätigkeit in der Grundschule

Klett I Kallmeyer

4 Ergebnisse aus dem Unterricht: Dokumentation

Anhang

Die Texte der Schülerinnen und Schüler sind normalerweise lediglich orthografisch korrigiert; gelegentliche grammatische Korrekturen sind durch Klammern gekennzeichnet, Ergänzungen durch einfache Klammern, Kürzungen durch doppelte. Mit * markierte Texte sind „buchstäbliche" Transkriptionen der Originale. Die Namen der Kinder sind hier und im Folgenden geändert. In wenigen Fällen, in denen die Namen beibehalten wurden, geschieht das im Einverständnis mit Lehrern, Eltern und Kindern.

Texte sind „ästhetische Imperative",
deren Gegenstand erst durch einen fremden Willen
und in einem fremden Bewusstsein aufersteht.
  Novalis

Nur was als Darstellung inszeniert wurde, hat in Traum und
Literatur die Chance, ins Bewusstsein einzudringen, um
jenseits pragmatischer Lebensvollzüge *in mente* zu sein.
  Wolfgang Iser

Der Erhalt von Komplexität sowohl des ästhetischen
Objekts als auch der ästhetischen Rezeptions- und
Produktionsprozesse ist ebenso Kriterium für schulische
ästhetische Bildung, wie jene Art von Inszenierung, die
Subjektivität als produktive Kraft begreift.
  Gunter Otto

Der Abstand vom Kulturell-Allgemeinen kommt
dadurch zur Darstellung, dass fast jedes Produkt
ein Dokument für Individualität ist.
  Klaus Mollenhauer

Geschichten schreiben ist, wenn man keine Luft
mehr kriegt.
  Marco (Klasse 1)

Einleitung

Wer schreibt, hat immer schon gelesen, Vorgelesenes gehört, Bilder gesehen. Dabei geht es nicht um Imitation, sondern um Adaption und Transformation. Hier soll ein Verständnis vom Textschreiben als kultureller Tätigkeit begründet werden, das Schreiben immer in Korrespondenz mit Vorgefundenem sieht, mit und zwischen anderen Texten, Schreiben also als Umgang mit Mustern begreift, mit Mustern der Erfahrung und Deutung.

Wie ein solcher Zugang zum Schreiben die Texte der Kinder verändern kann, zeigt die folgende Gegenüberstellung von Texten zu zwei Aufgaben, die dasselbe Kind in Klasse 1 innerhalb weniger Wochen geschrieben hat:

└ Isabel (Juni Klasse 1)

Gegen Ende des Schuljahres (Mai und Juni) hat die Lehrerin den Kindern *zwei verschiedene Schreibaufgaben* gestellt. Einmal haben sie auf einem DIN-A4-Blatt etwas *aus ihren Pfingstferien geschrieben* – diese Aufgabe ist im Schulalltag weit verbreitet; sie soll die Erlebniserzählung vorbereiten. Das andere Mal haben die Kinder zu Bilderbüchern geschrieben, die die Lehrerin vorgelesen hat; einmal auch zu *Mausemärchen – Riesengeschichte und* (von Annegert Fuchshuber). Dazu hat die Lehrerin verschiedene Schreibblätter mit Bildkopien zur Auswahl gestellt. Die Kinder entscheiden sich für ein Blatt und *schreiben auf, was ihnen wichtig ist.* Diese Aufgabenstellung ist bislang eher ungewöhnlich: Es geht nicht um Nacherzählen, um Vollständigkeit (etwa im Hinblick auf die Szene, die auf dem Schreibblatt zu sehen ist), sondern die Kinder haben Spielräume für inhaltliche Akzentuierung, sprachliche Formulierung und Textform; und zugleich haben sie eine Orientierung dafür. Weil das Buch Themen behandelt, die die Kinder etwas angehen (Anderssein, Ausgeschlossensein, Mut und Angst, Sich-auf-die-Suche-Machen, einen Freund finden), kann jedes etwas wählen, das ihm wichtig ist. Die Textform des Buches ist – als Entgegensetzung zwischen der mutigen Maus und dem furchtsamen Riesen – auch äußerlich angelegt: Das Buch ist von vorn und von hinten zu lesen.

So unterschiedlich wie die beiden Schreibaufgaben sind auch die Texte, die dasselbe Kind (!) innerhalb weniger Wochen dazu schreibt, hier noch einmal in Abschrift:

> Im Zirkus
> Ich bin am Samstag in den Zirkus gegangen und mit meinen Eltern.
>
> Die Maus
> Es war einmal eine Haselmaus. Die Maus war sehr klug und sehr schnell und vor allem war sie mutig. Aber sie hatte keine Freunde. Eines Tages beschloss sie wegzugehen. Sie ging und ging davon. Eines Tages traf sie einen Riesen und der Riese und die Maus waren sehr gute Freunde.
> **Isabel (Juni Klasse 1)**

Aus den *Ferien* berichtet Isabel von einem Höhepunkt, dem Besuch im Zirkus, und fügt an, dass sie mit ihren Eltern dort war. Allein indem sie das aufschreibt, zeigt sie, dass es ihr viel bedeutet. Mit Worten oder zwischen den Zeilen ist es nicht gesagt. Bei dem *Bilderbuch* hingegen entfaltet Isabel die Geschichte von Rosinchen (die vom Riesen erwähnt sie nicht): Sie charakterisiert die Maus (*sehr klug, sehr schnell, vor allem … mutig*) und benennt ihr Problem: *Aber sie hatte keine Freunde.* Dieser Satz ist die Mittelachse des kleinen Textes. Die zweite Texthälfte gilt dem Entschluss der Maus, sich auf den Weg zu machen; sie gilt dem Weg selbst und dem guten Ende. Der Stil von Isabels Erzählen ähnelt dem Buch; er enthält Muster des Erzählens, nicht nur aus diesem Buch, sondern auch von anderen Texten, die sie sich angeeignet hat: zur zeitlichen Gliederung (*es war einmal, eines Tages*), zur Steigerung (zweimal *sehr …, vor allem …, ging und ging*), zur Textgliederung (*aber*).

Die Aufforderung dieser Schreibaufgabe besteht darin, sich auf die Fiktion des Bilderbuchs in der Vorstellung einzulassen – als Möglichkeit für Identifikation und Empathie –, etwas aus der Komplexität der Vorstellungen auszuwählen, dazu eine Schreibidee zu entwickeln und zu realisieren. Die Kinder können weiterführen oder umschreiben, was sie gehört haben, sie können es auch wiederholen. Einfache Wiederholungen kommen jedoch (fast) nicht vor. Immer adaptieren die Kinder etwas aus dem Buch, wandeln es um, setzen ihren Akzent. Alle Kinder der Klasse bringen etwas aufs Papier – als Situationsbeschreibung, als Kommentar oder als kleine Geschichte. Dass bei solchem Schreiben zu einer Vorgabe wie dieser alle Kinder eine Schreibidee notieren, hat sich in allen Klassen bestätigt.

Wie bei Isabel gibt es bei allen Kindern dieser Klasse gravierende Unterschiede zwischen den Texten zum Selbsterlebten und den Texten zum Bilderbuch: sprachlich vor allem im Hinblick auf Komplexität und Reihung (vgl. die Gegenüberstellung der Schülertexte zu *Mausemärchen – Riesengeschichte* in Kapitel 2.1). Wer öfter Gelegenheit hat, komplexe Texte zu formulieren, kann sich allmählich diese Strukturen aneignen und sie dann auch explizit anwenden, zum Beispiel auch bei dem Bericht von Selbsterlebtem oder der Erlebniserzählung – so unsere These.

Texte sind also *Kontexte für andere Texte.* Schreiben – das ist der andere Grundgedanke dieser Konzeption – ist immer an Kontexte gebunden, an Kontexte des Denkens, des Formulierens, des Austauschs: Welche *Kontexte* aber sind lernförderlich *für Texte?* Der schulische Kontext ist dadurch gekennzeichnet, dass Bestimmtes (von der Gesellschaft Erwartetes, in Lehrplänen Festgeschriebenes, von der Administration Überprüftes) in begrenzter Zeit erreicht werden soll, also von Norm und Normierung. Für die Grundschule nun muss es darum gehen, dass der damit verbundene Aspekt der Selektion zurücktritt hinter den, dass alle Schüler das ihnen Mögliche lernen und nicht einige durch zu frühe und fixierende Bewertung eingeschränkt werden. Der Bereich sprachlichen Lernens, also auch des Textschreibens, ist davon in besonders brisanter Weise betroffen, weil jede Äußerung immer (auch) personal ist und eine Einstufung auf einer Leistungsskala von dem schwächeren Teil der Schüler als Misserfolg erfahren wird, der sich selten lernförderlich auswirken wird. Schreibaufgaben wie die zum Bilderbuch zeichnen sich dadurch aus, dass es kein Richtig oder Falsch gibt, wohl aber unterschiedliche und verschieden entfaltete Akzentuierungen. Jedes Kind kann seine Vorstellungen und Gedanken formulieren. Das ist interessant für den Austausch darüber, das Kennenlernen anderer Möglichkeiten (inhaltlich und sprachlich) und die Auseinandersetzung damit. Und weil es um den eigenen Text im Kontext der Texte der anderen Kinder geht, schreiben Kinder bis an die Grenze ihrer Leistungsmöglichkeit – insofern ist diese Form des Schreibens als kulturelle Tätigkeit in der Schule eine Form der Binnendifferenzierung, die Heterogenität als Chance nutzt.

Welche Funktion für Schreibprozesse als Bereich des Sprachlernens das Lehren hat, diskutieren wir im Hinblick auf zwei Formen: Das *explizite Lehren* steht einem Lehren gegenüber, das darauf ausgerichtet ist, den Kindern wie in unserem Beispiel *implizite Lernmöglichkeiten* zu eröffnen. Implizite Lernmöglichkeiten können durch das Vorzeigen von Mustern, das Herausfordern des Spiels mit Vorgaben, das Eröffnen vielfältiger Kontexte zum Schreiben und Lesen entstehen. Diese Form des Lehrens wird zum einen *theoretisch* diskutiert – in Auseinandersetzung mit den Formen expliziten (Sprach-)Lehrens, die neuerdings mit dem Erarbeiten von Textsorten, ihrem Aufbau, ihren Normen und Regeln wieder zunehmend Geltung beanspruchen und gewinnen; sie wird zum anderen *an Beispielen* gezeigt, an *Schülerarbeiten, Aufgabenstellungen und Unterrichtsausschnitten.*

Das Buch möchte dem Leser *ein Wissen darüber an die Hand geben,* wie Schreibaufgaben gestaltet sein können, die Kinder zu Imaginationen anregen und sie dazu herausfordern, ihr implizites Wissen, die Geschichtenmuster, die sie sich in vielfältigen medialen Zusammenhängen angeeignet haben, in Auseinandersetzung mit der jeweiligen Schreibvorgabe zu erproben und zu erweitern.

Darüber hinaus möchte es beim Leser *eine Haltung erzeugen*, die nicht Defizite, sondern die je individuellen Zugänge ins Zentrum stellt, und die wahrnimmt und anerkennt, wie Kindern die ästhetische Dimension von Sprache von Anfang an zugänglich ist, wie in dem Beispiel von Isabel vor allem im Gebrauch sprachlich-literarischer Muster.

Schreiben als kulturelle Tätigkeit in der Grundschule zu behandeln, bedeutet – in aller Kürze:

▸ Jedes Kind hat die Möglichkeit, aus der dargebotenen Vielfalt der Schreibvorgabe das auszuwählen und zu thematisieren, was ihm persönlich bedeutsam erscheint. Ausgangspunkt ist also immer das inhaltliche Interesse der Schreibenden. Der Fokus des Schreibens als kultureller Tätigkeit liegt daher darauf, den Kindern *implizite Lernmöglichkeiten zu eröffnen*.

▸ Jedes Schriftstück ist ein Ergebnis impliziten Lernens; kein Text gleicht dem anderen. Dadurch sind die entstehenden Texte auch für andere Kinder interessant. Das Vorlesen der Texte und der *gemeinsame Austausch* darüber ist nicht nur ein wesentlicher Bestandteil für eine lebendige Schriftkultur in der Klasse; es ist eine Voraussetzung dafür, dass *die Texte der Kinder zu Kontexten für weitere Texte* werden können – inhaltlich und als Orientierungsmöglichkeit für weitere Formen sprachlichen Lernens.

▸ Die *Textmuster*, die so in den Kindertexten zutage treten, können dann (nach und nach) Grundlage für eine Kennzeichnung verschiedener *Textformen* sein – und in diesem Zusammenhang hat dann auch explizites Lehren seinen Sinn; es ist den impliziten Lernprozessen nachgeordnet.

▸ Der *Auswahl der Schreibvorgabe* kommt – ebenso wie der *Formulierung der Aufgabenstellung* – entscheidende Bedeutung zu. Es ist wichtig, dass die Kinder sich herausgefordert sehen. Daher sollten den Kindern für das Schreiben *von Anfang an komplexe, inhaltlich bedeutsame Inhalte* (und gerade nicht solche, die didaktisch reduziert sind!) gegeben werden. Die Schreibaufgabe selbst birgt dann die Möglichkeit der inneren Differenzierung; alle setzen sich mit der gleichen Schreibvorgabe auseinander – aber jeder auf seine individuelle Art und, weil dies im sozialen Kontext der Klasse bedeutsam ist, an der Grenze des individuellen Leistungsvermögens.

Das Buch entfaltet Aspekte des Schreibens als kultureller Tätigkeit – im Hinblick auf die Möglichkeiten, die dem Menschen von Anfang an und grundsätzlich mit der Schrift, mit dem Schreiben gegeben sind, also in bildungstheoretischer Perspektive. Schreiben als kulturelle Tätigkeit erschließt allen Kindern Zugänge zu Textualität; auch Kinder anderer Herkunftssprache und Kinder aus bildungsfernen Lebenswelten finden im Schreiben zu Vorgaben ihre Zugänge zum Textschreiben. In den Klassen, mit denen wir zusammengearbeitet haben, waren (sehr) viele mehrsprachige Kinder und Kinder aus Familien, die von Hartz-IV-Leistungen leben.

Die Position verbindet Formen literarischen und sprachlichen Lernens (Spinner 1995, 2006, 2007; vgl. Kohl/Ritter 2010; Kruse 2011; Richter 2007, 2010a und b; Wardetzky/ Weigel 2008, Wardetzky 2010; Wieler 2011). Das erscheint dringlich angesichts der gegenwärtigen Akzentuierung der Schulpolitik auf einen Leistungsbegriff, der auf das leicht Vergleichbare, das Messbare gerichtet ist und damit in Gefahr steht, die Funktion von schulischen Lehr-Lern-Prozessen auf bloß Utilitaristisches zu verkürzen und die Möglichkeiten innerer Differenzierung zu vernachlässigen.

1999 ist das vorliegende Buch erstmals erschienen, jetzt konnten wir es aktualisieren. Bei der Überarbeitung haben wir folgende Aspekte berücksichtigt:

▸ Für den Umgang mit Bildern, audiovisuellen und neuen Medien haben wir die Theorie des Bildverstehens, also visual literacy, ergänzt.

▸ Wir diskutieren das Schreiben zu Vorgaben, das Sich-Einschreiben in Textualität, im Hinblick auf die aktuelle Diskussion zum Kompetenzerwerb als „Erschreiben" von Textsorten, also auch im Hinblick auf die Diskussion über Standardsicherung (vgl. Augst u. a. 2007).

▸ Aufmerksamkeit auf die Heterogenität der Lerngruppe, auch im Hinblick auf Kinder mit Migrationsgeschichte, hat unsere Arbeit von Anfang an bestimmt. Das haben wir bei der Aktualisierung beibehalten und verstärkt; ebenso den Blick auf besonders fortgeschrittene Schülerinnen und Schüler.

Unsere Konzeption vom Schreiben als kultureller Tätigkeit ist in zwei Modellversuchen der Bund-Länder-Kommission für Bildungsplanung erprobt:

▸ im Modellversuch „Elementare Schriftkultur als Prävention von Lese-Rechtschreibschwierigkeiten und Analphabetismus bei Grundschulkindern" (1992–1995) mit 20 Klassen (Vorschulklasse bis Klasse 2);

▸ im Modellversuch „Schwimmen lernen im Netz. Neue Medien als Zugang zu Schrift und (Schul-)Kultur" als Element des BLK-Programms „Kulturelle Bildung im Medienzeitalter" (2000–2003) mit 9 Klassen (Grundschule, Förderschule Klassen 5 bis 7, Lerngruppe für geistig Behinderte; vgl. http://www.schwimmenlerne-nimnetz.de).

Der *erste* Teil des vorliegenden Buches eröffnet Zugänge zur Position: Anhand von Beispielen und in Form von Thesen werden didaktische Ansprüche an Vorgaben (Text, Bild, Sachthema) gezeigt und reflektiert – auch, was das für die Unterrichtsorganisation (Freiräume und Forderungen und so weiter) und die Verständigung mit dem Einzelnen und der Lerngruppe bedeutet.

Der *zweite Teil* untersucht das Schreiben in literatur-, bild- und lerntheoretischer Perspektive, auch als Auseinandersetzung mit aktuellen Positionen und Studien der Schreibforschung und -didaktik und immer wieder im Hinblick auf Kindertexte und Unterrichtsszenen.

Der *dritte Teil* erörtert die Position im Hinblick auf die Konsequenzen für den Schreibunterricht in der Schule: das Verhältnis zu Norm und Normierung, Formen von Lesarten der Schülertexte, Grundlagen für Aufgabenstellungen, Formen des Überarbeitens im Schreibprozess und des Umgangs mit den „fertigen" Texten. Und er zeigt die Chancen heterogener Lernentwicklungen am Beispiel von drei Kindern bis zum Ende der Grundschulzeit.

Der *vierte Teil* stellt Ergebnisse zusammen: Aufgabenstellungen und Schülertexte zu verschiedenen Vorgaben (zum Beispiel Lehrererzählung, Bilderbuch, Computerspiel, Gemälde und Zeichnung, Sachthema und Begriffsklärung); und akzentuiert das Verhältnis von „Komplexität und Reihung", von „Wissen und Erfahrung"; er zeigt Formulierungen zu Bildern und zum Bilderbuch als „Spielräume für Spracharbeit"; er zeigt, wie im Austausch verschiedener Lerngruppen „Korrespondenzen" entstehen und Anlass zur Reflexion der Kinder geben; und er zeigt, welche Erfahrungen Kinder machen können, wenn sie einen Text zusammenfassen, wenn sie „Wörter sparen".

Wenn die Qualität von Unterricht sich an den Ergebnissen bemisst, ist dieser Teil unverzichtbar; gleichwohl scheint es nicht geraten, Einzelnes aus dem *vierten Teil* – unabhängig von den ersten Teilen – einfach übernehmen zu wollen.

1 Zugänge

Gleich, ob wir Texte von Experten oder von Anfängern betrachten: *Wer schreibt, hat immer schon gelesen, Vorgelesenes gehört, Bilder gesehen.* Es gibt nicht das „Original"; Originalität zeigt sich in der Variation; „Neues" entsteht als Adaption und Transformation, als kulturelle Tätigkeit. Didaktisch akzentuiert bedeutet das, Kindern ein breites Spektrum von Vorgaben zu geben, zu denen sie Gedanken, Erfahrungen, Erinnerungen, Vorstellungen, Bewertungen, Beobachtungen, Wissen formulieren können. Vorgaben: das können Texte, Bilder, Sachthemen sein, die Spielräume gewähren für individuelle Zugänge und für inhaltliche und sprachlich-textuelle Formgebung und Textformen. Gerade beim Textschreiben hat sich gezeigt, dass Grundschulkinder zum Beispiel argumentieren und instruieren können, lange bevor sie darin unterwiesen sind (Augst u. a. 2007); und es hat sich auch gezeigt, dass bereits Kinder im Vorschulalter, wenn sie einem Erwachsenen etwas zu einem Bilderbuch diktieren, Sprach- und Textformen formulieren, die über diese Vorgabe hinausgehen, dass sie also bereits über Textualität verfügen (Merklinger 2011).

Schreiben als kulturelle Tätigkeit ist immer an Kontexte gebunden:

▸ an *Texte* (Bilder, Sachthemen) *als Kontexte*
▸ an *Kontexte für Texte*

Im schulischen Rahmen gehört zu Kontexten für lernförderliches Textschreiben eine Lesehaltung, die den Text wörtlich nimmt, nicht Defizite in den Vordergrund stellt; es gehört dazu vor allem eine Atmosphäre des Interesses an der individuellen Textform, ein Austausch mit den Texten der anderen, der neue Lernmöglichkeiten eröffnet. Dazu bedarf es der Auswahl geeigneter Vorgaben und Schreibaufgaben, es bedarf bestimmter Organisationsformen des Unterrichts, bestimmter Formen der Verständigung zwischen den Schülerinnen und Schülern und mit der Lehrperson.

Die folgenden *Beispiele* eröffnen Zugänge für diese Konzeption. Sie betreffen Schulen aus Innenstadtbezirken von Hamburg (Altona, Wandsbek) und aus „sozialen Brennpunkten" im Osten und Süden der Stadt mit 50–80 % mehrsprachigen Schülern. Die allermeisten Dokumente sind in Schulen aus solchen Bezirken entstanden. Wenn Schülerarbeiten aus bildungsnahen Schulbezirken herangezogen werden (Othmarschen, Niendorf, Eppendorf), ist das besonders vermerkt. Die *Thesen* gelten dem Aufriss unseres Konzepts.

1.1 Beispiel: Textmuster (Mai Klasse 2)

Es soll um „Blaumeisen" gehen. Die Kinder konnten in den vorangegangenen Wochen beobachten, wie in dem Nistkasten vor dem Fenster des Klassenraums junge Vögel geschlüpft sind. Und eines Tages war in der Pause eines der Jungen durch die Fensterklappe in die Klasse geflogen und saß hilflos unter der Heizung. Es dauerte lange, bis es wieder frei war. Das war für die Lehrerin (Irmtraud Schnelle) der Anstoß, nun im Sachunterricht die Brutpflege zu thematisieren. Sie hat Bilder und Bücher mitgebracht, Einzelheiten dargestellt. Kinder haben von Erlebnissen erzählt. Ein Kind hat ein altes Nest gefunden. Man kann es in die Hand nehmen.

Heute sollen die Kinder schreiben: zu dem Themenbereich, der ihnen aus dem Unterricht vertraut ist. Sie können Sachwissen notieren, sie können von Erfahrungen oder von Begebenheiten schreiben. Welchen Schwerpunkt sie wählen, ist ihnen freigestellt.

Wenn die Vögel ausschlüpfen, dann darf man die nicht töten. Wenn die Vögel ausschlüpfen, dann haben die kein(e) Haut. Wenn die Vögel Eier legen, dann sind die Eier ganz klein. Wenn die Vögel ((die)) ausgebrütet sind, dann können die nicht sehen. Man darf mit dem Ei kein(en) Fußball spielen.

Yascha (Mai Klasse 2)

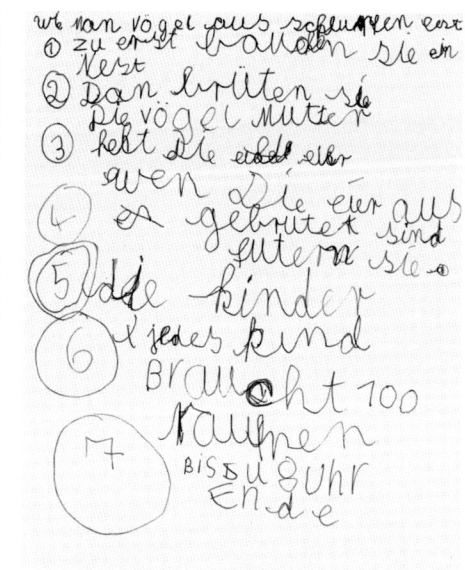

Wie man Vögel ausschlüpfen lässt

1. Zuerst bauen sie ein Nest
2. Dann brüten sie
3. Die Vogelmutter hält die Eier (warm)
4. Wenn die Eier ausgebrütet sind,
5. füttern sie die Kinder
6. Jedes Kind braucht 100 Raupen
7. bis zu 8 Uhr

Ende

Erol (Mai Klasse 2)

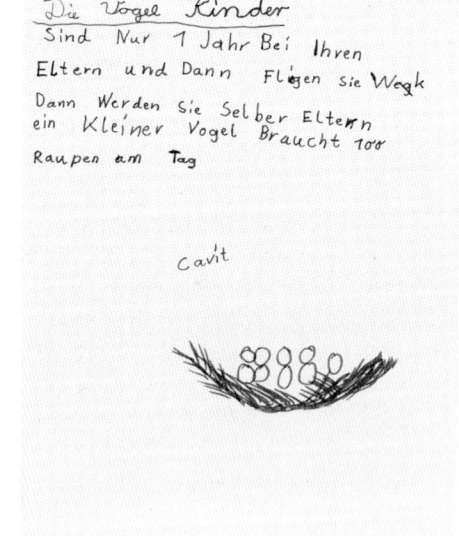

Die Vogel-Kinder

sind nur 1 Jahr bei ihren Eltern
und dann fliegen sie weg.
Dann werden sie selber Eltern.
Ein kleiner Vogel braucht
100 Raupen am Tag.

Cavit (Mai Klasse 2)

* Die Blaumeise futtert die Kinder

Um halb 430 Uhr fängt sie an zu füttern sie fliegt los und sucht Raupen. spinnen, Käfer, tausenfüßler, läusen. da wachs die Vogel mutter verlesst die Kinder. Nun ist die geschiechte zu ende

Long (Mai Klasse 2)

* Es war einmal Gimpel parr das weipchen baute das Nest. In einem vogel kasten sie legte 5 eier das Menchen Brachte dem weipchen fütter das weipchen Brütet. Die 5 eier aus bis sie ausgeschlüpft sin nun piepsen sie wal sie hunger haben das weipchen bringt jeden tag 500 Raupe bis sie groß sind Ende.

Heike (Mai Klasse 2)

Als ich in der türkischen
Schule war
Wir hatten Pause, da hat ein Junge
ein Nest gesehen, da hat er uns
gerufen, da sind wir gekommen.
Und (das) Nest gesehen, wir haben
gesehen, wie ein junges Küken ausgeschlüpft war. Seine Augen waren
geschlossen, und sein Schnabel
war ganz, ganz klein und süß.
Der andere Junge sagt: Wir dürfen
das niemandem verraten, sonst
machen sie es kaputt. Da haben
wir versprochen (nicht) zu sagen,
wo das ist. Den nächsten Tag war
es nicht mehr da, da waren wir alle
ganz, ganz traurig. Ende
Kiraz (Mai Klasse 2)

> * Die Vögel suchen sich ein Nest.
> Zu erst suchen die Eltern sich ein Nest. Da nach Baut das weibchen dies nest das Manchen Holt die narung Für das weibchen und Danach brüttet das weibchen die Eier aus. Die Mutter wermt die Eier. wänn die Kinder schon groß sind dann weis die Mutter zu Fort wann die Kinder pfliegen können. Dann ist die Mutter startbereit ist. Dann pfliegt die Mutter vor und die Kinder hienter her.
> **Kim-Anh (Mai Klasse 2)**

Die Texte zeigen, wie die Kinder den Spielraum der Aufgabenstellung nutzen: Yascha verfasst so etwas wie einen Verhaltenskodex für den Umgang mit Jungvögeln; Erol wählt eine Form wie eine Gebrauchsanweisung, zählt den Ablauf der Brutpflege auf und nummeriert die einzelnen Schritte. Cavit formuliert den Übergang von Kind zu Elternschaft als Allgemeinaussage. Long informiert über die Fütterung im Tageslauf und die Folgen für den Lebenslauf und kennzeichnet, was er geschrieben hat, als „Geschichte". Kiraz erzählt wirklich eine Geschichte: *Wir hatten Pause, da hat ein Junge ein Nest gesehen.* Kim-Anh gibt eine detaillierte Beschreibung, besonders im Hinblick auf die Vogelmutter; Heike beginnt mit der Geschichtenformel, erzählt zuerst im Präteritum, wechselt dann bei der Darstellung des Brutvorgangs zur Beschreibung.

Was – wie bei Erols Text – als Schriftbild auf dem Blatt wenig geordnet erscheint, gibt sich in seiner Struktur zu erkennen, wenn man den Text vorliest oder ihn wortwörtlich abschreibt. Die Textoberfläche kann manchmal die Tiefenstruktur verdecken.

Die Schüler akzentuieren verschiedene inhaltliche Schwerpunkte; gleichwohl erkennt man deutlich unterrichtliche Details, die als markant in Erinnerung geblieben sind, zum Beispiel die 100 Raupen als Tagesration eines Jungvogels. Und: Die Schüler haben ihre Gedanken, Ideen, Informationen zu dem Thema als unterschiedliche Formen gefasst, sie haben Textmuster gebraucht. Das, was als Textaussage jeweils erkennbar ist, ist gleichermaßen als Funktion des Inhalts und der Form bestimmt.

Seinerzeit hat es uns sehr verwundert, dass die Schüler schon zu diesem frühen Zeitpunkt des schulischen Schreibens über Textmuster verfügen. Solche Textmuster werden ja im Unterricht von Klasse 1 und 2 nicht eigens vermittelt. Wie haben die Kinder sie sich angeeignet? Welches sind Bedingungen dafür, dass sie sie gebrauchen?

Zwei Bedingungen lassen sich für dieses Beispiel benennen: Eine ist die *Komplexität des vorangegangenen Unterrichts:* In der wochenlangen Beobachtung der Brutpflege am Fenster des Klassenraums, beim Ereignis von der Befreiung des Vogeljungen, bei der anschließenden Information über Zusammenhänge, Abläufe, Details der Brutpflege im Sachunterricht, im wiederkehrenden Gespräch über Erlebnisse von Mitschülern hatte jede(r) Gelegenheit, Interessenschwerpunkte zu finden.

Die andere ist, dass von den Texten nichts Bestimmtes erwartet wird. Eine Absprache über Inhalte (etwa was unbedingt erwähnt werden muss) und Modelle für die Form (zum Beispiel mit einem Anfangssatz oder mit Beispielsätzen) gibt es nicht. Die *Schüler* haben ein *breites inhaltliches Spektrum von Wissen, Beobachtungen, Erfahrungen, Erlebnissen; die Akzentuierung muss jede(r) für sich treffen und formulieren.*

1.2 Beispiel: Texte als Kontexte (Januar Klasse 1)

Die Lehrerin (Gisela Welge) hat den Kindern nach vier Schulmonaten in Klasse 1 Texte aus der Schulzeitung *Rothe Blätter* vorgelesen, unter anderem Geschichten „über die geheimnisvolle Mauer", die ältere Schüler aus Klasse 3 geschrieben haben (vgl. Welge 1996b, S. 92). Die Kinder waren verwundert, dass andere solche Texte zustande gebracht hatten; die Lehrerin hat ihre Zuversicht geäußert, dass auch sie solche Texte bald schreiben könnten, und sie hat den Schülern zwei Wochen lang jeden Tag Gelegenheit zum Schreiben und zum Vorlesen und Hören der entstandenen Geschichten gegeben; daneben waren auch andere Arbeiten möglich (zum Beispiel Schreibaufgaben zu dem „Wörterbuch" der Klasse).

Till hat an mehreren Tagen geschrieben, hier sein erster Text und seine beiden letzten Texte aus dieser „Serie".

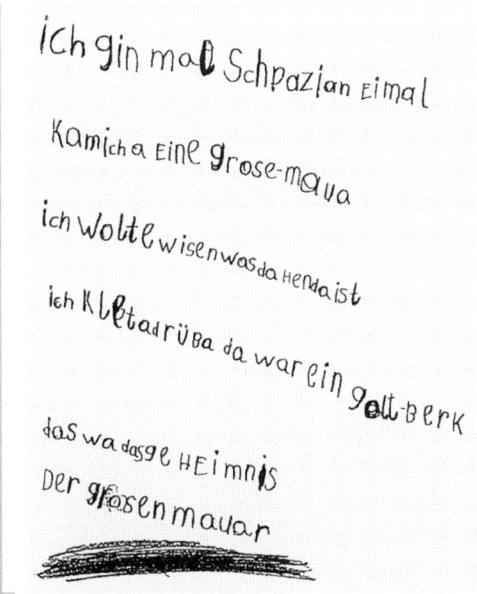

Ich ging mal spazieren. Einmal kam ich an eine große Mauer. Ich wollte wissen, was dahinter ist. Ich kletterte darüber: da war ein Goldberg. Das war das Geheimnis der großen Mauer.
Till (Januar Klasse 1)

Ich ging spazieren. Einmal kam ich an einen Fluss. Ich trank. Es schmeckte. Und ich verspreche, ich werde mehr trinken. Das war das Geheimnis des Flusses.
Till (Januar Klasse 1)

Ich ging spazieren. Einmal kam ich an einen Fluss. Ich lief nach Hause, um Papa zu erzählen, was ich gefunden habe. Er wollte es nicht glauben. Ich zeigte es ihm. Er strahlte. Das war das Geheimnis des Papas.
Till (Januar Klasse 1)

Nele und Özlem haben ihren Text gemeinsam verfasst:

Es war einmal ein Hase und eine Maus. Und die lebten zusammen in einem Haus. Sie kriegten ein Baby, zur Hälfte Hase, zur Hälfte Maus.
Nele und Özlem (Januar Klasse 1)

Von Ann-Kathrin stammt der nachfolgende Text:

Es war einmal ein dicker, fetter Hase. Ihn hatte niemand lieb. Eines Tages war er davonge-
hoppelt. Eines Tages kam er an einen Brunnen. Da war ein Hase und weinte, weil seine Eltern
gestorben sind. Der Hase schlich sich an den anderen Hasen heran und fragte: Was ist los?
Der Hase drehte sich um: Meine Eltern sind gestorben. Wollen wir Freunde sein? Und sie
hoppelten davon.

Ann-Kathrin (Januar Klasse 1)

Lektüre und Schreibgelegenheit regen etwas in den Kindern an, rufen etwas hervor,
das für sie inhaltlich bedeutsam ist oder das sie als Form erinnern. Auch hier gibt es
keine spezifizierten Aufgaben; Strukturierung und Formulierung sind den Schülern
überlassen. Aber die vorgelesenen Texte, die der älteren Schüler aus der Schülerzei-
tung und die der Gleichaltrigen, die in der Klasse entstehen, sind nicht nur Beispiele,
Muster für Texte, sondern Kontexte für das Schreiben des Einzelnen.

Der Wunsch, mitzutun und (als Autor) teilzuhaben an den Reaktionen auf den vorgelesenen Text, stärkt die Bereitschaft, die Mühe des Schreibens auf sich zu nehmen –
nach wenigen Schulmonaten gewiss noch ohne Routine. Nicht alle Schüler der Klasse
schreiben in diesen ersten vierzehn Tagen, aber es werden immer mehr. „Zehn Kinder
schreiben an fünf Tagen 37 Texte. Ein Kind sagt: *Ich kann gar nicht glauben, dass wir
das alles geschrieben haben.*'" (Welge 1996b, S. 92 f.) Voraussetzung dafür, dass Texte
und deren Schreiben und Vorlesen wirklich Kontexte schaffen für weitere Texte und
deren Schreiben und Vorlesen, ist, dass die Lehrerin bei Anspruch und Zuspruch auf
jegliche Ausgrenzung verzichtet (und nicht etwa sagt: „Du hast aber noch nicht geschrieben"). Wie das im Einzelnen gelingen kann, wie zum Beispiel Anna, die bisher
noch keinen Zugang zur Schrift gefunden hat, ihre Schreibidee formuliert, zeigen wir
S. 66 f. (vgl. zur Heterogenität S. 129 ff.).

Welchen Einfluss die jeweils bereits geschriebenen Texte auf die neuen haben,
lässt sich nicht im Einzelnen nachweisen. Aber dass es nicht mechanische Nachahmung ist, ist ganz deutlich:

▸ Till geht aus von einer einfachen Episode (*einmal kam ich an ...*); jede der Aktionen
ist für sich genommen ganz alltäglich (*ich kletterte darüber ...; und ich verspreche
...; ich zeigte es ihm*); ungewöhnlich ist, dass der Zusammenhang ausgespart, das
Motiv nicht genannt wird: Was hat es mit dem Goldberg auf sich; was ist das Besondere an dem Wasser des Flusses; warum *strahlt* der Vater, als er das Gefundene
sieht? *Das war das Geheimnis ...* – es bleibt für den Leser in der Schwebe.

▸ Der Gemeinschaftstext von Nele und Özlem thematisiert mit der Formel des Märchens das Zusammenleben von zwei ganz unterschiedlichen Wesen, von Hase und
Maus. (Stimmen hier Genus – der Hase, die Maus – und Sexus überein?) Die Pointe am Schluss löst inhaltlich die Verschiedenheit nicht auf, formal ist sie durch den
Reim (Maus, Haus, Maus) mit dem Beginn verbunden.

▸ Auch Ann-Kathrin formuliert ein Geschichtenmuster: Die Begegnung von zwei Figuren, die in ähnlich trostloser Situation sind: den *dicken* Hasen hat *niemand lieb*,
auch der *andere* Hase ist allein, *weil seine Eltern gestorben sind*. Auch sie beginnt

mit der Einführungsformel des Märchens. Der *dicke* Hase macht sich auf den Weg und trifft den Leidensgenossen, fragt ihn: *Was ist los?* Der *andere* Hase erklärt sich und fragt: *Wollen wir Freunde sein?* Fortan gehen sie ihren Weg gemeinsam. Ein glücklicher Schluss ist gefunden.

Bei aller Unterschiedlichkeit der Inhalte ist jeder Text doch auf die anderen Texte als Kon-Texte bezogen: in der Zuspitzung, der Knappheit, der überraschenden Wendung, dem offenen Ausgang, dem glücklichen Ende, der Übernahme von Formeln (*einmal ... es war einmal*). Der eine Schreiber findet seinen Gedanken in der Korrespondenz zu dem Text des anderen. Das trifft auch auf den folgenden Abschnitt zu.

1.3 Beispiel: Bilder als Kontexte (Juni Klasse 4)

Ausgangspunkt für die Schülertexte sind hier allerdings nicht Texte, die die Lehrerin vorliest, sondern es ist ein Bild. Ein Bild, das es zu „lesen" gilt. Ein Bild als Kontext für Schülertexte.

Max Liebermann: Die Netzflickerinnen, 1887–89

Das Bild lässt sich scheinbar genau beschreiben. Es zeigt, wie Frauen vor ca. 120 Jahren auf einem Feld in Holland gearbeitet haben. Und doch liegt in dem Bild eine große Unbestimmtheit. Eine Frau ist aufgestanden – im Wind; mit den Händen am Netz ist ihr Blick in die Ferne gerichtet. Wohin sieht die Frau? Woran denkt sie? Warum steht sie und arbeitet nicht?

Im Folgenden geht es um eine Schulklasse im Hamburger Westen; die Kinder kommen aus bildungsnahen Elternhäusern (bei einem Sechstel der Kinder spricht ein Elternteil eine andere Sprache als Deutsch: Englisch, Spanisch, Russisch, Norwegisch oder Schwedisch). Wir haben die Konzeption, die Aufgabenstellungen auch in drei anderen Altersstufen (Klasse 3, Klasse 4 und mit Kindern aus Klasse 5) erprobt, darunter eine Klasse (Klasse 3), in der knapp 50 % der Kinder einen Migrationshintergrund haben; in der anderen 4. Klasse spricht bei einem Sechstel der Kinder ein Elternteil eine andere Sprache als Deutsch: Turkmenisch, Vietnamesisch, eine indische Sprache, Französisch oder Russisch) (siehe die *Ergebnisse aus dem Unterricht* S. 208 ff.).

Die Lehrerin (Lis Schüler) hat schon öfter mit den Kindern Bilder betrachtet, „gelesen", und die Kinder haben ihre Eindrücke, ihre Beobachtungen aufgeschrieben. Diesmal soll es um ein Bild gehen, das den meisten auf den ersten Blick fremd erscheint – in seinen eher düsteren Farben, in der Eintönigkeit der Handarbeit der vielen. Aber das Heraustreten aus der Situation – das kennen sie als Möglichkeit, das können sie sich vorstellen. Voraussetzung für ein vertiefendes Bildverstehen ist das Wissen um die Zusammenhänge dieser Arbeit: Was ist ein Netz? Warum muss es geflickt werden? Wissensaneignung und Bildverstehen müssen in Balance gebracht werden (vgl. ausführlich Dehn/Schüler 2010 und Dehn u. a. 2008; Schüler/Dehn 2010a).

Detail aus den *Netzflickerinnen*:
Fokussieren des ersten Blicks

Die Lehrerin zeigt den Kindern zuerst einen Ausschnitt, die zentrale Figur des Bildes, als Kopie an der Tafel. Die Kinder sammeln ein paar Eindrücke und Fragen, dann haben sie die Aufgabe, auf kleine Zettel (DIN A7 oder A8) eine oder mehrere „Formulierungen" aufzuschreiben: „Schreibe auf einen kleinen Zettel, was du zu dem Bild denkst, was dir dazu einfällt." Hier einige Formulierungen von Schülern, unter anderem die von Benedikt und Henriette:

Ich denke, es ist an der Küste.
Die Frauen müssen alle arbeiten.
Sie hat ein Netz in der Hand.
Wind weht, sie ist gegen den Wind gebeugt.
Ich denke, dass die Frau etwas Unglaubliches sieht und alles runterhängen lässt.

Die Frau arbeitet auf einem Feld und denkt über irgendwas nach.
Benedikt

Sie guckt so leer.
Benedikt

Da steht eine Frau auf einem Feld und hält Netze in der Hand. Sie schaut in den Himmel.
Henriette

Sie guckt in die Zukunft und denkt darüber nach. Sie träumt für einen kurzen Augenblick.
Henriette

Die Formulierungen, die die Schülerinnen und Schüler auf ihre Zettel notiert haben, werden vorgelesen und nach Bildaspekten geordnet, Details werden auf dem Ausschnitt gezeigt. Dabei entstehen immer mehr Fragen, auch die nach den Netzen.

Was sollen die Netze bedeuten?
Wie sieht das ganze Bild aus?
Warum ist alles so traurig?
Warum arbeiten nur Frauen?
Benedikt

Welche Zeit ist es auf dem Bild?
Henriette

Die Lehrerin hat ein kleines Netz mitgebracht, es hat ein Loch. Einzelne Kinder hocken sich hin und zeigen, wie sie es flicken würden. Lehrerin und Kinder ergänzen manches über die Arbeit der Fischer und ihr Angewiesensein auf die Tätigkeit der

Frauen. Erst jetzt schreibt die Lehrerin den Titel des Bildes, den Namen des Malers und die Daten der Entstehungszeit an die Tafel.

Jedes Kind bekommt ein DIN-A3-Blatt. In der Mitte ist eine Kopie des Bildausschnitts. Auf die linke Seite kleben die Kinder ihre Formulierungen, auf die rechte Seite schreiben sie ihre Fragen. Die Fragen werden vorgelesen, etliche sachliche Fragen können geklärt werden, aber viele Fragen bleiben im Raum stehen, fordern Fantasie und Deutungsbereitschaft heraus.

Ein paar Tage später sehen die Kinder das ganze Bild (als Original in der Hamburger Kunsthalle oder wiederum als Kopie an der Tafel oder als Folie an der Wand). Was ist neu? Vor dem Original bewegen sich die Kinder und untersuchen es von verschiedenen Positionen aus, von ziemlich nah, aus größerer Entfernung, von weiter innen oder von weiter außen. (Diese Möglichkeit ist meist wegen der Raumverhältnisse in der Schule nur schwer zu realisieren, das Poster müsste sehr groß sein. Aber in jedem Museum kann man vor dem Original arbeiten.) Die zweite Aufgabe setzt nicht das Original voraus: Die Lehrerin fordert die Kinder auf, „in das Bild hineinzugehen". Sie führt die Kinder: „Jetzt versuch mal, die Augen zu schließen, und versuch mal, in Gedanken in das Bild hineinzugehen … Was riechst du? Riechst du überhaupt etwas? Was schmeckst du? Jetzt geh in Gedanken mal zu der Frau. Vielleicht kannst du ihre Gedanken hören?"[1] Dann suchen sich die Kinder einen Platz, an dem sie zu dem Bild schreiben möchten. „Geh noch mal rein in Gedanken. Lass deine Gedanken wandern."

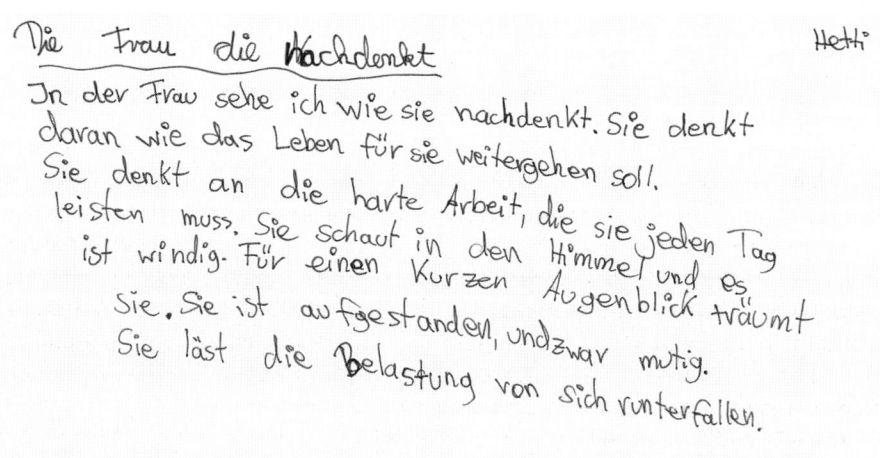

Die Frau die Nachdenkt

Hetti

In der Frau sehe ich wie sie nachdenkt. Sie denkt daran wie das Leben für sie weitergehen soll. Sie denkt an die harte Arbeit, die sie jeden Tag leisten muss. Sie schaut in den Himmel und es ist windig. Für einen kurzen Augenblick träumt sie. Sie ist aufgestanden, undzwar mutig. Sie läst die Belastung von sich runterfallen.

Henriette (Juni Klasse 4)

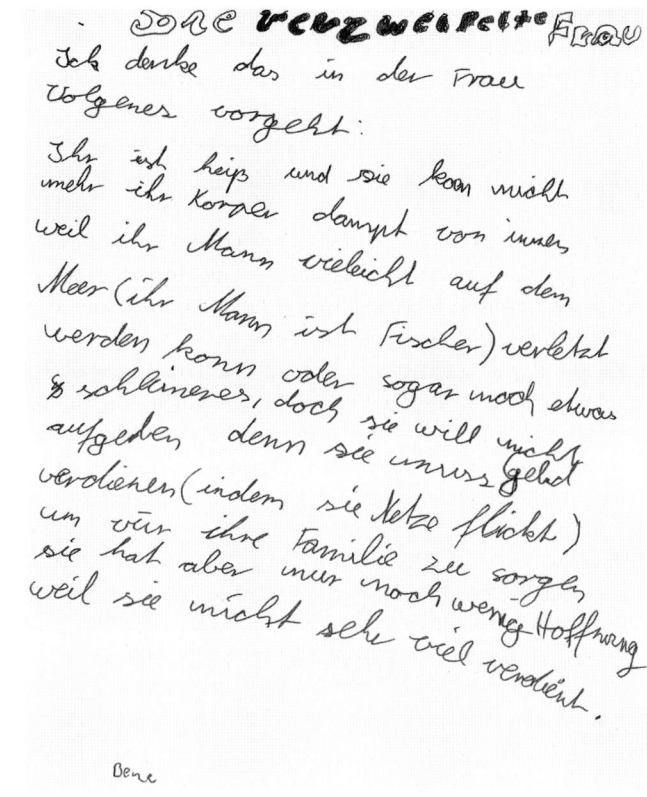

Benedikt (Juni Klasse 4)

Henriette konzentriert sich ganz auf die große Figur und macht das auch mit der Über-schrift schon kenntlich. Sie fasst einerseits die düstere Lebensperspektive (*wie das Le-ben für sie weitergehen soll – sie denkt an die harte Arbeit, die sie jeden Tag leisten muss*) – andererseits folgt sie ihrem Blick in die Weite, in den Wind: *Für einen kurzen Augenblick träumt sie.* Der Kernsatz dieses Textes ist unseres Erachtens: *Sie ist aufge-standen, und zwar mutig.* Die Figur hebt sich von den vielen, die da sitzen und arbei-ten, ab. Das ist zugleich das Kompositionsprinzip des Gemäldes. Henriette interpre-tiert: *Sie lässt die Belastung von sich runterfallen.*

Auch Benedikt konzentriert sich auf die große Frauenfigur, auf ihre Verzweiflung – so die Überschrift (*Die verzweifelte Frau*). Und er leitet seine Gedanken ein: *Ich den-ke, dass in der Frau Folgendes vorgeht.* Das tut er in einem starken Bild: *Ihr ist heiß – und ihr Körper dampft von innen.* Die Ausweglosigkeit benennt er ausdrücklich: *Sie kann nicht mehr.* Er begründet das in zwei Schritten: mit der Sorge um den Mann auf See, mit der Sorge um den Familienunterhalt. So hat sie *nur noch wenig Hoffnung, weil sie nicht sehr viel verdient.*

Benedikt integriert das Wissen um die Arbeitsverhältnisse durch Einschübe, die er in Klammern setzt (*ihr Mann ist Fischer; indem sie Netze flickt*). Das ist ein Strukturelement von Texten, das beim Schreibenlernen erst spät angeeignet wird.

Orthografisch zeigt sein Text – im Unterschied zu der differenzierten Binnenstruktur und der eindringlichen Perspektivübernahme – erstaunliche Schwierigkeiten: *Volgenes, dampt, vieleicht, schlimeres, vür*.

Beide Kinder haben ihren eigenen Blick auf das Bild formuliert und dabei auch Bezug genommen auf die Eindrücke, wie sie andere Kinder in ihren Formulierungen gefasst haben. Beide haben Impression und Wissen miteinander verbunden. Das ist vielen Kindern gelungen. Voraussetzung dafür ist ein Unterrichtskonzept, das folgende Kriterien erfüllt:

▸ Es werden Inhalte ausgewählt, die etwas Unbestimmtes, Mehrdeutiges oder Deutungsoffenes enthalten, also Leerstellen, die Irritation oder Fragen hervorrufen.

▸ Der erste Blick auf das Bild wird fokussiert: Die Präsentation des Bildausschnitts ermöglicht eine Verlangsamung und Intensivierung; damit werden Planungs- und Schreibprozesse ein Stück weit zugänglich gemacht und vor allem auch der Austausch von Ideen untereinander (das Bild als Kontext für Schülertexte und für den Austausch darüber).

▸ Die Aufgabe, eine oder mehrere Formulierungen zum Bildausschnitt zu finden, hält die Schüler dazu an, den je eigenen Blick ins Wort zu fassen, eigene Schreibziele zu finden; danach erst die Fragen zu behandeln, die sie an das Bild haben.

▸ Die Aufgabe, die Perspektive auf das Gesamtbild durch unterschiedliche Positionen zu verändern und in der Vorstellung in das Bild hineinzugehen, gibt den Schülern Gelegenheit zu Empathie und Fremdverstehen – zugleich bleibt aber auch die rein sachliche Beschreibung des Faktischen offen.

Die Zielbildung, die ja zentral ist für das Schreiben, liegt bei den Schreibenden selbst – ohne dass sie dabei alleingelassen werden. Sie können „aus dem Vollen schöpfen".

Das folgende Beispiel aus Klasse 4 könnte anschließen, weil auch hier Text und Bild (ein Text aus einem Buch, Texte von Mitschülern sowie Bilder der Figuren eines Bilderbuchs als Kopie auf dem Schreibblatt) als Kontexte fungieren. Akzentuieren aber möchten wir einen anderen Aspekt.

1.4 Beispiel: Kontexte für Texte (Juni Klasse 4)

Die Lehrerin (Irmtraud Schnelle) hat der Klasse wenige Wochen vor dem Ende der Grundschulzeit noch einmal denselben Schreibanlass gegeben wie schon im September von Klasse 2, nämlich das Bilderbuch *Rosalind das Katzenkind* (von Piotr und Józef Wilkoń).

Darin geht es um den Konflikt zwischen der traditionsbewussten Katzenfamilie und Rosalind, die nicht wie ihre vier Geschwister „tiefschwarzes", „kohlrabenschwarzes", sondern rotes Fell hat und die sich auch nicht so benimmt, wie es sich für ordentliche Katzenkinder gehört: Sie spielt mit Mäusen, trinkt Tee statt Milch und schläft beim Hund in der Hütte. Als die Mutter sie deshalb zur Rede stellt, entscheidet sich Rosalind, von zu Hause fortzugehen.

Seinerzeit (in Klasse 2) konnten die Schüler das Thema selbst bestimmen, jetzt (in Klasse 4) ist ihnen der Themenschwerpunkt vorgegeben: Anderssein; und zwar sollen sie dieses Thema ausdrücklich aus einer bestimmten Sicht behandeln, sich entscheiden, ob sie die Perspektive der Mutter, die des Vaters, die der jungen Katze oder die auf die Figurenkonstellation insgesamt wählen. Die Aufgabenstellung ist konkretisiert durch einen Bildausschnitt mit der jeweiligen Figur oder mit der Figurenkonstellation insgesamt (siehe die beiden Beispiele auf den folgenden Seiten). Mit der Figur (Mutter, Vater, Rosalind, alle Figuren) als Bild auf dem Schreibblatt werden – mehr als durch das geschriebene Wort – Impressionen, Empfindungen und Bewertungen für den Schüler, der ein Blatt zum Schreiben auswählt, präsent und bleiben es auch während des Schreibvorgangs.

Der folgende Ausschnitt gehört zu der Unterrichtsstunde, in der die Schüler ihre am Vortag geschriebenen Texte orthografisch überarbeiten sollen. Die Lehrerin hat die Texte am Nachmittag gelesen, sie findet, es sind „starke Texte … und starke Texte, gute Texte sind ja wert, dass sie richtig geschrieben werden. Und darum ist das Thema heute: Ich verbessere meine Fehler." Im ersten Teil der Stunde benennt die Lehrerin orthografisch schwierige Wörter aus den Texten; die Kinder schreiben sie an die Tafel, klären die Schwierigkeit, suchen Gründe dafür und benennen Verfahren für die richtige Schreibung, zum Beispiel für: *Katzenkind, Nachwuchs, schwierig, sie jagt.* Diesen Teil der Stunde fasst die Lehrerin zusammen: „Wichtig ist immer festzustellen, wo könnte ein Fehler sein? Und dann die Hilfen." Die Schüler sollen nun ihre Texte überarbeiten. In den Entwürfen hat die Lehrerin einiges angemerkt und korrigiert.

In der Schlussrunde dieser Stunde gilt die Aufgabe sowohl dem Text, den die Schüler gern vorlesen wollen, wie auch dem Selbstkommentar zu einem korrigierten Fehler, den die Lehrerin einfordert:

Lehrerin: So. Zwei Aufgaben. Ihr wollt gerne die Texte vorlesen, ich möchte auch noch etwas über einen Fehler hören. Du kannst entscheiden, was du zuerst machen möchtest. *(Pause)* Jonas!

Jonas: Also ich mach' zuerst Fehler. Ich hab' gemerkt, dass ich hier bei der Formulierung, zuerst also gar nicht so, also gar nicht so gut nachgedacht hab', hier hab' ich nämlich geschrieben: „Sie spielt mit Mäusen und ist die beste, und ist der beste Freund eines Hundes." Punkt. „Aber da es keinem passt, wie sie ist, beschließt sie eines Tages wegzugehen." Punkt. Und da hab' ich wieder *aber* geschrieben. Also, immer nach 'nem Punkt wieder *aber*, ganz oft.

Dies sind die Texte von Jonas und Mehmet:

Anderssein   MUTTER

Für die Mutter muss es schwer sein, weil sie ihr Kind ja mögen muss, weil es eine Pflicht für die Mutter ist. Aber sie mag ihr Kind auch wirklich. Aber sie und vor allem dingen auch der Kater wollen Rosalind ändern weil sie Rosalind nicht so Aktzeptieren wie sie ist.

Sie spielt mit Mäusen und ist der beste Freund eines Hundes. Aber Da da es keinem passt wie sie ist beschließt sie eines Tages wegzu gehen. Aber nur die Mutter hat etwas dagegen weil sie ihr Kind ja liebt obwohl sie die einzige in der Familie ist die ein schwarzes Fell hat.

Jonas (Juni Klasse 4)

Mehmet (Juni Klasse 4)

Lehrerin: Und einmal hast du es ausgewechselt jetzt?

Jonas: Ja. *(Zwischengemurmel)* „Für die Mutter" – also ich hab die Mutter genommen, ja – „für die Mutter muss es schwer sein, weil sie ihr Kind ja lieben muss; denn es ist eine Pflicht für die Mutter. Sie mag ihr Kind aber auch wirklich. Sie und vor allen Dingen auch der Vater wollen Rosalind ändern, weil sie Rosalind nicht so akzeptieren, wie sie ist. Sie spielt mit Mäusen und ist die beste Freundin von einem Hund.[2] Da es aber keinem passt, wie sie ist, beschließt Rosalind eines Tages zu gehen. Nur die Mutter hat etwas dagegen, weil sie ihr Kind ja liebt, obwohl Rosalind die Einzige in der Familie ist, die kein[3] schwarzes Fell hat."

Schüler: Ich finde das sehr gut formuliert …

Schüler: Wo du auch schon gesagt hast, mit dem *aber* …

Lehrerin: Mit dem *aber*, hm.

Schüler: Ich fand gut, dass du auch geschrieben hast, dass die Mutter und der Vater Rosalind nicht akzeptieren, (…) „nicht akzeptieren", dass das auch mal in einem Text vorkommt …

Lehrerin: Hm. Und manchmal muss man dann einfach gehen; ne? Hart ist es. *(Pause)* So wer möchte nun? Mehmet!

Mehmet: Also erst mal mach' ich das eine.

Lehrerin: Über den Fehler reden?

Mehmet: Ja.

Lehrerin: Über welchen Fehler?

Mehmet: Über *schwarz.*

Lehrerin: Ah ja.

Mehmet: Bei *schwarz,* da hab' ich immer *schwarz* mit *tz* geschrieben, und dann hat mir Frau Schnelle etwas geholfen, dass ich *schwarz* richtig schreib'.

Lehrerin: Willst du nicht vorlesen?

Mehmet: Doch.

Jonas: Wie hat sie dir das denn erklärt?

Mehmet: Sie hat's mir aufgeschrieben.

Lehrerin: Bei *schwarz* muss man das wissen.

Mehmet: Soll ich vorlesen?

Lehrerin: Ja.

Mehmet: „Rosalind spielt mit Mäusen. Rosalind ist rot statt schwarz. Rosalind gehorcht nicht und der Vater (vorgesprochen:) wurde nervös, weil Rosalind Mist baute."

Lehrerin: Ja, da werden Eltern nervös, wenn die Kinder Mist bauen, ne?! So ... Jonas will dir was sagen.

Jonas: Ich fand gut, dass du also so mit den kurzen Sätzen, ... also mit den kurzen Sätzen, da hast du also richtig alles das Wichtigste reingepackt: dass sie ein anderes Fell hat und dass sie mit Mäusen spielt.

Schüler: ... dass viele wichtige Informationen über das Buch nochmal, auch, dass sie mit Mäusen spielt und so was ...

Lehrerin: Ein kurzer Text kann manchmal ganz wichtig sein. *(Pause)* Wer möchte jetzt ...?

Transkription: Petra Hüttis-Graff und Swantje Weinhold

Was an diesem Ausschnitt aus einem Unterrichtsprotokoll am Ende von Klasse 4 auffällt, ist zum einen die große *Heterogenität* der Leistung. Sie betrifft gleichermaßen das Textschreiben, das Rechtschreiben und die Fähigkeit, sich darüber zu verständigen (vgl. auch die Texte von Jonas und Mehmet aus dem Januar von Klasse 3, S. 161): Jonas bearbeitet die Aufgabe aus der Perspektive der Mutter und verfasst eine Argumentation, in der er die allgemeine Anforderung an mütterliche Liebe (*denn es ist eine Pflicht für die Mutter*) auf die Besonderheiten in dem Buch bezieht (*sie mag ihr Kind aber auch wirklich*) und damit noch die Gründe für den Konflikt und die Trennung verbindet. Mehmet hat zwar das Schreibblatt mit der Abbildung von Rosalind gewählt und er führt auch wesentliche Details auf, allerdings im Hinblick auf die Reaktion des Katzenvaters. Das formuliert er – mit einer umgangssprachlichen Wendung – als die vorhergehenden Details zusammenfassende Begründung (*weil Rosalind Mist baute*).

Die Leistungsbreite betrifft auch die Selbstkommentare zu Fehlern, an denen die Schüler in der Stunde gearbeitet haben. Jonas hat sich mit einem stilistischen Problem befasst, das für einen argumentativen Text, der mit Entgegensetzungen arbeitet, zentral ist: die Häufigkeit und Platzierung von *aber*. Mehmets Aufmerksamkeit ist auf eine Wortschreibung gerichtet; Jonas' Nachfrage nach einer Erklärung kann er nicht beantworten – die Lehrerin erläutert das: *Bei* schwarz *muss man das wissen*.

Von den Zuhörenden werden beide Texte positiv kommentiert, die Kinder heben an Jonas' Text die Formulierungen hervor, an Mehmets Text die Auswahl des wirklich Wichtigen; die Lehrerin kommentiert beide Texte inhaltlich (*manchmal muss man dann einfach gehen; da werden Eltern nervös, wenn ...*); zur Kürze von Mehmets Text gibt sie außerdem eine Rechtfertigung.

Was an diesem Protokollausschnitt auffällt, sind zum anderen die Umgangsformen: Schüler und Lehrerin heben Positives hervor, es gibt Nachfragen; ein Leistungsvergleich aber findet nicht statt. Uns scheint, beides ist gleichermaßen als *Kontext für Texte* lernförderlich: die Anregung, die von den komplex strukturierten und differenziert formulierten Texten auf die Schreiber der anderen Texte ausgeht, und die Wertschätzung, die zu erfahren jeder sicher sein kann. Hinzu kommt, dass das *Überarbeiten* und das *Nachdenken darüber* in diesen (sozialen) Kontext integriert sind; beides gehört jetzt zum Schreiben dazu. Aber auch dabei wird nicht von jedem dasselbe erwartet; die *Differenzierung* ist konstitutiv schon für die Aufgabe.

1.5 Thesen

Möglichkeiten des Schreibens in der Schule, wie sie diese vier Beispiele zeigen, stellen wir in Form von Thesen zur Diskussion.

These 1. *Schreiben erfolgt in Korrespondenz zum Lesen, allgemeiner: in Korrespondenz zu dem, was das Subjekt bei der Rezeption von symbolisch vermittelten Inhalten in der Vorstellung konkretisiert.*

Damit ist das Schreiben *zum einen* bezogen auf die literarische Sozialisation, und zwar nicht nur auf das Vertrautsein mit Geschichten durch das Zuhören beim Vorlesen, sondern auch im Hören von Audiomedien und beim Sehen von Bildern und bewegten Bildern (Film, DVD, Videospiele), *zum anderen* auf den Umgang mit Texten in der Schule, also auf den Literaturunterricht. Sprach- und Literaturunterricht gehören zusammen.

Wenn Schüler Texte schreiben, verfügen sie immer bereits über Fähigkeiten – über Fähigkeiten des Strukturierens und des Formulierens, und sie verfügen über Muster. Die Schülertexte in den Beispielen zeigen die Breite dieses Umgangs mit Mustern, mit Geschichtenmustern (vor allem in Beispiel 2), mit Mustern für die Komprimierung eines Sachverhalts (bei etlichen Texten in Beispiel 1) und mit der Form der Argumentation (Jonas' Text in Beispiel 4).

These 2. *Schreiben als Formulieren des Gedankens auf dem Papier, als Figurieren eines Entwurfs setzt nicht schon das Beherrschen der Normen der Schriftlichkeit (der Literalität) voraus; es stellt aber eine starke Motivation für die Aneignung dar, damit Leser das Geschriebene, wie es gemeint ist, verstehen können.*

Damit ist die lange Zeit für selbstverständlich gehaltene Abfolge der verschiedenen Aspekte des Schreibens infrage gestellt: zuerst müsse man die Form der Buchstaben richtig kennen, und die orthografische Schreibweise von Wörtern beherrschen, ehe man eine Schreibidee notieren könne; es gelte, die stilistischen Normen des Ausdrucks, die Normen der Textsorten beachten zu lernen, ehe man etwa selbständig Schriftstücke verfassen könne (oder besser: dürfe). Für die hier vertretene Konzeption des Schreibunterrichts geht es darum, die beiden zentralen Aspekte des Schreibens, den der „Literarität" (die auch auf visual literacy beruht, siehe S. 48 ff.) und den der „Literalität", theoretisch zu begründen und zu zeigen, wie sie bei der Entwicklung der Textkompetenz im Unterricht zusammenwirken.

Der Unterricht kann für die Erweiterung und Sicherung des Schreibens lernförderliche Kontexte schaffen:
▸ *Schreiben zu Vorgaben, die Vorstellungen, Bilder hervorrufen und Anreize bieten, mit den vorgefundenen Mustern und Figurationen zu spielen, oder die den Anspruch enthalten, Wissen und Erfahrung zu thematisieren.*
 Die vier Beispiele unterscheiden sich im Hinblick auf die Funktion der Vorgabe für das Textschreiben.
 In Klasse 4 schreiben die Schüler zu einer bestimmten Vorgabe, dem Buch von *Rosalind* (in Beispiel 4); damit ist ihnen der Stoff – sprachlich gefasst – vorgegeben. Sie sollen sich für eine Perspektive entscheiden, also selbst einen inhaltlichen Schwerpunkt wählen, konkretisiert durch die Auswahl einer Bildfigur auf dem Schreibblatt. Die Textform ist ihnen freigestellt, zum Beispiel ob sie eine referierende Darstellung oder eine Stellungnahme formulieren. Das heißt, jeder Schüler, jede Schülerin hat das Wissen zur Verfügung, worüber sie denn schreiben könnten. Für den Austausch beim Vorlesen macht die je individuelle Akzentuierung und Bewertung die Texte auch für die Zuhörer interessant. Es geht hier gerade nicht darum, einer Erwartung an einen bestimmten Text möglichst gut zu entsprechen, sondern um individuelle Variationen.
 Das Bild (in Beispiel 3) stellt ebenfalls eine bestimmte Vorgabe dar. Ihren je eigenen Blick auf das Bild, ihre Lesart müssen die Schüler selbst finden und in Worte fassen – zuerst als Formulierung zum Bildausschnitt und in Form von Fragen dazu, später als Text zum Gesamtbild. Wie sie dabei ihre Vorstellungen vom Bild und das Wissen über die Bildinhalte verbinden, welche Akzente sie setzen, ist ihnen überlassen.
 Die Textvorgabe aus der Schulzeitung in Klasse 1 (in Beispiel 2) spornt die Schreibanfänger an, Texte zu schreiben wie die älteren Schüler. Die Vorgabe ist inhaltlich und formal ein Beispiel für ähnliche Texte. Diese Schreibaufgabe ist zunächst eine Möglichkeit neben anderen schon vertrauten Aufgaben. Die Funktion der Anre-

gung und des Ansporns der ersten Vorgabe wird durch jeden weiteren Text, der entsteht und vorgelesen wird, verstärkt.

In Klasse 2 gibt es zum Thema „Brutpflege der Blaumeisen" (in Beispiel 1) keine Vorgabe im engeren Sinn. Die Schreibaufgabe ist durch ein breites inhaltliches Spektrum, auf das sich die Schüler beziehen können, vorbereitet. Die Form ist ihnen freigestellt. Beim Schreiben treten etliche Textmuster zutage, die es im Unterricht zu erweitern gilt. Das Schriftstück, das hier als Ergebnis impliziten Lernens entstanden ist, kann nun sukzessive im Vergleich mit anderen Formen gekennzeichnet und allmählich als Form auch explizit gelehrt werden – am besten durch Aufgabenstellungen, die die Schüler dazu anhalten, sich Textsorten zu „erschreiben", weil die Struktur der Aufgabe es ihnen nahelegt. Das eigene Zimmer so zu beschreiben, dass es sich ein anderer genau vorstellen kann, ist ein Beispiel für eine solche Aufgabe (Augst u. a. 2007). Und in diesem Fall gibt es auch bestimmte Erwartungen an Texte, hier im Hinblick auf die Genauigkeit, mit der die Vorstellung des Adressaten geführt wird (vgl. dazu ausführlich Dehn 2009).

Bei allen vier Beispielen gibt es einen jeweils *in der Sache* (dem Lerngegenstand, dem Thema) und *in der Unterrichtssituation* begründeten Anspruch, der das Vermögen der Lernenden herausfordert. Wenn hier das Schreiben zu Vorgaben im Mittelpunkt steht, so sei – zu Beginn – ausdrücklich betont, dass dies nicht die einzig wichtige Form im Schreibunterricht der Grundschule ist, wohl aber eine, die es gilt, in ihrer Bedeutsamkeit in den Blick zu rücken (siehe dazu die Übersicht über die Schreibanlässe S. 225 f.).

▸ *Die Aufgabe des Schreibanfängers, aus der Komplexität der Vorgabe etwas zu thematisieren, etwas auszuwählen und zu formulieren.*

Didaktisch ist dabei zentral der *Aspekt der Schwierigkeit:* Entweder die *Schreibvorgabe* selbst setzt inhaltlich oder formal einen hohen Anspruch (wie bei den *Netzflickerinnen*, die auf den ersten Blick eher fremd erscheinen), oder die *Themenstellung* leistet diese Funktion. So in Beispiel 4: Mit dem abstrakt formulierten Schwerpunkt „Anderssein" und der Notwendigkeit, die Perspektive des Schreibens zu konkretisieren (mit der Auswahl eines Bildes), ist eine Herausforderung verbunden, die über die Routinen der Schüler in Klasse 4 deutlich hinausgeht.

▸ *Eine Lesehaltung des Unterrichtenden, die nicht nur die Textoberfläche betrachtet, sondern von dem Interesse an der Tiefenstruktur der Aussage geleitet ist, ohne einer psychologisierenden Deutung zu verfallen.*

Dazu gehört, den Text wortwörtlich zu nehmen und ihn nicht von vornherein als defizitär anzusehen, eben weil er von einem Anfänger verfasst ist, und nun nach solchen Defiziten zu suchen, um sie zu korrigieren.

Dazu gehört auch, den Text für sich stehen zu lassen. Analysen und Argumente richten sich auf das, was auf dem Papier zu lesen ist, nicht auf mögliche biografische Hintergründe und Zusammenhänge.

Manche Texte legen es besonders nahe, den Gestus, in dem sie verfasst sind, auf die Person des Autors zu beziehen: etwa (wie bei Texten in Beispiel 1) der Vermutung nachzugehen, dass Yascha die Regel formuliert, die er aus einer Belehrung über sein eigenes Verhalten gezogen hat (*von Yascha für Schnelli*), oder der Vermutung, der Anspruch, über Vorgänge zu verfügen (*wie man Vögel ausschlüpfen lässt*), sei eine Haltung, die Erol als Person kennzeichne. Besonders verführerisch ist die Gleichsetzung der Person des Autors mit dem „Ich" des Textes sicher bei Geschichten wie der von Kiraz. Hier sollen solche Fragen ausdrücklich ausgeklammert bleiben. Für die Lehrperson mögen solche Vermutungen gelegentlich naheliegen – aber auch sie gerät, wenn sie ihnen nachgeht, schnell an die Grenzen ihrer Kompetenz und Funktion als Unterrichtende.

▸ *Differenzierung in der Aufgabe selbst – Kommentieren und Bewerten der Texte als Orientierungsmöglichkeit für neue Texte – nicht als Leistungsvergleich – und zur Entwicklung von Sprachbewusstheit.*

Die Schreibaufgabe kann auf unterschiedliche Weise, auf verschiedenen Niveaus bearbeitet werden. Mit anderen Worten: die gleiche Aufgabenstellung für alle Kinder. Das mag in Zeiten, in denen die Forderung nach „individualisiertem Unterricht" die Diskussion beherrscht, auf den ersten Blick verwundern. Aber wenn es nicht um richtig und falsch, nicht um die beste Lösung geht, dann wird vielmehr die Heterogenität der Texte interessant. Das heißt, die Texte werden vorgelesen, kommentiert und stellen selbst – in der Vielfalt – Orientierungsmöglichkeiten dar für neue Texte. Die Aufgaben dafür können weiteren Spielraum für implizites Lernen geben, aber sie können durch ihre strukturellen Anforderungen (etwas zu beschreiben, über etwas zu berichten, zu argumentieren, von etwas zu erzählen; vgl. Augst u. a. 2007) auch Anstöße dafür sein, dass die Schüler sich diese Formen erschreiben. Und in diesem Prozess hat dann auch explizite Lehre einen Platz.

Ein Schwergewicht des Interesses in diesem Buch liegt auf den Lernprozessen *schulleistungsschwacher* Schülerinnen und Schüler, und zwar im Hinblick auf die *Heterogenität der jeweiligen Lerngruppe*. An etlichen Stellen werden, wie in Beispiel 4, Leistungsbreite und -differenzen dokumentiert, so zum Beispiel, indem alle Texte einer Klasse aufgenommen sind.[4]

Aber die Aufmerksamkeit gilt auch schulleistungsstarken Schülern (wie in Beispiel 3). Kommentare zu Schülertexten wie in Beispiel 4 sind als Formen des Bewertens unverzichtbar – als Kontexte für Texte; für diese Begründung des Schreibens als kultureller Tätigkeit geht es nicht um Bewertungen als Benotung, also um den Vergleich eines Textes mit einer vorab festgelegten und vermittelten Norm, und auch nicht um die Platzierung eines Schülertextes auf einer Skala des Leistungsvergleichs innerhalb der Klasse oder auch darüber hinaus. Aber: Es soll deutlich werden, dass solche Formen des Kommentierens und Bewertens für die Schreibenden als Ansporn wirken, sich bei ihrer Tätigkeit anzustrengen.

Die Gespräche über die Texte können der Entwicklung von Sprachbewusstheit dienen. In Beispiel 1 und 2 können die Schreiber die Textmuster, die sie gebraucht haben (als operatives Vermögen), vermutlich nicht benennen. Indem sie immer wieder Texte hören und sie kommentieren, vielleicht auch zu Gruppen ordnen, erweitern sie – ausgehend von dem, was sie schon können – ihr deklaratives Wissen; sie lernen zu benennen, was sie tun, und können darüber allmählich auch bewusst verfügen.

In diesem Sinne ist die Frage, ob und woraufhin die Schüler ihre Texte verbessern sollten, der nach dem Verstehen der Aussage nachgeordnet. Ob es zum Beispiel lernförderlich ist, Long (in Beispiel 1) auf die so ganz unterschiedliche Behandlung der Zeitdauer in seinem Text aufmerksam zu machen oder darauf, dass er das Geschriebene nicht als Geschichte bezeichnen kann, hängt davon ab, ob diese Korrektur für ihn und die Leser seines Textes zu diesem Zeitpunkt eine Funktion hat. Möglicherweise kann (statt der Korrektur des Textes) eine anschließende Übung lernförderlich sein (für Long wie für die anderen Schüler), vorgegebene Geschichten und andere Textsorten zu unterscheiden oder Äußerungen zu beurteilen im Hinblick auf die Dauer der dargestellten Zeit.

▸ Wie man Texte der Schülerinnen und Schüler betrachtet, was man an ihnen beobachtet, in welcher Perspektive und Absicht man sie analysiert;

▸ welche Aufgaben zum Schreiben man im Unterricht stellt;

▸ wie man dort mit den Texten umgeht, ob und woraufhin sie überarbeitet werden;

▸ welche Formen der Teilhabe an den Texten der anderen man den Schülern ermöglicht:

das hängt ab von dem Begriff vom Schreiben, den man hat. Und von der Auffassung über die Beziehung zwischen Schreibunterricht und Entwicklung der Textkompetenz, von dem Begriff von Sprachlehren und -lernen. Dem gelten die folgenden Kapitel.

2 Perspektiven: Schreiben als kulturelle Tätigkeit

2.1 Literalität und Literarität

Der Begriff von Schreiben lässt sich bestimmen im Hinblick auf den Buchstaben als Bestandteil des Alphabets und im Hinblick auf den Text als Text zwischen Texten. Der erste Aspekt betrifft die Literalität, der zweite die Literarität.

Literalität. Mit dem Gebrauch des *Buchstabens* (griech. *gramma*, lat. *littera*) ist ein neues Verhältnis zur Sprache gegeben. Im Schreiben wird für das Auge präsent, was im Sprechen (vor allem) für das Ohr wahrnehmbar ist. Mit der Verschiebung aus der Zeit – der Erstreckung der gesprochenen Rede in der Zeit – auf den Raum, als den Ort der Schrift, das Medium des Schreibens, verändern sich die Möglichkeiten des Selbst zu seiner Äußerung: Indem es – im wörtlichen Sinne – die Äußerung *„vergegenständlicht"* (Bosch 1984), kann es zu ihr in Distanz treten; es kann, was auf dem Papier fixiert ist, zu späteren Zeitpunkten wieder lesen und neu bedenken, die derzeitigen Gedanken auf die früheren beziehen und umgekehrt, sie also spiegeln, reflektieren. Es kann sofort oder auch später das Geschriebene verändern, ohne an die Erinnerung gebunden zu sein. Damit ist eine generelle Bewusstwerdung der Sprache verbunden: *abstrahiert von der Situation* und damit nicht mehr gebunden an den Kontext des Entstehens, nicht mehr unwillkürlich wie die spontane Rede; wer schreibt, muss von der Situation, in der er schreibt, gerade absehen. Der Denkakt, der damit verbunden ist, kann sich nicht nur auf die Sprache, die gesprochene wie die geschriebene, beziehen, sondern auf die Bewusstseinstätigkeit selbst. Wygotski nennt das einen mit der Schrift in besonderem Maße und auf eben diese besondere Weise ermöglichten *„Akt der Reflexion"* (Wygotski 1969, S. 205; vgl. Brockmeier 1998, S. 238 ff.).

Schreiben ist ein Prozess des Herstellens, manuell mit dem Stift auf dem Papier oder mit den Tasten auf dem Bildschirm (vgl. Hasert 1998). Während der, der spricht, in der Regel sich selbst nicht unmittelbar als Redenden mit dem Auge wahrnimmt, sieht der, der schreibt, nicht nur das Produkt seines Tuns auf dem Papier, sondern er begleitet auch den Prozess des Schreibens mit dem Auge. „An die Stelle des anderen, der die Gedanken generieren hilft, tritt beim Schreiben das sich entwickelnde Kontinuum der Schrift." (W. Dehn 1984, S. 100)[5]

Und das Ergebnis seiner Arbeit ist für den Schreibenden materiell präsent; er kann es mit sich forttragen, es anderen zeigen, aber auch es zerreißen. So ist für Jan-Carlos, der sich dem Schreiben lange verweigert hat, der Vorgang ein Schlüsselerlebnis, dass die Lehrerin „Pascal" – das ist der Name seines Hundes – aufschreiben kann und dass auf dem Blatt dieses Wort nun geschrieben steht. Er will das Wort ausschneiden und mit nach Hause nehmen (Wolf-Weber/Dehn 1993, S. 94 f.).

Das Schreiben Buchstabe für Buchstabe erlaubt eine Gliederung, die in der Rede so nicht möglich ist: Wort, Satz, Absatz werden sichtbar; mit der Schrift ist eine komplexere Syntax möglich, weil sie im wörtlichen Sinn „überschaubar" ist (Raible 1995). „Die Organisation sprachlicher Äußerungen als Abfolge diskreter Elemente gibt es vorab nicht [...]. Die sprachlichen Grundkonzepte (Wort, Satz, Silbe etc.) sind gleichzeitig Voraussetzung wie Ergebnis ihrer schriftlichen Fixierung" (Günther 1995, S. 30; vgl. Fuhrhop/Müller 2010). Insofern erleichtert Schrift das Sprechen und Denken über Sprache, die Metasprache, trägt Schrifterwerb damit auch zur Entwicklung der Kognition und zur Ausbildung „schriftförmiger Rede" (Ong 1987) bei; in den letzten Jahren wird das als Bildungssprache gekennzeichnet (z. B. Gogolin 2008).

Der Text als Produkt des Schreibvorgangs ist autonom; autonom in Bezug auf die Situation, in der er entstanden ist, autonom in Bezug auf den, der ihn verfasst hat. Aber er ist gebunden an einen, der ihn liest. Während in der Oralität der Adressat Teil der Situation ist, muss die Adressierung beim Schreiben erzeugt werden. Diese Bestimmung des Textes gewinnt in der Schule, wenn Texte für bestimmte Zwecke, für bestimmte Adressaten, gleichsam „auf/zur Probe" verfasst werden, eine große Brisanz. Der Gesichtspunkt wird, was die Formulierung der Aufgabenstellung und den Umgang mit dem Schreibprodukt betrifft, S. 89 f. und 104 ff. ausgeführt. Wie Schreibanfänger damit umgehen, das hat Swantje Weinhold untersucht (2000).

Aber nicht nur der Text ist autonom, auch der, der Buchstaben gebraucht, der Schreiber, gewinnt an *Autonomie:* mit Vergegenständlichung, Abstraktion, Reflexivität und Gliederung des im Gesprochenen Ungeschiedenen. Das ist das eine Gesicht der Literalität. Das andere: Die Verfügungsmacht, die mit dem Beherrschen der Schrift möglich wird, ist zugleich geprägt von politischem Interesse, von Hierarchie und Selektion, von Formen der Institutionalisierung und Technologie.[6] Der Ansatzpunkt dafür ist in der Schrift selbst gegeben. Schrift und Schreiben gründen auf der Verbreitung der Zeichen. Schreiben setzt Leser voraus und damit eine Normierung der Schriftzeichen. Das Lesen ist (zumindest was die Schnelligkeit betrifft) an eine regelhafte Codierung des Verhältnisses von Lautung und Schreibung gebunden, die *Orthografie.* Und für die Verwendung in bestimmten Kontexten sind *Stilnormen* und *Normen für Textmuster*, nämlich Textsorten, festgelegt. Das Verfügen über Schrift kann politisch geregelt werden, als Beschränkung des Zugangs (so sollten im 18. Jahrhundert in Preußen die Mädchen in den Elementarschulen nicht schreiben lernen, im 19. Jahrhundert die Elementarlehrer während ihrer Ausbildung nicht die Klassiker lesen) und als Kriterium für schulische und außerschulische Selektion und damit zur Bildung und zur Bestätigung von Hierarchien. Besonders einfach ist die Überprüfung der Beherrschung der Orthografie. Sie hat derzeit bei der schulischen „Standardsicherung" einen hohen Stellenwert, gilt – besonders in Dienstleistungsberufen und im Handwerk – auch als Zulassungsvoraussetzung für die Ausbildung.

Literalität ist – zunächst – formuliert als Gegenbegriff zu Oralität (siehe vor allem Havelock 1992; Ong 1987). Dabei ist zu bedenken, dass es in schriftkulturellen Traditionen in den Formen der „gesprochenen und gehörten, der dialogischen und monologischen, der geschriebenen und gelesenen, der kommunizierten und gedachten Sprache" fließende Übergänge gibt (Brockmeier 1998, S. 174). Das gilt auch für den Erwerb von Schrift. So lernen bei uns Kinder schon frühzeitig den Gebrauch von Schrift aus der Beobachtung (im Zuhören beim Vorlesen, im Zusehen beim Schreiben) und Nachahmen (beim Kritzeln zum Beispiel), lange bevor sie in der Schule darin unterwiesen werden. Und wenn sie zum Beispiel zu Hause oder im Kindergarten Gelegenheit haben, einem Erwachsenen etwas zu diktieren (Andresen 2005, S. 184f.; Merklinger 2009, 2011), können sie die Langsamkeit des Schreibens sinnlich erfahren und beim Vorlesen des Geschriebenen, aus dem Mund des anderen hören, was sie gesagt haben, und es auf dem Papier mitnehmen zu anderen. Hinsichtlich des Ausmaßes und der Qualität dieser Beobachtungen, Nachahmungen und Erfahrungen gibt es allerdings gravierende soziokulturelle Unterschiede. So gilt schon in der frühen Schulleistungsstudie von Lehmann und Peek (1997) der „Buchbestand im Elternhaus" in der Hamburger Untersuchung zu „Aspekten der Lernausgangslage" in Klasse 5 „als einer der besten Prädiktoren für den erreichten Lernstand". Schülerinnen und Schüler, „deren Eltern 500 Bücher und mehr besitzen, erzielen im Schulleistungstest durchschnittlich mehr als doppelt so viele richtige Lösungen" gegenüber Kindern, in deren Elternhäusern praktisch keine Bücher vorhanden sind (S. 68). Und das hat sich seitdem in allen weiteren Studien bestätigt: Leistungsrückstände – nicht nur bei Schülern mit Migrationshintergrund – erklären sich aus ihrer sozialen Lage, aus der Schrift- und Bildungsferne (vgl. Bos u.a. 2007, S. 24; Speck-Hamdan 2005; Dehn 2010b; Hüttis-Graff u.a. 2010).

Literarität. Schreiben als kulturelle Tätigkeit hat noch einen anderen Aspekt: Wer schreibt, erfasst Vorgegebenes, Gewusstes, Erfahrenes für sich und gibt es anderen wiederum zum Lesen. Der Text, der dabei entsteht, ist *immer ein Text zwischen Texten*. Er adaptiert andere Texte und korrespondiert mit ihnen, mit Formen und Mustern, in denen Inhalte, Themen, Bedeutungsstrukturen gestaltet, Erfahrung und Erkenntnis formuliert und generiert werden. Dem Buchstaben als Instrument und Medium des Schreibens stellen wir die *Intertextualität* als Funktion des Schreibens gegenüber. Schreiben bezieht sich auf Referenzwelten und kann selbst eine „Textwelt" schaffen (Iser 1993).

Literarität[7] ist nicht an die Kenntnis und den Gebrauch der Buchstaben gebunden; „Literarisierung" ist – auch historisch – nicht identisch mit „Alphabetisierung", sie meint den Zugang zur Darstellung von Erfahrung, von personaler und sozialer Erfahrung, von Selbst und Welt. Aber sie kann durch Literalität erweitert werden, auch neue Möglichkeiten für den Austausch finden, im Schreiben und im Lesen. Das gilt auch für das Sehen von Bildern; diese Fähigkeit, die „visual literacy", kann die literarische Kompetenz erweitern. Literarische Kompetenz entwickelt sich – wie der Gebrauch der Schrift, die Literalität – vom Lebensbeginn an, wiederum mit dem Hören von Geschichten, aber auch mit dem Sehen von Bildern und Filmen als Darstellung von *Erfahrung* und *Erinnerung*. Literarität bezieht sich auf die Formung von Inhalten, auf inhaltliche Strukturen und Deutungen. Für den Erwerb der literarischen Kompetenz benennt Spinner drei Konstituenten: „Wenn ein Kind sich an etwas Erlebtes erinnert und das Erinnerte erzählt, dann löst es das Erlebte aus der unmittelbaren Situation oder [...] es imaginiert eine Situation, die nicht mehr präsent ist. Die Alltagserzählung ist in diesem Sinne situationsabstrakt und enthält damit ein

Charakteristikum, das in gesteigertem Maße dem literarischen Text zukommt." (Spinner 1995, S. 94) Die *Abstraktion von der Situation* ist also etwas, was beiden Aspekten des Schreibens als kultureller Tätigkeit gemeinsam ist.

Das Heraustretenkönnen aus der Situation ist das eine, das Hereinholen des Vorgestellten, des Wunsches, des Tagtraums ist das andere. Kaspar Spinner fügt als drittes Konstituens das Narrative hinzu – und zwar hier als Alltagserzählung (also in der Regel mündlich) –, das nicht an den Buchstaben gebunden ist.

Die Möglichkeit, herauszutreten aus der unmittelbaren Situation, ist etwas, das die menschliche Sprache insgesamt kennzeichnet, und zwar als eine bestimmte Funktion. Karl Bühler unterscheidet drei Funktionen: Ausdruck, Appell und Darstellung (Bühler 1965, S. 28 ff.). Diese Sprachtheorie ihres gemeinsamen Lehrers machen Konrad Lorenz und Karl Popper zum Gegenstand ihres Altenburger Gesprächs. Während Ausdruck und Appell auch den Tieren möglich sind, ist es die Darstellung nur in einem ganz eingeschränkten Sinn (zum Beispiel bei den Bienen). Das Besondere daran macht Karl Popper auf ganz einfache Weise deutlich: „Eines der entscheidenden Dinge bei der Darstellung ist, dass sie nicht durch die Situation bedingt ist. Ich kann mit dir jetzt über den Nordpol sprechen, ich kann dir erzählen, wie es dort aussieht. Das ist nur bei der Darstellung möglich, dass man über ferne Dinge sprechen kann, über ferne Länder, über Ereignisse, die vor hunderttausend Jahren geschehen sind usw." (Popper/Lorenz 1994, S. 34 f.) Dafür ist *Imagination* konstitutiv. Dieses Merkmal von Literarität soll im folgenden Abschnitt näher bestimmt werden.

Das Narrative als wesentliches Moment der Entwicklung literarischer Kompetenz zu kennzeichnen, liegt nahe. In Geschichten formuliert sich die Erfahrung, die Erinnerung, die Vorstellung. Das Narrative ist konstitutiv auch für den Film (im Kino, im Fernsehen, als Video und DVD und interaktiv auch für einige Computerspiele; vgl. Hoffmann/Lüth 2007). Das bedeutet, dass auch die Kinder, denen Schrift, geschriebene (und vorgelesene) Geschichten, vor der Schule nicht vertraut geworden sind, dennoch auch Erfahrungen haben mit Strukturen des Narrativen: mit *Figurenkonstellationen* (der Kleine und der Große, die Gute und die Böse, Mann und Frau, Eltern und Kinder, Freund und Feind, Herr und Knecht usw.), *Handlungsmomenten* (Erwartung und Enttäuschung, Kampf und Versöhnung, Aufgabe und Suche usw.) und *Bedeutungsmustern* (Sieg des Guten, Bewältigen von Schuld, Verlust des Geliebten usw.) – eben durch audiovisuelle Medien. Spinner (2010, S. 32 ff.) kennzeichnet, nicht nur für die Kinder- und Jugendliteratur, sieben anthropologische Grundmotive und Symbole: Minderwertigkeit und Selbsterprobung, Fliegen – Freiheit im Raum der Fantasie, verbotene Orte, das Böse, Tod und Leben. Diese Strukturen sind als „narrative Konstruktion der Wirklichkeit" (narrative construal of reality) ein Fokus der „Kultur der Erziehung" („culture of education", Bruner 1996) und des Schreibens als kultureller Tätigkeit.[8]

Den Gedanken, das Narrative, diesen „psychischen Modus", als Zugang zur Schrift zu betrachten, führt auch Brockmeier aus: „Im narrativen Modus werden Erfahrungen geordnet, in ihm gewinnen Vorstellungen, Intentionen, Pläne und Phantasien Gestalt, ja Realität. In erzählender Sprache geben wir unseren Erfahrungen und Imaginationen jene Form, in der sie zum Gegenstand des Bewusstseins werden." (Brockmeier 1998, S. 278). Das bedeutet eine Wechselbeziehung zwischen der Erinnerung und Imagination und den Ausdrucksmitteln des Geschriebenen, den Textsorten und Stilnormen.

Die Geschichte kann zum Spiegel dessen werden, der schreibt, und dessen, der liest. *Reflexivität* ist – wie die Abstraktion – wiederum ein Merkmal, das Literalität und Literarität gleichermaßen eigen ist, allerdings aus unterschiedlicher Perspektive: in dem einen Fall tritt dem Schreiber mit dem Buchstaben das Ergebnis seines Tuns gegenüber und er kann sich dazu verhalten; in dem anderen Fall ist der formulierte Inhalt des Geschriebenen für ihn eine Möglichkeit zur Selbst-Reflexion, sich zum Dargestellten in Beziehung zu setzen, Alternativen zu erwägen.

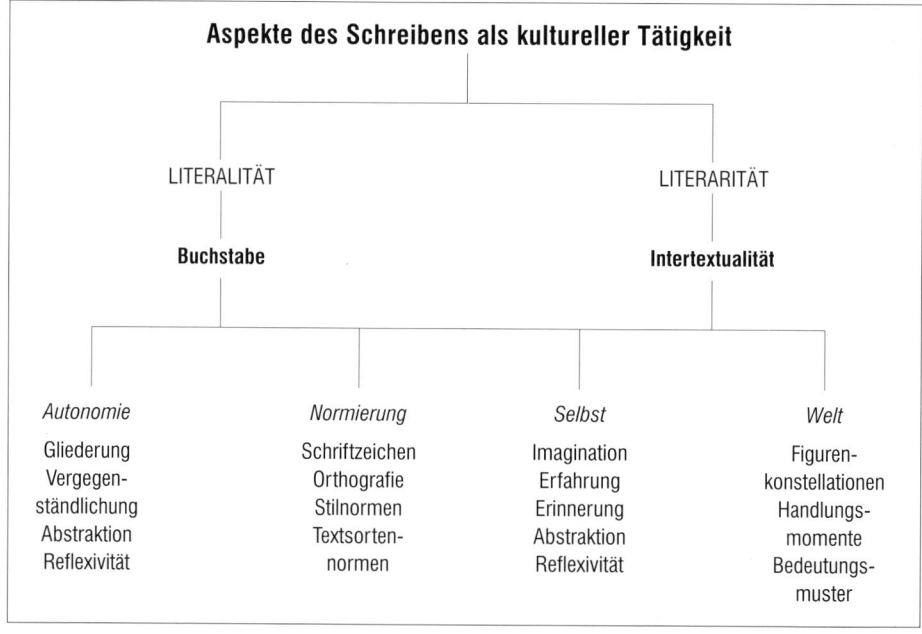

Aspekte des Schreibens als kultureller Tätigkeit

Diese Betrachtung des Schreibens als kultureller Tätigkeit unterscheidet sich von der in den letzten Jahren vielfach diskutierten Entgegensetzung von Oralität und Literalität und der von Mündlichkeit und Schriftlichkeit als Medium (siehe Koch/Oesterreicher 1994), weil sie mit dem Begriff der Literarität einen Aspekt einführt, der gleichermaßen für den gesprochenen wie für den geschriebenen Text gilt.

Literarität betrifft das Verhältnis des Darstellens zum Dargestellten, die Möglichkeit, in der Sprache (der gesprochenen wie der geschriebenen) etwas zu formulieren, das im Wesentlichen selbstreferentiell ist: Es schafft sich ein Bezugssystem der Wörter, eine Struktur der Bedeutungen, die es dem Subjekt erlauben, in der Vorstellung, im Bild außerhalb der momentanen Situation zu sein, außerhalb der pragmatischen Lebensvollzüge. Imagination, Erfahrung, Erinnerung artikulieren sich im Erzählen und im literarischen Text (sowie in anderen medialen Formen), im Vollzug des Schreibens, aber auch in dem der Lektüre, der Rezeption – als „literarische Muster".

Dieses Buch gilt dem Textschreiben in der Schule, dem Textschreiben als kultureller Tätigkeit. Der Aspekt der Literalität ist dabei weitaus selbstverständlicher als der der Literarität. „Es scheint ein Gütekriterium für Sprachunterricht zu werden, ob für die Heranwachsenden der Druck im Literalen aushaltbar, im Literarischen gestaltbar ist. Wenn es Sache der Schule ist, sie zu literarisieren, dann müsste ihr nicht ein Dezernat, sondern ein Patronat zugesprochen werden über den persönlichen Gebrauch von Schrift." (W. Dehn 1984, S. 8)

Literarität als Aspekt des Schreibens, insbesondere des Schreibens von Schulanfängern, von Grundschulkindern darzustellen, ist ungewöhnlich, gilt doch im Allgemeinen das „Literarische" als herausgehoben, als etwas, das vieles andere voraussetzt, das allenfalls durch „kreative Schreibaufgaben" bei Schülerinnen und Schülern weiterführender Schulstufen entwickelt und zum Vorschein gebracht werden kann, in „Nischen" des Unterrichts. Uns ist bei den jahrelangen Unterrichtsbeobachtungen und bei der Lektüre der Schülertexte indes immer wieder aufgefallen, dass das „Literarische" etwas Alltägliches ist, das auch jungen Schreibern zugänglich ist, das freilich vielleicht eines besonderen Blickes bedarf, besonderer Aufmerksamkeit, was die Aufgabenstellung und den Umgang mit den Texten betrifft.

Literarität neben Literalität als wesentlichen Aspekt des Schreibens als kultureller Tätigkeit zu bestimmen, jeglichen Schreibens, bedeutet, eine begriffliche Grundlage für ein Verständnis dessen zu entfalten, was an Schriftstücken wie denen in Kapitel 1 Respekt verlangt; es bedeutet zugleich eine Basis zu schaffen für die Analyse der Entstehensbedingungen, also für eine Konzeption des Schreibunterrichts.

Literarität als Begriff wurde in den letzten Jahren eher im Bereich der Literaturtheorie und Literaturdidaktik behandelt, die Schreib- und Schreibprozessforschung kennt ihn bislang kaum (vgl. Kruse 2011). Wenn aber hier Schreiben immer in Korrespondenz zum Lesen und zum Sehen von Bildern gesehen wird, erscheint diese Erweiterung des theoretischen Bezugsfeldes notwendig.

2.2 Literarität: Imagination und Transformation von Text und Bild

Imagination bezeichnet ein Vermögen; sie ist der „Kern" der Literarität als Spiel im Spannungsfeld von Selbst und Welt. Solange sie keine gestaltete Form annimmt, bleibt Imagination nur dem Einzelnen zugänglich. Die Formgebung stellt eine Transformation dar; eine Transformation, in die, was als sprachlicher, als gestalterischer Fundus jeweils verfügbar ist, als Muster der Formulierung im Einzelnen und der Konzeption im Ganzen eingeht. Muster bezeichnet Formen der Artikulation, Modi der Erfahrung und Deutung. Als Form sind Muster der Beobachtung und dem Austausch zugänglich und geben Anhaltspunkte dafür, wie sich die Schreibenden mit ihren Texten in diesem Spannungsfeld von Selbst und Welt bewegen.

Das Vermögen, in der Vorstellung das Hier und Jetzt zu verlassen und eine neue Perspektive einzunehmen, bedeutet zugleich Distanzierung von der „realen" Situation und Erweiterung der Handlungsmöglichkeiten. Kennzeichnend für das Vermögen ist das „Vagieren zwischen verschiedenen Perspektiven, eine Art intuitives Pendeln, Sich-Einpendeln im Beziehungsfeld, das sich zwischen dem Imaginierenden und dem Imaginierten […] konstruiert" (Köppert/Spinner 1998, S. 169; vgl. auch Spinner 2007). Köppert und Spinner bestimmen das Imaginieren als „Denken in Bildern" im Unterschied zu „einem Denken aus der Beobachterwarte", das von außen auf eine Sache blickt (ebd.). Bereits Vorschulkinder verfügen über Imagination und gebrauchen zum Beispiel das Signal des „Als-ob" im Rollenspiel: „Du bist jetzt wohl die Mutter."

Dieser Begriff von Imagination ist aus der Diskussion um die Bildung von Identität, von Empathie und von Fremdverstehen lange aus der Literaturdidaktik bekannt. Wir möchten ihn hier zur Geltung bringen für die Didaktik des Textschreibens, und zwar sowohl in Hinsicht auf die Verbindung von Lesen und Schreiben wie in Hinsicht auf Bilder und die „vielfältigen Bild-Text-Vernetzungen", auch der neuen Medien – als Vorgabe und Anstoß für das Schreiben: Insofern geht es um Literarität *und* „visual literacy". Visual literacy kann – als ein Aspekt von ihr – die literarische Kompetenz erweitern.

Zunächst aber möchten wir den Begriff der Imagination in Bezug auf Texte noch vertiefen.

Imagination in Bezug auf Texte. Der Literaturwissenschaftler Wolfgang Iser setzt in seiner literarischen Anthropologie (1993) das Imaginäre deutlich von der Imagination ab. Während Imagination ein Vermögen bezeichnet, bestimmt er das Imaginäre als „Energie", als „Konstituens" literarischer Prozesse und zugleich als „menschliche Disposition" (1993, S. 15), also als grundsätzlich jedem zugänglich. Das Imaginäre drängt auf Gestaltung. Das Fiktive, der zweite zentrale Begriff bei Iser, wird zum Medium „für das Erscheinen des Imaginären" (1993, S. 393).

Das Imaginäre – als Energie – ist natürlich begrifflich sehr schwer fasslich, eben weil es sich nicht auf etwas Bestimmtes bezieht und beziehen lässt. Gleichwohl ist es ein Grund dafür, dass Menschen ihre Vorstellungen, ihre Bilder, Wünsche, Träume, Ängste, Visionen immer wieder zu gestalten versuchen, für sie eine Form zu finden suchen, indem sie malen, formen, aufschreiben, auf vielerlei Weise in Szene zu bringen suchen und damit eine Möglichkeit haben, ihr gegenwärtiges Sein in eine Relation dazu zu bringen, es davon durchdringen zu lassen. Und weil das Imaginäre etwas Flüchtiges ist, kommt dieses Streben nie an ein Ende.

Uns scheint das Besondere an der Theorie von Iser, dass er zeigt, wie das Imaginäre als Kraft gegenwärtig werden kann nur in Formen, in Gestaltungen, in Konfigurationen. Darin unterscheidet es sich nicht von der Imagination. Die Erfahrung des Imaginären geschieht immer überfallartig; man kann sie nicht planen, nicht voraussehen; aber man kann sie vielleicht ermöglichen oder jedenfalls Sorge tragen, dass sie nicht ausgeschlossen bleibt. Und dazu taugen literarische Texte, Bilder und auch die alten und neuen Medien.

Bildungstheoretisch ist es höchst relevant, ob Heranwachsende Gelegenheit finden, diese im Sinne Isers „menschliche Disposition" auch als ihre eigene zu erfahren: ein Wechselspiel zu empfinden und hervorrufen zu können zwischen dem als gegeben Wahrgenommenen und dem als möglich Erfundenen, Erspielten, in Szene Gesetzten.

Unterrichtsmethodisch folgt daraus, dass bei der Begegnung mit solchen Vorgaben nicht etwa analytische Fragen am Anfang stehen: „Was hast du nicht verstanden?", „Wie heißt der …?", „Was passiert dann …?", sondern dass die Schüler Gelegenheit haben, Vorstellungen, innere Bilder zu entwickeln und in eine Form zu bringen, als knappe Formulierung ihrer Idee, als grafische Skizze, als szenisches Spiel – zum Beispiel – und sich erst danach auch analytisch mit der Vorgabe befassen.

Was ist das Besondere solcher Vorgaben? Und was lässt sich mit einem solchen Blick an Schülertexten beobachten?

Iser befasst sich ausschließlich mit Texten, Bilder bleiben ausgespart. Es gibt aber gute Gründe, sie ebenso wie Texte als Impuls für die Vorstellungsbildung – für das Erfinden von Figurenkonstellationen, Handlungsmomenten, Bedeutungsmustern – den Schreibenden anzutragen, weil auch sie Gestaltungsformen des Imaginären sind, Ausdruck von und Impuls für Imagination. Zunächst noch einmal zu den Besonderheiten literarischer Texte.

Literarische Texte handeln von etwas, das nicht unmittelbar gegeben ist, „sondern hervorgebracht werden muss" (Iser 1993, S. 430); damit sind sie „durch sich selbst bestimmt" – im Unterschied zum Pragmatischen, das eben „nicht durch sich selbst bestimmt ist" (S. 11), wie zum Beispiel der Zeitungsbericht oder der Beschwerdebrief. Der literarische Text bildet nicht Realität ab, sondern schafft eine Textwelt, indem er Vorgefundenes, Außertextliches dekomponiert. Dabei vollzieht sich auf der sprachlichen Ebene etwas Besonderes. Die Wörter bezeichnen nicht mehr nur einfach das, was dem allgemeinen Sprachgebrauch entspricht: Die lexikalische Bedeutung wird abgeblendet, „um eine indexikalische aufblenden zu können" (ebd. S. 28). Damit wird die bloße Funktion des Bezeichnens zurückgedrängt, es wird etwas geformt, figuriert. „Dasjenige, worauf eine solche Sprache verweist, ist selbst nicht sprachlicher Natur." (ebd., S. 33) Die Wörter des Textes sind mehr als ihre bloß lexikalische Bedeutung. Das wiederum ist für das Lesen und das Bilden von Vorstellungen zentral. Und darauf können wir bei literarischen Texten, aber auch bei Kindertexten den Blick richten, denn die Imagination und das Imaginäre sind grundsätzlich für jeden möglich.

Diese Kennzeichnung literarischer Sprache ist auch sonst mehrfach beschrieben. Stets wird hervorgehoben, sich beim Verstehen nicht auf die lexikalische Bedeutung des Wortes zu beschränken, sondern aufmerksam zu sein auf die Beziehung, die die Wörter untereinander eingehen. Dabei kommen sprachliche Muster in den Blick, wie zum Beispiel in der Äußerung *horrible Harry*, in der *horrible* viel stärker wirkt als die Alternativen *dreadful, terrible, frightful* (Jakobson 1970, S. 151). Mit dem Mittel des Gleichlauts, also dem Muster der Zeichenkombination, wird eine Wirkung erzielt, ein Ausdruck ermöglicht, der über die bloße Kennzeichnung der Einschätzung von Harry (im lexikalischen Sinn) weit hinausgeht. Auch die Werbung macht sich die poetische Funktion der Sprache zunutze, um nachhaltigere Wirkungen ihrer Botschaften zu erreichen.

Diese Funktion der Sprache, die bewusst oder unwillkürlich, alltäglich sein kann, wird auch als ästhetische Funktion bezeichnet (Mukařovský 1967) – neben Darstellung, Appell und Ausdruck eine vierte Funktion der Sprache. Sie beruht darauf, „dass die Aufmerksamkeit des Zuhörers [...] zum sprachlichen Zeichen selbst, zu seinen Eigenschaften und seiner Zusammensetzung, kurz zu seinem inneren Aufbau hingezogen wird" (ebd., S. 105, vgl. S. 174). Und wir finden sie eben auch in den Texten der Grundschulkinder.

Die Beziehung der Zeichen zueinander in den Blick zu nehmen bei der Analyse von Texten, heißt auch, nach Mustern der Komposition zu suchen, und zwar als Modi der Erfahrung und Deutung, als Spiel mit Kombinationen, nicht etwa einfach nur als Übernahme von Vorgefundenem oder Vorgeschriebenem. Die Auslegung dieser Beziehung der Zeichen zueinander in dem gesamten Wirkungsfeld des Textes kann nicht an ein Ende kommen, weil sie sich jeweils neu darstellt, je nachdem, wie die Linien der Beziehungen aufgenommen werden (vgl. Anderegg 1985). Aber sie ist nicht willkürlich, solange sie auf den Text bezogen bleibt.

Für eine Konzeption vom Textschreiben in der Schule ist die Kenntnis dieser Sprachfunktion wichtig, weil sie – unter dem Aspekt der Literarität – einen anderen Blick erlaubt auf die Schülertexte als den gängigen, der auf die Einhaltung von Stil- und Textsortennormen gerichtet ist, allererst und oft ausschließlich. Gerade die Mehrdeutigkeit ist zentral für diese Sprachfunktion und unterscheidet sich deutlich davon, stets nur die Beziehung des Zeichens zu dem Bezeichneten im Blick zu haben (vgl. Spinner 2006).[9] Für die Lektüre von Schülertexten bedeutet es zum Beispiel, offen zu sein für die Mehrdeutigkeiten, die sich aus der Beziehung der Zeichen untereinander ergeben und nicht immer gleich zu sagen: Das ist unklar, das musst du genauer sagen, sondern dem Schreiber Beobachtungen, Eindrücke und Fragen, die beim Lesen entstanden sind, mitzuteilen und Gelegenheit zu geben, sich mit den anderen darüber auszutauschen.

Imagination in Bezug auf Bilder. Wir haben bisher Literarität nur in Bezug auf Texte betrachtet. Es gibt in der Forschung wie in der Schule massive Widerstände dagegen, Imagination auch auf Bilder, bewegte und unbewegte, zu übertragen. Wir möchten dazu beitragen, das Verhältnis von Text und Bild für Wahrnehmung und Vorstellungsbildung, für das Lesen und Schreiben aufzuklären. Für das Textschreiben in der Schule ist das außerordentlich wichtig, sind doch für die Kinder Bilder allgegenwärtig und zunehmend dominant (Theunert 2006).[10]

Die alte Tradition begründet die Entgegensetzung von Text und Bild damit, dass Sprache mentale Bilder evoziert und dass diese Bilder für die Entwicklung des Bewusstseins, ja die Bildung des Selbst weitaus wirksamer und wertvoller seien als äußere Bilder, insbesondere als die bewegten Bilder des Films oder des Computerspiels. Das Argument ist, dass Sehen bloß ein ganzheitlicher Vorgang sei, das Bild werde beim Sehen nicht kognitiv und imaginativ erzeugt (wie das innere Bild beim Lesen), sondern bloß übernommen. Das möchten wir in Hinsicht auf zwei Perspektiven widerlegen, in kognitionspsychologischer und in ästhetischer.

Kognitionspsychologische Perspektive. Wenn wir aus dieser Perspektive Prozesse der Bildwahrnehmung betrachten, so ist, ganz selbstverständlich, Sehen ein Konstruktionsprozess, kein ganzheitliches Abbilden. Das wissen wir eigentlich aus der kognitiven Psychologie schon lange (vgl. Neisser 1979). Die Hirnforschung hat das bestätigt.

„Das Gehirn entwirft Modelle der Welt, vergleicht dann die einlaufenden Signale mit diesen Modellen und sucht nach den wahrscheinlichsten Lösungen. […] Unsere Kognition fußt also auf Wahrscheinlichkeitsberechnungen und Inferenzen. […] Wir merken nicht, dass wir konstruieren, sondern wir glauben, dass wir abbilden." (Singer 2004, S. 75) Bei dieser Konstruktion spielen evolutionäre Prozesse, individuelle Seherfahrungen und Wissen eine wichtige Rolle. Das zeigt schon ein ganz einfaches Beispiel.

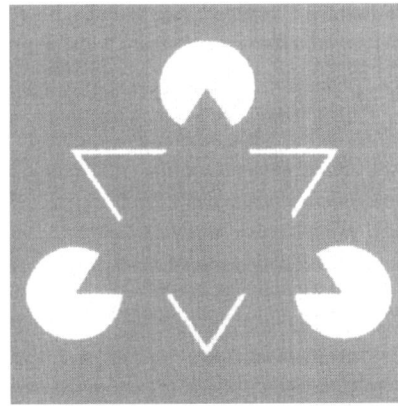

Konstruktives Sehen
(Quelle: Singer 2004, S. 66 f.)

Unser Sehsystem erfindet eine Figur: das aufwärts zeigende Dreieck. Damit folgen wir unserer Erwartung, dass Objekte der Sehwelt geschlossen und intakt sind. Ausgeschnittene Kreisscheiben gehören nicht dazu. Dass diese Form zusammen mit dem weißen Dreieck, das auf seiner Spitze steht, einen Davidstern bildet, gehört zu unserem kulturellen Wissen. Das Erfinden der Figur des aufwärts zeigenden Dreiecks wird dadurch vielleicht gestützt, aber dieser Vorgang würde auch ohne das weiße Dreieck eintreten.

Sehen ist also (sogar bei einfachen Vorgaben) auf das Herstellen von Beziehungen und Sinnzusammenhängen, auf das Generieren von Bedeutungen gerichtet. Das gilt bereits für den ersten Eindruck, aber es kann wesentlich vertieft werden.

Schon 1988 hat Bernd Weidenmann ein Prozessmodell des Bildverstehens als Grundlage für visual literacy begründet, das wir hier adaptieren möchten.

präattentiv

- unwillkürliches Generieren von Bedeutung
- Bezug auf Erwartungen, Erfahrungen, Wissen
- eventuell automatisches Normalisieren

attentiv

- Spezifizierung und Differenzierung des Wahrgenommenen
- Wahrnehmen von Mehrdeutigkeit
- Schemata, Skripts, Wissen werden virulent gehalten
- rekursive Prozesse,
  bis Kohärenz festgestellt und Normalisierung gefunden ist

behalten

- mentale Modelle:
  von Bildinhalt, von Bildcodes, von Prozessen des Bildverstehens

Prozessmodell des Bildverstehens als Grundlage für visual literacy (vgl. Weidenmann 1988)

Ob ein Bild über die unwillkürliche Wahrnehmung hinaus bewusst wahrgenommen wird, hängt davon ab, ob es das Interesse des Betrachters weckt und ob der über Wissen und Haltungen verfügt, sich mit dem Bild auseinanderzusetzen. Weidenmann sagt, die Bildwahrnehmung ist immer auf „Normalisierung" gerichtet – also darauf, rasch wieder auf anderes die Aufmerksamkeit zu richten. Dann findet eine weitere Beschäftigung mit dem Bild nicht mehr statt. Auch die bewusste Wahrnehmung (der attentive Prozess) drängt auf „Normalisierung".

Die Intensität des Bildverstehens hängt zum einen davon ab, ob es gelingt, den ersten Eindruck zu spezifizieren und zu differenzieren. Zum anderen hängt sie davon ab, ob Mehrdeutigkeit oder auch Unsicherheit gesucht und ausgehalten wird, also Widersprüchlichkeiten zu Erwartungen und Erfahrungen und zum Wissen. Und schließlich muss all dies im Prozess der Wahrnehmung, der ja nicht linear, sondern rekursiv ist, virulent gehalten werden – es darf nicht rasch ein einfacher Schluss über das Dargestellte gezogen werden.

Dann können sich mentale Modelle ausbilden, die im Sinne einer visual literacy heute zunehmend (mehr als früher) erforderlich sind, um der Fülle der Bilder produktiv begegnen zu können, durch Auswahl und Akzentuierung.

Die alte Kontroverse im Streit um den „Wert" des Bildes im Vergleich zum Text kann sich also nur auf den ersten Eindruck, die Neigung zu rascher Normalisierung beziehen, nicht aber auf das komplexe Bildverstehen im Ganzen. Aber auch für den ersten Eindruck gilt, dass er ein Konstruktionsprozess ist, kein bloßes Abbilden.

Wie stark das Sehen von Bildern und das Vorstellen von Bildern zusammengehören, konnte mit bildgebenden Verfahren gezeigt werden: „[...] fast alle Hirnrindenareale, die bei der Wahrnehmung sichtbarer Objekte aktiv werden, [sind] auch aktiviert, wenn man sich die Objekte nur vorstellt" (Singer 2004, S. 67). Dieser Befund ist zum einen ein starker Beleg für die Konstruktivität der Wahrnehmung, aber er zeigt auch die grundlegende Gemeinsamkeit von Sehen und Imagination. Innere Bilder, die wir zum Beispiel beim Lesen erzeugen, unterscheiden sich, was die Gehirnaktivitäten betrifft, nicht von Bildern, die wir sehen. Und auch sichtbare Bilder erzeugen mentale Bilder!

Ästhetische Perspektive. Bilder zeigen nicht nur etwas, sie verbergen auch etwas. Das möchten wir – eben in ästhetischer Perspektive – näher betrachten. Der Kunstwissenschaftler Hans Belting formuliert das so: „Das ist die paradoxe Fähigkeit von Bildern, das zu verbergen, was sie darstellen wollen. Solche Bilder erschöpfen sich nicht in der Sichtbarkeit, sondern erregen unsere Neugier gerade durch das, was sie unsichtbar lassen. Wenn wir uns ihrer Wirkung überlassen, erfahren wir durch sie etwas, das wir nicht eigentlich sehen können, von dem wir aber wissen, dass es im Bild vorhanden ist." (Belting 2004, S. 355) Sogar bei sogenannten realistischen Bildern, Studien „nach der Natur", bleibt manches unsichtbar, etwa bei den *Eichhörnchen* von Albrecht Dürer.

Albrecht Dürer: Die Eichhörnchen, 1512

Wir meinen die Weichheit des Fells zu spüren und die Schärfe der Krallen, aber offen bleibt die Beziehung der beiden Tiere zueinander, der Blick des hinteren Eichhörnchens. Ist die Naturstudie etwa eine Allegorie? Und wo sind die Eichhörnchen überhaupt? Es gibt keinen Anhaltspunkt für Raum und Zeit (vgl. dazu die Schülerarbeiten in Dehn 2010a, S. 100 f.).

Gerade mit dem, was Bilder verbergen, eröffnen sie für den Betrachter Spielräume für das Sinnverstehen. „Aus Materie wird Sinn, weil die visuellen Wertigkeiten im Akt der Betrachtung aufeinander reagieren" (Boehm 2004, S. 43). Und was passiert im „Akt der Betrachtung"? Die inneren Bilder sind Resonanzen auf Erfahrungen und Erinnerungen, auf Bilder und Episoden der Lebenswelt. Das haben wir ja bereits beim „Davidstern" beobachtet. Das psychologische Modell des Bildverstehens nennt das „Schemata" und „Skripte". – Und die Bedeutung, die die Beziehung der Zeichen beim Sehen zueinander gewinnt, erinnert an die Kennzeichnung der poetischen Funktion der Sprache beim Verstehen, an die Verschiebung der lexikalischen Ebene zur indexikalischen!

Zugänglich für den Austausch mit anderen wird solches Spiel erst in Transformationen: vor allem bildnerischen und sprachlichen, analog und digital, im Gestalten und beim Schreiben und Sprechen (vgl. Dehn u. a. 2004).

Der Begriff „visual literacy" (vgl. zur Geschichte des Begriffs auch Weidenmann 1988, S. 175 f.) umfasst beides. In ästhetischer Perspektive solche Bedeutungsgenerierung und gleichermaßen – in kognitionspsychologischer Perspektive – das Erzeugen mentaler Modelle. Alle möglichen Bilder erfordern die Fähigkeit, sie zu verstehen, innere Bilder zu bilden und sie zu transformieren: dazu gehören auch Schautafeln, Grafiken, Landkarten, aber auch die bewegten Bilder des Computerspiels. Visual literacy spielt beim Lesen pragmatischer Texte im Deutschunterricht und in den Sachfächern eine zentrale Rolle.

Sehen im einfachen Sinn eines Konstruktionsprozesses brauchen wir nicht zu lernen. Dass wir uns immer dieses Sinns sicher sind, macht für die Entwicklung von visual literacy durchaus ein Problem aus. Die rekursiven Prozesse des Bildverstehens setzen eine Haltung voraus, sich auf das Bild einzulassen, Unbestimmtheiten und Mehrdeutigkeiten nicht im ersten Blick zu normalisieren; dazu gehört Wissen und Selbstbezug, Bezug auf eigene Erfahrungen und Erinnerungen.

▸ *Eine erste Aufgabe* für die Entwicklung von visual literacy ist das Innehalten, über den ersten Blick hinaus, das *Fokussieren des ersten Blicks*. Dafür sind die Inhalte und die Präsentationsformen wichtig. Wenn die Lernenden keine thematischen Anknüpfungspunkte für sich finden, wenn sie nichts fokussieren und ihnen keine Widerständigkeit begegnet, die ihre Aufmerksamkeit bindet, werden sie Bild (und Text) schnell als langweilig beiseiteschieben. Darin sehen wir eine Verbindung der psychologischen und ästhetischen Perspektive.

▸ *Eine zweite Aufgabe* ist auf Transformationsprozesse gerichtet, damit die rekursiven Prozesse des Bild- (und des Text-)verstehens verhandelbar werden, als *Sichtbarmachen des Unbestimmten*. Solche Transformationsprozesse können im Bild erfolgen, in Gesten, Bewegungen, Klängen (vgl. Dehn u. a. 2004; Wangerin 2006); und sie können sprachlich gefasst sein, als Sprachbilder und indem sie Erfahrungen auf den Begriff bringen.

Bei der Lektüre wie beim Bildersehen erzeugen wir Wirklichkeiten, spielen mit dem, was sichtbar, und dem, was unsichtbar ist. Das ist bisher vor allem für die bewegten Bilder des Films untersucht mit „imaginationsorientierten Verfahren" (Köppert/Spinner 2003; Spinner 2004). Visual literacy und Sprachbildung sind nicht einfach verschiedenen Disziplinen und Fächern zuzuweisen, der Deutschdidaktik und der Kunstpädagogik etwa; Transformationsprozesse im Kunst- wie im Deutschunterricht können visual literacy und Sprachbildung gleichermaßen befördern.

Virtuelle Medien. Neue Fragen eröffnen sich, wenn das Bild nicht mehr nur als Gegenüber erscheint, sondern wenn man darin eintritt und sich in der virtuellen Welt (des Computerspiels) bewegt.

Startbildschirm von *Torins Passage* (siehe Hoffmann/Lüth 2007, S. 192)

Was bedeutet das Eintauchen in virtuelle Räume für die Wahrnehmung, die Imagination und die Transformation in Schreibprozessen? Was bedeutet sie für das Finden sprachlicher, gestalterischer Muster?

Hoffmann und Lüth (2007) zeigen zum Beispiel, wie beim Spielen eines Computerspiels der Standpunkt des Sprechens ambivalent wird, und in den Texten mehrere Perspektiven gleichzeitig vorkommen (siehe unten S. 62ff.); und sie untersuchen die Funktion der Hypertextstruktur des Spiels für die Transformationsprozesse in den Schülertexten.

Auch Fix und Jost (2004) haben bei ihrer Analyse des Ludwigsburger Aufsatzkorpus nach einem „Niederschlag" medialer Wahrnehmung gesucht. Sie haben explizite und implizite Medienbezüge in den Texten, die zu einem Bild geschrieben wurden, geprüft und gefunden, dass manche Sprunghaftigkeit der schriftlichen Darstellung in Schülertexten als „visualisierendes Erzählen" (2004, 168 ff.) gekennzeichnet werden kann und für den Leser/Lehrer besser zu verstehen ist, der über Filmwissen verfügt und die „schnellen Schnitte" im Schülertext in seiner Vorstellung realisieren kann. Hier deuten sich neue Muster an, deren „Wert" und Funktion für den Lernprozess noch kaum im Blick ist.

Es ist eine grundsätzliche Frage, ob schulische Sprachbildung die Aufgabe hat, Wahrnehmungsformen sprachlich zu fassen, also auch visual literacy virtueller Medien, oder ob beides da, wo es zu Verwerfungen kommt, besser zu trennen sei. Nach Fix und Jost bedarf es „einer didaktischen Auseinandersetzung mit den vielfältigen Bild-Text-Vernetzungen", um den Schwierigkeiten zu begegnen, die in den Texten (aus Klasse 8) zu erkennen sind, nämlich „die Flut des erinnerten Materials in Erzählstrukturen zu bändigen" (2004, S. 172).

Was für Konsequenzen soll man daraus ziehen?
- Es bedarf weiterer genauer Forschungen über die Transformation veränderter Sehgewohnheiten in Sprache, zum Beispiel:
  - Wie werden Begründungszusammenhänge formuliert – in Bezug auf das wiederholte Aufsuchen von Spielorten, also im Hinblick auf „re-vision"?
  - Wie werden die hypertextuellen Bezugsebenen zwischen Erzählung und Spiel in einem linearen Text gefasst? (Hoffmann/Lüth 2007)
- Unstrittig sollte sein, dass Didaktik und Unterricht achtsam auf die Spuren von Medienrezeption in Schülertexten sind, und zwar nicht nur in Bezug auf die Inhalte, sondern auch in Bezug auf die Darstellungsart. Das betrifft die Haltung gegenüber Schülertexten.
- Brisant ist, ob der Kanon der Schreibformen auf solche im weitesten Sinn visualisierenden Formen erweitert wird (Welche Merkmale haben entfaltete Formen visualisierenden Schreibens? Worin besteht Könnerschaft?) oder ob Schülern, die medialen Mustern in ihren Texten folgen, die Anerkennung für diese Leistung versagt bleibt. Kultivierung von Erfahrungen mit Virtualität, mit Computerspielen im Schreiben als Aufgabe des Deutschunterrichts?
- Ein Problem für eine solche Kultivierung ist die geringe Auswahl geeigneter originärer Computerspiele, zum Beispiel eines Adventure (Hoffmann/Lüth 2007, S. 47 ff.). Das gilt auch für den Bereich „interactive books", also für multimediale Lektüre (*Die drei ???, TKKG*), der weniger Vielfalt umfasst als zunächst angenommen. Aber gravierender erscheint die Zurückhaltung der Lehrenden, den Grundschulkindern solche Schreibaufgaben überhaupt anzutragen – sie belassen es zum Beispiel beim Austeilen von Fragebögen zu den Spielerfahrungen mit den interaktiven Büchern (Wieler u. a. 2008, S. 154 ff.). Die Schweizer Studie zur multimedi-

alen Lektüre hat in den „Lese"-Erfahrungen, die die Kinder parallel zum Spielen geschrieben haben, gleichwohl gezeigt, dass sie sich – vor allem die Jungen – auch beim Spielen eine Geschichtenlogik, eine Geschichtengrammatik erarbeiten können: nämlich die „aktive Konstruktion eines Geschichtenschemas und die emotionale und sprachliche Beteiligung an einem fiktionalen Geschehen, das Kinder mit der eigenen Rekapitulation in ihr Geschichtenrepertoire aufnehmen" (Bertschi-Kaufmann 2005, S. 132 f.).

Einerseits ist der Weg vom ersten Blick (in Weidenmanns Modell) auf die rekursiven Prozesse der Bewältigung der Seherfahrungen beim Schreiben für die Schüler sehr schwer; andererseits erschließt ihnen das Schreiben eine Möglichkeit der Reflexion auf die Unmittelbarkeit des Mediengebrauchs, eine Möglichkeit für Distanz und Vertiefung, eben eine Form der Kultivierung. Ist das nicht aber eine zentrale pädagogische Aufgabe, was die Transformation der Imagination virtueller Welten betrifft?

2.3 Literarische und mediale Muster in Texten von Grundschulkindern

Über welche Formen verfügen junge Kinder beim Schreiben? Welchen Gebrauch der Zeichenfunktionen lassen ihre Texte erkennen? Was kann man ausgehend von den Texten erschließen über Formen der Bedeutungskonstitution, über Adaption und Variation von Mustern – als Modi der Erfahrung und Deutung?

Die Betrachtung gilt auch den literarischen, bildlichen oder medialen Vorgaben, die beim Schreiben etwas Drittes freisetzen. Nicht um Imitation geht es, auch nicht einfach um das Hervorbringen von etwas als „original" angenommenem Inneren nach außen, sondern um Korrespondenz und Transformation; und zwar nicht nur in unmittelbarem Bezug zur Vorgabe, sondern auch zu anderen Texten.

„Texte als Kontexte": schon in den Texten von Till und Ann-Kathrin, Nele und Özlem aus Kapitel 1 (siehe S. 21 f.) haben wir *verdichtete Geschichtenmuster* als „literarische Muster" kennengelernt, die durch Texte von älteren Schülern aus der Schulzeitung angeregt waren. Wir beginnen die Analyse hier mit einem weiteren Schriftstück aus dieser Unterrichtssequenz, dem von Lars. Drei weitere Beispiele sind unmittelbar zu Vorgaben geschrieben, zu zwei Bilderbüchern (*Rosalind; Mausemärchen – Riesengeschichte*), das sind die Texte von Jessica, Björn und Felix; das fünfte Beispiel, die „Herbstgeschichte" von Ahmet, enthält mancherlei Korrespondenzen: die zu einem Gedicht, die zu Actionfilmen und auch Indizien für die Adaption von Computerspielen; es folgt das erste Stück einer Textsequenz von Ole, das eine Ahnung von der bedrohlichen Kraft des Imaginären aufscheinen lässt.[11] Die Reihe schließt mit dem Text von Janka, den sie zur ersten Spielerfahrung mit dem Computerspiel *Torins Passage* geschrieben hat.

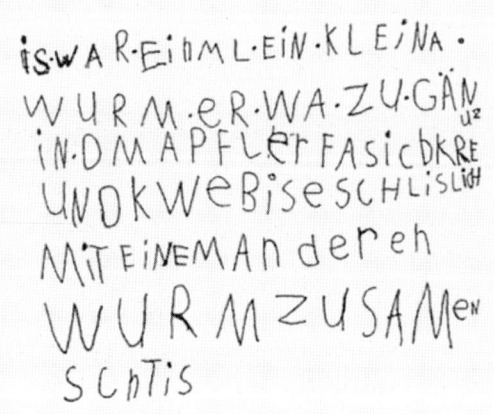

„*Er war zu gern …*"

Es war einmal ein kleiner Wurm. Er war zu gern in dem Apfel. Er fraß sich kreuz und quer, bis er schließlich mit einem anderen Wurm zusammenstieß.

Lars (Januar Klasse 1)

Lars gebraucht ein *Geschichtenmuster* als Rahmen für die Episode vom „Zusammenstoßen" der beiden Würmer; er beginnt mit der *Einleitungsformel* des Märchens. Der Protagonist, der kleine Wurm, ist *zu gern* in dem Apfel. Diese Evaluation enthält ein handlungstreibendes Moment, das der Text mit der Wendung *bis er schließlich* auch einlöst, und zwar in einem offenen Schluss, weil nicht gesagt wird, wie der kleine Wurm und der *andere Wurm* zueinander stehen. Gerade mit der Formulierung *zu gern* wird eine „indexikalische Bedeutung" angezeigt; es geht nicht um die (denotative) Bezeichnung für die Bestimmung einer Vorliebe; die Formulierung gewinnt ihre Funktion gerade in der Beziehung zu den anderen Komponenten der Textwelt – und in dieser Funktion sollte sie auch verstanden werden.

„*… ist Riese und die Maus heißt …*"

Bartolo ist Riese und die Maus heißt Rosinchen.

Jessica (Februar Klasse 1)

Gegenüber der Reihung – *Bartolo ist ein Riese. Rosinchen ist eine Maus* oder: *Bartolo ist Riese. Rosinchen ist Maus* oder: *Der Riese heißt Bartolo. Die Maus heißt Rosinchen* – verbindet diese Formulierung Namen und Gattungsbezeichnung über Kreuz: ein klassischer Chiasmus.

Der Satz ist eine Kurzfassung des Bilderbuchs *Mausemärchen – Riesengeschichte* von Annegert Fuchshuber. Darin läuft ein überaus ängstlicher Riese vor sich und allem, dem er begegnet, fort. Er ist genauso einsam wie Rosinchen; diese Maus ist mutig und stark und weiß Gefahren einzuschätzen. Aber die anderen Mäuse meiden sie. Sie sucht einen Freund und findet ihn schließlich wohl in Bartolo. Jedenfalls legt das das Bild in der Buchmitte nahe – das Buch wird von beiden Seiten her gelesen, von vorn und von hinten.

Die Formulierung von Jessica erhält in der Kombination mit der Abbildung aus dem Buch noch einen besonderen Akzent. Bartolo liegt auf der Wiese, schläft – weiß noch nicht, dass Rosinchen in seiner Hand ist. Das ist das Ende des Buches, das heißt seine Mitte. Das schmale Schriftstück von Jessica kann man betrachten als ein Hinschreiben auf das Zentrale des Bildes, Bartolos Hand, die Rosinchen birgt. Jessica formuliert einen Chiasmus, eine alte Stilfigur, die von antiker Rhetorik und germanischer Stabreimdichtung her tradiert ist. Auch hier zeigen die Wörter etwas an, das über die bloße Bezeichnung und Benennung hinausgeht; es trifft die Beziehung der Figuren.

„Feuerkatze"

Rosalind trinkt Tee.
Sie will keine Milch.
Schaut auf die Katzenfamilie.
Sie ist eine Feuerkatze.
Dem Vater wachsen graue Haare.
Ende
Rosalind
Björn (Februar Klasse 1)

Der Text, der nur auf der Oberfläche unverbunden scheint – asyndetisch –, führt in drei Schritten, die das Verhalten und die Beziehung der Hauptfigur kennzeichnen, hin auf die zentrale Aussage, formuliert als Metapher: *Sie ist eine Feuerkatze.* Was das für das Gegenüber bedeutet, sagt der letzte Satz, der mit einer Inversion anschließt: *Dem Vater wachsen …*

In dem Bilderbuch *Rosalind das Katzenkind* von Piotr und Józef Wilkoń geht es um den Konflikt zwischen der traditionsbewussten Katzenfamilie und Rosalind, die nicht wie ihre vier Geschwister tiefschwarzes, kohlrabenschwarzes, sondern rotes Fell hat und die sich auch nicht so benimmt, wie es sich für ordentliche Katzenkinder gehört: Sie spielt mit Mäusen, trinkt Tee statt Milch, schläft beim Hund in der Hütte, geht schließlich von zu Hause fort. Dieser Konflikt ist mit der Metapher *Feuerkatze* gefasst.

„hoffentlich findet Rosinchen …“

Rosinchen sucht sehr lange.
Hoffentlich findet Rosinchen einen Freund. Sie geht mit einem kleinen Körbchen, in dem Futter für sie drinne ist. Rosinchen ist sehr schlau. Darum ist keine Gefahr für sie. Langsam wird es dunkel. Rosinchen kuschelt sich ein und schläft ein.
Felix (September Klasse 2)

Wir möchten an diesem Text nur eine Auffälligkeit beschreiben: *Hoffentlich findet Rosinchen einen Freund.* Dieser Satz unterscheidet sich, was das Zeigfeld des Ich/Hier/Jetzt[12] betrifft, von den übrigen Sätzen; während diese gleichsam aus großer Distanz darstellen, was Rosinchen tut (freilich mit einigen Bewertungen und der Erklärung *Darum ist keine Gefahr für sie*), tritt mit dem *Hoffentlich* der Erzähler ganz dicht zu der Protagonistin hin und formuliert – wie eine erlebte Rede – das Motiv ihres Suchens als seinen Wunsch, sie möge ihr Ziel erreichen.

„Wir drei. Rijat, Mohamed und Ahmet"

Die Herbstgeschichte

Wir sind in den Wald gegangen. Rijat, Mohamed und Ahmet. Ahmet ist der Chef, und Rijat ist das Rechenheft und Mohamed ist der Blättersammler.

Und dann sagen wir zu allen Bäumen: „Bist du der Herbstbaum?" „Nein", sagte der Baum, „ich bin nur so angezogen." „Ach so", haben wir gesagt. Und dann sagte Ahmet: „Marsch, ihr beiden!" Und dann sagten Rijat und Mohamed: „Ja, Sir!" Und dann sind wir wieder gegangen. Und da haben wir noch einen Baum gesehen. Und dann haben wir drei zu ihm gesagt: „Bist du der Herbstbaum?" „Nein", sagte der Baum, „ich sehe nur so aus." „Ach so, Entschuldigung, lieber Baum, dass wir dich gestört haben. Adios. Los. Marsch, ihr beiden!"

„Ja, Sir!" „Mohamed, du sammelst Blätter!" „Ja, Sir!" „Und du Rijat schreibst, wie viele Blätter Mohamed gesammelt hat!" „Ja, Sir!" „Los, wir gehen weiter!" „Ja, Sir!" Dann sagt Ahmet: „Marsch!" Und dann haben wir zu dem Wind gesagt: „Bist du der Herbstwind?" „Nein", sagte der Wind, „ich sehe nur so aus!" „Ach so!" Und dann hat Ahmet gedacht: Das muss hier irgendwo sein. „Und wieder: Marsch mit euch!", hat Ahmet gesagt. Und wir haben da einen Baum gesehen, seine Blätter sind runtergefallen. Und dann haben wir gefragt: „Bist du der Herbst?" „Ja", sagte der Baum. Endlich haben wir den Herbstbaum gefunden. Ende.

Ahmet (Oktober Klasse 3; Quelle: Dehn 1993, S. 81 ff.)

Ahmets Herbstgeschichte hat Tempo. Wenn man sie hört, kann einen das zunächst verwirren. Wenn man sie liest, sieht man, dass hier zwei Handlungsstränge verknüpft sind: Der eine gilt der Gruppenstruktur zwischen den drei Jungen (es sind die Namen des Verfassers und von zwei Mitschülern; sie kommen aus der Türkei, aus Albanien und Tunesien); der andere Handlungsstrang gilt der Suche nach dem Herbstbaum.

Ahmet gibt zunächst eine klare „Orientierung" (Labov/Waletzky 1973) über den Ort der Handlung und die Funktion jeder Figur. Dann folgt das Ziel ihrer Aktion, und zwar als direkte Rede. *Bist du der Herbstbaum?* Diese Form bleibt bestimmend. Vier Versuche unternehmen die Protagonisten; sie fragen einen Baum und noch einen, schließlich variieren sie ihre Frage und suchen den Herbstwind, bis sie zum Schluss einen Baum sehen, der sich offenbar von den anderen unterscheidet: *seine Blätter sind runtergefallen.* Sie ändern ihre Frage: *Bist du der Herbst?* und kommen an ihr Ziel.

Die vier Episoden sind deutlich gegliedert. Auf die Fragen der Jungen folgen mit geringer Variation die Antworten von Baum und Wind und wiederum eine Reaktion der Fragenden im Ausdruck für Überraschung oder Befremden oder als Entschuldigung; *sagte der Baum* – diese Verwendung des Präteritums im Text erscheint als *Formel*, als Fiktionssignal.

Die Gruppenstruktur, der der zweite Strang gilt, ist genau definiert: *Ahmet ist der Chef*; die übrigen teilen sich Hand- und Kopfarbeit. Die Fragen stellen sie gemeinsam, sie antworten meist auch gemeinsam; zwischen den Episoden aber werden Abhängigkeiten und Zuständigkeiten deutlich. Ahmet ist die treibende Kraft; *Marsch, ihr beiden*, heißt es zweimal; *los, wir gehen weiter*; und wieder: *Marsch mit euch*; und er verteilt auch die Aufträge. Auch in diesem Strang gibt es eine *Formel*. Die beiden Befehlsempfänger gebrauchen sie einzeln und unisono: *Ja, Sir!* Diese Formel verrät ihre Herkunft aus einem anderen Medium als die erste, zum Beispiel aus Actionfilmen; es ist in der Schule nicht besonders gut angesehen.

Im Ton sind die beiden Handlungsstränge ganz unterschiedlich. Subtil und einfühlsam ist der Umgang mit Baum und Wind; direkt, rüde einerseits, angepasst andererseits die Interaktion der drei Jungen.

Äußerlich sind die einzelnen Abschnitte der beiden Handlungsschritte einfach aneinandergereiht. *Und dann, und da, dann* heißt es ein Dutzend Mal. Die *Binnenstruktur* wird dadurch eher verdeckt: Ahmet treibt nicht nur direkt an. Nach dem dritten Fehlschlag heißt es: *Und dann hat Ahmet gedacht: Das muss hier irgendwo sein.* Und mit dieser Einstellung finden sie das Indiz, den Baum, dessen Blätter heruntergefallen sind. Formal ist das eine zweifache Vorbereitung auf das gute Ende. Inhaltlich wird dadurch Ahmets Funktion für die Handlung betont.

Herausgehoben ist Ahmet auch durch eine sprachliche Besonderheit, den *Gebrauch der Pronomina*: Ahmet hat den Text verfasst. Er schreibt in der Wir-Form, betont auch die Gemeinsamkeit mit den beiden anderen (*wir drei*), redet die beiden anderen gemeinsam und auch einzeln an: *Ihr beiden; Marsch mit euch; Mohamed, du ... und du, Rijat;* von sich aber spricht er nur in der dritten Person, das heißt, er nennt jedes Mal seinen Namen. (Ein *ich* gibt es nur in den Episoden mit den Bäumen und dem Wind; in dem Handlungsstrang, der der Interaktion der Jungen gilt, ist es konsequent ausgespart.)

Die *Erzählhaltung* wird auf diese Weise merkwürdig schillernd. Das Subjekt des Textes ist Teil eines *Wir*, stellt aus dieser Perspektive dar und ist zugleich eine Figur, die Hauptfigur sogar. Als *Ahmet* betrachtet es sich zugleich gleichsam von außen: *Und dann hat Ahmet gedacht.* Das Subjekt des Textes verweigert sich also der „Selbstreferenz" des *Ich*. Damit gewinnt es an Distanz, auch wohl an Autonomie. Weder für die beiden anderen Figuren noch für Leser und Leserin ist es als *Du* fassbar. Insofern eröffnet hier die Spannung innerhalb der Zeigwörter *ich* und *du* (Bühler 1965) zwischen ihrer subjektiven Bedeutungsorientierung einerseits und ihrer unbestimmten Referenzstruktur andererseits eine *Selbstreferentialität*.

In dem Changieren zwischen der Referenzwelt (des Verfassers und seiner Mitschüler) und der Textwelt, in dem Herausspielen von Möglichkeiten, in der Verschränkung der Handlungsstränge formuliert sich eine Erzählhaltung, die in auffälligem Kontrast steht zu der Adaption der mehrschrittigen klaren Bauform. Deutet sich in diesem fast 20 Jahre alten Schülertext bereits eine Wirkung medialer Erfahrungen an, eine Transformation der Wirkung von Actionfilmen, der von Spielerfahrungen mit PlayStation und Spielen wie *Super Mario* (siehe dazu den Text von Janka, S. 62 f.)?

„… und wo er wohnt, geht euch nichts an"

* Eine Computer-Gespenstergeschichte[13]

Der ConputerGeist Kont Aus sei grap und est menschen
auf und Frau Weber ist seinefrau. Und der
Computer geist ist blind Wal er Tomaten auf den augen
hat. Und wener meschen aufesenwel richter siauf.
Und sum treken trenterblut und woerwont getüchnekan.
Und wier dasbluttrengt ist geheim.
Eines Tages als dergaist spasrirengan trafer
Tomatengesicht. Dasist frau scheglöchen. Und dan
alser sie aufesen wollte kam sein frau Frau Weber forbei.
Und dan esterseinefrauauf unddankameine Computer geister
frau. Und dan Beschlosesi ale kinder inderrabeschtrase
aufsugesen und sum nachtisch gites gahakte lehrer .
Und suforspeise gibts lehreren.

Ole (September Klasse 3)

> Eine Computer-Gespenstergeschichte
>
> Der Computergeist kommt aus seinem Grab und isst Menschen auf und Frau Weber ist seine
> Frau. Und der Computergeist ist blind, weil er Tomaten auf den Augen hat. Und wenn er Men-
> schen aufessen will, riecht er sie auf. Und zum Trinken trinkt er Blut, und wo er wohnt, geht
> euch nichts an. Und wie er das Blut trinkt, ist geheim.
> Eines Tages, als der Geist spazieren ging, traf er Tomatengesicht. Das ist Frau Schneeglöck-
> chen. Und dann als er sie aufessen wollte, kam seine Frau, Frau Weber, vorbei. Und dann isst
> er seine Frau auf und dann kam eine Computergeisterfrau. Und dann beschlossen sie, alle
> Kinder in der Rabestraße aufzuessen, und zum Nachtisch gibt es gehackte Lehrer und zur
> Vorspeise gibt's Lehrerinnen.
>
> Ole (September Klasse 3)

Mit der Konzeption der Referenzwelt des Textes zwischen der Abbildung der Realität (Straßenname, Name der Lehrerin, Lehrer und Lehrerinnen) und der Übernahme von fiktiven Horrorszenarien (der Computergeist *steigt aus seinem Grab, isst Menschen auf, trinkt Blut, trifft Tomatengesicht und eine Computergeisterfrau* und beschließt Schreckliches …) entsteht, besonders im schulischen Kontext, eine schwer erträgliche Spannung. Dabei tauchen Assoziationen zu Graf Dracula, zu King Kong, aber auch zum Wolf im Märchen auf; literarische Topoi kommen in den Blick: Zuerst wird die Hauptfigur vorgestellt; erst der zweite Teil, durch einen Absatz markiert, gilt dem Ereignis, einer unerhörten Tat und einem schrecklichen Plan.

Die Erzählhaltung ist ungewöhnlich zugespitzt. Der Erzähler erscheint zwar nicht in der Ich-Form, aber er ist präsent in der Anrede an die Leser. Er weist die Leser in ihrer Neugier schroff zurück. *Und wo er wohnt, geht euch nichts an.* Eigentlich ist ja jedem Schreiber an der Gunst und am Interesse seiner Leser gelegen. Der Erzähler hier bekräftigt die abweisende Haltung noch, indem er auch die Art, wie der Geist das Blut trinkt, für *geheim* erklärt. Während der Text für die Lehrerin und andere Erwachsene bedrohlich wirkt, amüsieren sich die Mitschüler über dieses Spiel mit der Erzählhaltung, mit den Versatzstücken aus Horrorszenarien (vgl. Dehn u. a. 1991, S. 23).[14]

„Torin … wanderte los … ich versuchte es mit der Axt zu treffen"

> * Ich bin nicht sehr weit gekommen. Er will seine Eltern befreien. Am Anfang habe ich kaum
> etwas versten. Ich bin mit ihm zu Kristalstadt gegangen, das war eigendlich eine Burg. Er
> wollte über den Wassergraben der Kristalstadt umgab, aber er konnte nicht. ich bin mit ihm
> zu einem Steinhaus gegangen. Er hämmerte gegen die Tür, doch er kam nicht herein. Am
> Anfang war da ein Mann der aussah wie ein Henker. Am Stall hing ein Seil, das nahmen wir
> dann mit wir haben auch noch eine Axt gefunden Im Haus war Feuer in einem Kessel. In
> einem Korb mit Wolle war irgenetwas was soänlich wie ein Glühwürmchen aussah und ich
> versuchte es mit der Axt zutreffen aber es klappte nicht. Er hatte auch einen Hand. Wie er
> hieß weiß ich nicht mehr genau. Der Hand war rosa, eher gesagt pink dunkelpink. Der Mann

am Anfang war mir verdächtig. Der verdachtige Mann hatte etwas von einer bösen Zauber-
rin erzählt die in die Unterwelt verbannt wurde. Torin, so heißt ja auch das Spiel glaubte das
und wanderte los. Jetzt will er in die Unterwelt bis jetzt hat er es noch nicht geschaft dort hin
zukommen. Ich hoffe das ich und Torin es schaffen. Am Schluss hatte ich erst 4 Punkte, aber
das machte nichts. Aber ich sagte ja, ich bin nicht weit gekommen!!!

Janka (Klasse 4; Quelle: Hoffmann/Lüth 2007, S. 259)

Die Schüler hatten zunächst die Gelegenheit, allein oder zu zweit etwa 20 Minuten
lang sich mit dem Spiel zu beschäftigen. Sie waren außerordentlich interessiert und
sehr kooperativ. Die erste Schreibaufgabe unmittelbar im Anschluss lautete: „Was hast
du gesehen, gehört, erlebt? Ordne deine Gedanken. Schreibe auf, was dir wichtig ist."
Janka schreibt aus unterschiedlichen Perspektiven. Sie schreibt von sich als Spielerin aus der Distanz (*Ich bin nicht sehr weit gekommen*) und aus der unmittelbaren
Spielerfahrung (*ich versuchte es mit der Axt zu treffen*), sie schreibt auch von sich und
dem Avatar (*das ich und Torin es schaffen*), und sie schreibt aus der Distanz der Er-
Erzählung (*Torin wanderte los*).
Das erscheint für den, der mit der Struktur eines solchen Spiels nicht vertraut ist,
willkürlich zu sein. Hoffmann und Lüth aber können zeigen, dass die „Vielfalt der
Perspektiven in Bezug auf den Gegenstand und die Aufgabenstellung adäquat und
geordnet [ist]. Janka rahmt ihren Text mit einer Metaperspektive auf das Spiel und
ihren eigenen Spielprozess. Von dieser Perspektive aus ist es ihr möglich, einen differenzierten Blick auf das Spiel zu werfen, also auf einzelne Aspekt der Spielhandlung
und die Rahmenerzählung." (2007, S 260f.) Dafür noch ein Beispiel:

Die Stellen, an denen Janka im Spiel scheiterte bzw. nicht weiter gekommen ist, schreibt sie dem
Avatar zu: Er hämmerte gegen die Tür doch er kam nicht herein. *Gelungene Spielsequenzen schil-*
dert sie aus einer gemeinsamen Perspektive: Wir haben auch noch eine Axt gefunden. *An einer*
Stelle scheitert Janka aber auch persönlich: Ich versuchte es mit der Axt zu treffen aber es klappte
nicht. *Das ist insofern konsequent, als an dieser Stelle im Spiel die Spielerperspektive wechselt:*
Torin ist nicht mehr sichtbar, sondern der Spieler blickt aus Torins Perspektive auf die Spielwelt.

(Hoffmann/Lüth 2007, S. 260)

Um einen Einblick zu gewinnen in die mentalen Prozesse beim Spielen selbst, haben
wir im Seminar die Spielhandlungen aufgeteilt: Die Spielerin hat nicht die Maus in der
Hand, sie spricht nur. Eine andere Studentin führt das, was die erste sagt, aus. Die Szene betrifft den Übergang in die Unterwelt:

„Ja gut, aber wenn er da nicht durchgehen kann, und wenn alles das, was ich habe, mit der
Tasche, das ist ja total sinnlos, wenn er da nicht durchgeht, dann fehlt mir ja anscheinend irgendwas. – Sonst könnte ich da ja einfach durchspazieren. Boogle können wir da auch nicht
durchschicken. ... Das hat er ja letztes Mal auch schon nicht gemacht. Was machen wir denn
jetzt? ... Wir gehen einfach mal rechts – wieder raus, da, von wo wir hergekommen sind."

Der Standpunkt des Sprechens ist ambivalent: Die Spielerin meint einmal sich selbst, wenn sie *ich* oder *wir* sagt, aber auch den Avatar, *sonst könnte ich da ja einfach durchspazieren*; im selben Atemzug aber spricht sie von ihm auch in der Er-Form (*wenn er da nicht durchgehen kann*).

Es scheint, dass die Perspektive auf die Spielwelt und die Aktion in ihr die gewohnten Standpunkte ins Schwimmen bringt. Und das führt zu ungewohnten sprachlichen Transformationen. Für Schreibziele und -konventionen im Deutschunterricht ist das ein problematischer Befund, sollen Schüler doch gerade lernen, sich beim Schreiben auf *eine* Perspektive zu konzentrieren.

In etwa der Hälfte der 81 Schülertexte, die Hoffmann und Lüth untersucht haben, wechseln die Kinder die Perspektiven. Allerdings halten alle 21 Schreiber bei der Aufgabe „Stell dir vor, du bist Torin. Denke daran, was du schon alles erlebt hast … Schreibe einen Brief an deine Eltern" die Innenperspektive ein (17 von ihnen hatten bei der offenen Aufgabe mehrere Perspektiven formuliert; vgl. Hoffmann/Lüth 2007, S. 262 ff.).

Wenn wir uns jetzt noch einmal Ahmets *Herbstgeschichte* (S. 59) vergegenwärtigen, finden wir Parallelen, was die Darstellung der Perspektive betrifft. In seinem Text haben wir, was Tempo der Handlungsschritte und bestimmte Formeln betrifft (*Ja, Sir!*), die Wirkung von Actionfilmen gefunden. Mit dem Blick auf die Transformation der Spielwelt in Jankas Text (und bei den Spielanweisungen und -reflexionen der Studentin) können wir auch Ahmets Text noch einmal anders lesen: Die Erzählhaltung kann zum einen als Ausdruck für den Gruppenprozess des dargestellten Geschehens gelesen werden. Sie kann aber auch eine Transformation von Spielerfahrungen mit den neuen Medien sein, auch in diesem fast 20 Jahre alten Kindertext: als *mediales Muster*. PlayStation und Computerspiele waren bereits Anfang der 1990er Jahre in vielen Kinderzimmern präsent – vor allem in eher schriftfernen Lebenswelten.

Hoffmann und Lüth sprechen bei ihrer Textanalyse explizit von der Transformation eines medialen Musters, das sich die Kinder beim Spielen des Adventures angeeignet haben (ebd., S. 69). Auch Fix und Jost (2004) verwenden diesen Begriff.

Mediale Muster gelten in unserem Zusammenhang als Spezifikum literarischer Muster. Literarische Muster beziehen sich auf Gehörtes, Gelesenes, Gesehenes. Mediale Muster sind auf die Transformation medialer und multimedialer Erfahrung begrenzt, können also als Teil literarischer Muster verstanden werden (vgl. Dehn 2005). Der Begriff „mediale Muster" fasst etwas, das unsere Wahrnehmung zunehmend bestimmt. Der Literaturwissenschaftler Hans Erlinger kommt nach der Analyse von mehreren hundert Geschichten, die Kinder zu der ZDF-Serie *Siebenstein* verfasst haben, zu dem Schluss, dass sich „mediale Muster, die sich hinter unserem Rücken befinden und die wir im tagtäglichen Umgang mit den Medien erwerben, auch in kindlichen Erzählungen niedergeschlagen haben" – als strukturelle Merkmale von Mediatisierungsprozessen (2001, S. 52).

Die Transformation von Seh- und Spielerfahrungen beim Schreiben ermöglicht Distanz dazu und kann eine Möglichkeit der Kultivierung sein.

Geschichtenform, Chiasmus, Metapher, erlebte Rede, Selbstreferentialität der Zeigwörter, Spiel mit Erzählhaltung und Perspektive sind nicht Zusatz, schmückendes Beiwerk in den Kindertexten, sondern sie konstituieren sie.

Mit diesen und anderen Formen verändert sich die Funktion des Zeichengebrauchs, die Aufmerksamkeit auf die Beziehung der Zeichen zueinander. Beobachtungen an Kindertexten wie diesen zeigen, dass ihnen die ästhetische Funktion zugänglich ist – im Spiel der Schreibenden mit Mustern, wie sie ihnen aus Texten, aus alten und neuen Medien, bekannt sind. Aber es gehören dazu sicher auch Lesende, die dafür aufmerksam sind.

Wichtig ist uns, dass „literarische Muster", dass die ästhetische Sprachfunktion schon für junge Kinder handhabbar und nicht abhängig ist etwa von einem *bewussten* Gebrauch von *Mitteln* (siehe Mukařovský 1967). Die ästhetische Sprachfunktion gehört zur „anthropologischen Ausstattung". Gleichwohl stellt sie sich nicht unter allen Umständen von selbst ein. In diesem Buch geht es darum, Kontexte auszumachen, die Möglichkeiten für diese Artikulation eröffnen.

Damit ist sehr deutlich, dass sich der Begriff des Musters hier grundsätzlich vom Alltagsgebrauch unterscheidet. Muster ist nicht die Norm, nach der man Kleider näht oder Bilder ausmalt oder – in der Aufsatzdidaktik – Texte schreiben lernen sollte: die gute Erzählung, die treffende Beschreibung und so weiter. Aber auch die ästhetische Funktion bedarf der Ordnung, um sich zu artikulieren; freilich steht diese Ordnung in einem Spannungsverhältnis zu Routine, Norm, Erwartung, Klischee. Sie ist darum begrifflich und analytisch schwer zu fassen. Das Gegenteil jedenfalls wäre bloß Gestammel. Auch die ästhetische Funktion bedarf der Form – der Variation des Bekannten und Vertrauten – der Verschiebung und Verdichtung des Vorgefundenen, damit sie mitteilbar wird, Verständigung über sie möglich ist.[15]

Der Frage, wie denn das Verhältnis von Vorgabe und Schülertext genauer zu bestimmen ist, welches die unterrichtlichen Bedingungen für das Textschreiben sind (welches die für die Beispiele hier waren), soll erst im dritten Kapitel nachgegangen werden (S. 83ff.).

2.4 Das Formulieren der Gedanken beim Schreiben

Um das Schreiben als kulturelle Tätigkeit näher zu bestimmen und schließlich von anderen Bestimmungen des Schreibens unterscheiden zu können, möchten wir – soweit das möglich ist – zunächst etwas auszumachen versuchen darüber, wie Grundschulkinder im Unterricht etwas zu Papier bringen, also über den psychischen Prozess, soweit er sich aus der äußeren Beobachtung und dem Produkt erschließen lässt. Es geht hier um das Verhältnis von Schreibidee und Realisierung der Vorstellung im Schreibvorgang und damit um das Verhältnis von Gedanke und Wort.

Die Formulierung ist die Schreibidee. Das ist die eine Form, die wir in unseren Unterrichtsbeobachtungen gefunden haben.

„Die mögen sich nicht"[16]

Alle Kinder sind vor der Tafel versammelt. Die *Eichhörnchen* von Dürer sind im Februar von Klasse 1 das Thema. Die Kinder betrachten das Bild (als Farbkopie auf dem Overheadprojektor). Nach dem Gespräch (ca. 15 Minuten) sollen sie zu dem Bild schreiben. Dafür stehen DIN-A3-Blätter zur Auswahl, auf denen eine einfache Fotokopie an drei unterschiedlichen Stellen platziert ist. Die Referendarin leitet die Stunde, und so habe ich Zeit für meine Beobachtungen. Ich bin gespannt, wie Anna mit dieser Aufgabe umgehen wird. Sie hat bisher noch keinen eigenen Text geschrieben.

Anna (Februar Klasse 1)

Nach kurzer Zeit setze ich mich ihr gegenüber hin und sehe, wie sie auf Lenas Blatt guckt und jeden Buchstaben abschreibt. Ich stutze. Hocke mich neben Anna und schau mir an, was sie geschrieben hat.

„Nein, Anna, so nicht. Du hast die Aufgabe falsch verstanden. Es geht darum, was du zu dem Bild schreiben willst, nicht was Lena schreibt. Nimm dir noch mal ein Blatt."

Wir gehen zur Tafel.

„Welches Blatt möchtest du haben?"

Anna wählt.

„So, und nun gehst du mit dem Bild auf und ab, guckst es dabei an und überlegst dir, was du dazu schreiben willst." (Den Rat habe ich vorher schon zwei anderen Kindern gegeben, damit sie ihre Schreibidee finden.)

Ich lasse sie allein. – Nach einer Weile gehe ich auf sie zu und frage: „Na?"

Anna sagt leise: „Die mögen sich nicht."

Ich: „Schreib es auf."

Sie schreibt es selbständig und sehr zügig. Dann malt sie den Baum.

Später lese ich es ihr noch einmal vor.

Was Anna zunächst tut, hat nichts mit Schreiben als Konzeption zu tun. Sie kopiert Zeichen vom Papier der Nachbarin. Die Lehrerin unterbricht und schafft die Voraussetzung für einen Neubeginn. Indem Anna ein Blatt auswählen soll, muss sie sich auf das Thema konzentrieren. Und im Auf- und Abgehen kommen auch die Gedanken in

Schwung. Sie formuliert ihre Schreibidee beim Gehen. Dann schreibt sie sie „sehr zügig" auf. Daraus kann man auf eine Trennung zwischen der Formulierung der Schreibidee und der Niederschrift schließen, nicht aber zwischen Gedanke und Formulierung.

Anna schreibt einen inhaltsschweren Satz und sie unterstreicht ihre Interpretation des Bildes mit einer Zeichnung (die Lehrerin spricht von einem Baum); es könnte auch eine Weggabelung sein, eine Bifurkation. Anna hat das Gebilde mit Kreiszeichen verziert.

Annas Formulierung enthält mit dem sympraktischen Zeigegestus *die*, nämlich *die hier auf dem Bild*, ein typisches Merkmal gesprochener Sprache. Die Origo des Sprechens (Bühler 1965) ist das Hier und Jetzt von Annas Person beim Schreiben, nicht losgelöst davon. In der Materialisierung des Gedankens auf dem Papier und damit seiner Vergegenständlichung realisiert Anna dagegen ein typisches Merkmal der Literalität.

Die Entwicklung der Formulierung im Vollzug des Schreibens. Das ist eine andere Form, die wir gefunden haben.

„... das muss man sich immer noch mal durchlesen, damit man's weiß"[17]

Die Lehrerin (Anke Duckstein) liest im September von Klasse 2 das Buch *Nisses neue Mütze* von Olof und Lena Landström vor. Nisse findet mit seiner neuen Schirmmütze viel Bewunderung. Sie schützt ihn vor Sonne – und zunächst auch vor Regen. Aber als er für seine Mutter eine Zeitung holen soll, weicht der Schirm schließlich doch auf, Nisse fällt hin und schlägt sich das Knie auf. Am Ende geht er getröstet und mit einer Mütze, auf die beim Trockenbügeln mit der Zeitung das Wort „Sport" gedruckt ist, wieder auf den Hof: „Ist Nisses Mütze jetzt hin? Nein, er kann sie immer noch tragen. Sie sitzt jetzt fast besser als vorher."
So lapidar wie diese drei letzten Seiten ist das ganze Buch geschrieben. Knappe Formulierungen ergänzen und kommentieren die pastellfarbenen Cartoons. Die Schülerinnen und Schüler haben beim Vorlesen die Ereignisse schon kommentiert, Fragen und Vermutungen geäußert; sie mögen das Buch über Nisse offenbar. „Du hast von mir eine Geschichte vorgelesen bekommen über Nisse. Jetzt schreibst du etwas über Nisse, und ich möchte von dir eine Geschichte von Nisse haben." Die Lehrerin verteilt Blätter, auf denen eine Seite aus dem Buch kopiert ist. Den Kindern ist freigestellt, ob sie sich auf das Buch direkt beziehen oder sich „ein völlig neues Abenteuer ausdenken ..."

10.13 Uhr: Am Tisch tauschen die Kinder Schreibideen aus: *Nisse geht schwimmen.*
Jan (leise): „Nisse und sein Floß."
Jan (zu dem Studenten): „Wie wird *Floß* geschrieben?"
Der Student schreibt ihm das Wort auf und korrigiert die erste Abschrift.
Jan: „Die Überschrift muss rot." Jan unterstreicht die erste Zeile. Er schreibt und lautiert dabei: „Nisse will mal wieder ..." (hat *wirer* geschrieben).
Jan: „Was steht jetzt da? Steht da jetzt *wieder*?"

Jan wendet sich noch mehrfach mit Fragen zur Orthografie an den Studenten; und er fragt auch seine Nachbarin.

Zunehmend liest er sich selbst vor, was er bereits geschrieben hat.

In den ersten zwanzig Minuten des Schreibprozesses hat er seinen entstehenden Text viermal jeweils ganz gelesen.

10.32 Uhr: Jan wendet sich wieder seiner Nachbarin zu. Sie hat ihn bereits seit längerer Zeit beim Schreiben beobachtet.

Jan: „Kannst dir ja mal durchlesen."

Anne (liest): „Nisse will mal wieder ein Abenteuer erleben. Er den … dent …"

Jan und Anne verständigen sich über die Korrektur von *denkt*.

Jan (September Klasse 2)

Die Lehrerin ist in der Nähe.

Jan: „Frau Duckstein, das muss man sich immer noch mal wieder durchlesen, damit man's weiß."

Lehrerin: „Ja."

Jan liest erneut seinen Text.

Anne: „Hier, wenn man sich was durchliest, dann fällt ein' auch was ein."

Jan: „Das ... werd ich machen. Ja, das werd ich machen. Ei: ein ...n Floß ... Floß machen."

Jan schreibt, während er lautiert. Er liest den Text zwei weitere Male. Lautierend schreibt er *meine*, fragt den Studenten nach *Freunde*.

10.43 Uhr: Die Lehrerin macht darauf aufmerksam, dass die Stunde demnächst zu Ende ist.

Jan wird aufgeregt: „Ich bin noch nicht fertig, aber es dauert ja gleich."

Jan liest seinen Text noch einmal (es ist das achte Mal).

Jan: „Das Schreiben dauert noch lange."

Aber dann bricht er doch ab.

Transkription von der Tonkassette: Michael Ahrens
Quelle: Ahrens/Dehn (1995); darin geht es vor allem um das Verhältnis von Schreibkonzept und orthografischer Korrektur. Wir lassen hier die Passagen zur orthografischen Korrektur aus.

Jan hat sein Textkonzept ein gutes Stück weit formuliert. Er schreibt nicht zu dem Bilderbuch, das die Lehrerin vorgelesen hat, sondern hat die Möglichkeit genutzt, die sie ja auch eröffnet hatte: nämlich „sich ein völlig neues Abenteuer auszudenken". Ihre Wendung nimmt er in seinem ersten Satz auf; dieser Satz gibt zusammen mit der Überschrift Ziel und Rahmen für alles Folgende. An dem Anspruch gemessen, den Jan mit seinem Textanfang selbst schafft, darf man auf einen längeren Text, vielleicht sogar eine Fortsetzungsgeschichte schließen, wenn denn alles so minutiös entfaltet würde: *will erleben – denkt sich aus – fällt ihm ein – werd ich machen – Floß machen – rufe meine Freunde.* In dreißig Schulminuten aber ist das für einen Schreibanfänger nicht zu realisieren. (Der Unterrichtsausschnitt bezieht sich auf September von Klasse 2.)

Aus Jans Verhalten kann man auf sein Verfahren für das Formulieren seines Textkonzepts schließen: Indem er sich immer wieder „durchliest", was er schon notiert hat, vergegenwärtigt und bestätigt er sich sein Konzept. So geht es nicht verloren – trotz seiner vielen Nachfragen, die der korrekten Schreibweise gelten. Jan richtet seine Aufmerksamkeit also gleichermaßen auf einen Normaspekt der Literalität wie auf die Formulierung eines Textkonzepts. Offenbar erkennt Jan diese Funktion der Lektüre des eigenen Textes auch selbst; er teilt die Erfahrung der Lehrerin mit: „... das muss man sich immer noch mal wieder durchlesen, damit man's weiß."

Während Anna (Januar Klasse 1) ihre Schreibidee in einem Satz formuliert, der zugleich ihr Text ist, formuliert Jan (September Klasse 2) seine Schreibidee als Überschrift und entfaltet sie als Text – ein Verfahren, das sich zwischen Lesen, Vorlesen und Schreiben vollzieht.[18]

Das Thema dieses Abschnitts, das Formulieren der Gedanken beim Schreiben, betrifft die beiden Aspekte des Schreibens als kultureller Tätigkeit, den der Literalität und den der Literarität gleichermaßen. Wir haben das Thema in diesem Abschnitt bisher im Hinblick auf zwei Szenen betrachtet, in denen Kinder im Unterricht eine Schreibaufgabe zu einer Vorgabe, zu einem Bild und zu einem Bilderbuch, formulieren. Und Jan verallgemeinert bereits seine Erkenntnisse über den Vorgang des Textschreibens.

Studie zum Textschreiben. Swantje Weinhold (2005) fragt Grundschulkinder direkt danach, welcher Art ihr Bewusstsein von konzeptionellen und normativen Aspekten des Textschreibens ist und wie es sich entwickelt. In ihrer Studie hat sie 120 Kinder aus 3 Bundesländern (Klasse 1–4) dazu befragt.

Wie schreibst du einen Text? Das Entwickeln einer Schreibidee hat bei den Antworten der Kinder von Anfang an einen hohen Stellenwert und steht bald im Vordergrund. 48 % der Kinder in Klasse 1 nennen konzeptionelle Gesichtspunkte, der Anteil steigert sich und in Klasse 4 setzen 76 % der Kinder diesen Schwerpunkt: erst überlegen, dann schreiben. Ein Thema wird genannt, ein Beispieltext erzählt; der Vorgang oder die Textmerkmale werden genannt; das Produkt wird als „spannend", „erklärend" oder „realistisch" gekennzeichnet – Achtsamkeit auf Stilnormen, also ein Moment von Literalität, wird einbezogen:

> Ich hab erst los geschrieben, dann hab ich noch ein bisschen überlegt und dann hab ich weiter geschrieben. Und dann noch mal überlegt und dann wieder weiter geschrieben und immer so weiter.
> **Freya (Klasse 1; Weinhold 2005, S. 81)**

> Also ich stell mir das erstmal vor, dann schreibe ich die Geschichte dazu, denk mir ein paar Wörter aus und guck, ob die dazu passen. Und wenn die nicht passen, radier ich das wieder weg.
> **Laura (Klasse 2; Weinhold 2005, S. 81 f.)**

> Also ich lasse meiner Phantasie freien Lauf erstmal und überleg mir, wie sie sein könnte. Dann schreib ich mir'n paar Stichwörter auf, damit ich das nicht vergesse und dann geht's ans Schreiben.
> **Ricarda (Klasse 3; Weinhold 2005, S. 80)**

> Einen Text schreibt man, dann muss man sich erstmal ein Thema ausdenken und was man schreibt. Dann muss man sich erstmal einen Anfang ausdenken. Na ja, dann kommt der Mittelpunkt. Er sollte, na ja, eigentlich nicht immer, es sollte spannend sein. Wird bei uns auf jeden Fall immer sein. Und am Ende kommt eben der Schluss, der darf nicht so lang sein.
> **Phillip (ohne Angabe der Klasse; Weinhold 2005, S. 82)**

Die Aufmerksamkeit auf Normaspekte verändert sich bei dieser Frage von 22 % in Klasse 1, mit einem Höhepunkt von 31 % in Klasse 3 und geht in Klasse 4 auf 19 % zurück. Der Anteil der Kinder, die mit der Frage Schwierigkeiten haben, also nichts zu antworten wissen, reduziert sich kontinuierlich von 30 % in Klasse 1 auf 5 % in Klasse 4 (Weinhold 2005, S. 81 f.).

Worauf achtest du, wenn du einen Text schreibst? Bei dieser Frage verschiebt sich die Gewichtung der Antworten zugunsten des Normaspekts: 53,3 % stellen ihn in den Vordergrund, 24,2 % den konzeptionellen Aspekt (Weinhold 2005, S. 84). Weinhold hebt hervor, dass die Antworten zeigen, dass „der Großteil der Kinder im dritten und vierten Schuljahr mit einem traditionellen Aufsatzunterricht konfrontiert ist, der sehr prägend für das Schreibwissen und die weitere Schreibentwicklung wird" (ebd., S. 85). Diese Entwicklung zeigt auch die Studie von Merz-Grötsch (2001) über die Sekundarstufe I: Etwa die Hälfte der Schüler in dieser Altersgruppe meint, eine gute Rechtschreibung könne den Aufsatz verbessern; außerdem nennen sie als wichtiges Stilmerkmal für einen guten Text zum Beispiel die wörtliche Rede, beziehen sich also wie die älteren Grundschulkinder auf äußere Merkmale (Weinhold 2005, S. 85; vgl. zum Normaspekt unten S. 85 ff.).

Wie kommt der Gedanke aufs Papier? Das Formulieren der Gedanken beim Schreiben zu betrachten, heißt, das Augenmerk auf die „Keimzelle" des Textes zu richten. Wie kommt der Gedanke aufs Papier? Damit hat sich ausführlich Wygotski (1969) beschäftigt.[19] Wygotski setzt zwischen den Gedanken und das Wort noch etwas Drittes: die innere Sprache. Er unterscheidet zwischen der inneren und der äußeren Sprache. Die äußere Sprache umfasst die gesprochene und die geschriebene Sprache. Es geht ihm darum, das Verhältnis dieser Formen zueinander zu klären.

„Die innere Sprache ist in beträchtlichem Maße ein Denken mit reinen Bedeutungen. Sie ist dynamisch, inkonstant und fluktuierend und erscheint zwischen den geformteren und stabileren extremen Polen des sprachlichen Denkens, *zwischen* dem Wort und dem Gedanken." (Wygotski 1969, S. 350) Die innere Sprache hat einen vorwiegend prädikativen Charakter, das heißt, die Referenz ist nicht ausgeführt. Daraus folgt eine „Tendenz zur asyntaktischen Verschmelzung der Wörter [...]. Die Sinneinheiten fließen gleichsam ineinander und beeinflussen einander, so dass die vorangehenden im letzten enthalten sind oder ihn modifizieren" (ebd., S. 346). Wenn man sich zum Beispiel einen Blumenstrauß vorstellt, so ist seine Farbe präsent, vielleicht sein Duft und die Vielfalt der Blüten. Aber die Referenz, das Wort *Blumenstrauß*, ist überflüssig.

Solche Erscheinungen findet Wygotski auch in der äußeren Sprache, und zwar in einer bestimmten Form: „In der äußeren Sprache beobachten wir analoge Erscheinungen besonders häufig in der künstlerisch-literarischen Sprache." (ebd., S. 346)

Für unseren Argumentationsgang deutet sich damit ein wichtiges Verbindungsglied an zu der Bestimmung der literarischen Sprachfunktion, wie sie Jakobson, Mukařovský, Iser und Anderegg dargelegt haben (siehe S. 47 f.).

Die innere Sprache ist die Basis für die gesprochene wie für die geschriebene.[20] Freilich haben beide Formen eine ganz unterschiedliche Beziehung zur inneren Sprache. Die gesprochene Sprache hat als Kontext die Sprechsituation selbst: Der Adressat ist anwesend und auch ein aktueller Anlass für das Sprechen ist gegeben; das Sprechen erfolgt also unwillkürlich, auf den Augenblick bezogen und eine „Kontextualisierung" ist nicht eigens erforderlich. Beim Schreiben hingegen müssen diese Kontexte explizit hergestellt werden. Die geschriebene Sprache abstrahiert ja typischerweise gerade von der Situation und vom Adressaten. Das aber setzt die Fähigkeit des Schreibenden voraus, diese Dekontextualisierung zu verstehen und auszugleichen. Die geschriebene Sprache erfolgt willentlich (vgl. die Bestimmung der Aspekte der Literalität, S. 40ff.). Der Kontext für die geschriebene Sprache ist in viel höherem Maße das geschriebene Zeichen selbst.

Im Schreiben wird also etwas Gegensätzliches geleistet, einerseits – mit der Beziehung zur inneren Sprache – eine starke Kontextualisierung, andererseits – mit der Abstraktion von der Situation – die Voraussetzung für Dekontextualisierung, also für die Entwicklung von Begriffen.[21]

Das Schreiben hat – in Wygotskis Modell – ebenso einen Zugang zur inneren Sprache wie das Sprechen. Ein Problem des Schreibens besteht darin, das maximal zu entfalten, in den Referenzen wie in der Syntax (wegen der Abstraktionen von der Sprechsituation), was in der inneren Sprache „verdichtet" ist. Aber das ist zugleich auch eine besondere Chance: „In der inneren Sprache ist das Wort viel stärker mit Sinn geladen als in der äußeren" (Wygotski 1969, S. 347); das Schreiben (als die eine Form der äußeren Sprache) hat dafür größere Möglichkeiten als das Sprechen, diese stärkere „Sinngeladenheit" zu vermitteln – eben wegen der besonderen Weisen der Kontextualisierung, der besonderen Form der Indexikalität (vgl. Wertsch 1996, S. 274). Das haben wir mit dem Aspekt der Literarität zu fassen gesucht.

Dafür hat Petra Wieler (2011) in ihrer Studie zum Erzählen und Schreiben zu einer Bilder(buch)geschichte (*The Snowman*, ohne Text) und deren Multimedia-Adaption eine wichtige Bestätigung gefunden, ohne dass sie sich ausdrücklich auf Wygotski bezieht. Sie vergleicht die mündlichen Äußerungen der mehrsprachigen Kinder (einer Eingangsstufe Klasse 1 und 2 in Berlin-Kreuzberg) mit den Texten, die diese Kinder zu einzelnen Bildern des Buches oder zu Screenshots des living-book formuliert haben: Während sich die Kinder im Unterrichtsgespräch vorrangig mit der begrifflichen Klärung und dem Referieren und Beschreiben befassen, arbeiten sie bei ihren Texten daran, „Innensichten der Bilderbuchprotagonisten", deren Handlungsmotive und Bewusstseinszustände in Worte zu fassen (ebd., S. 61) und folgen „ausgeprägten narrativen Strukturmerkmalen" (ebd.). Wieler sieht als Grund dafür zum einen die größere Planungszeit beim Schreiben (gegenüber den mündlichen Beiträgen im Klassengespräch), zum anderen die „Unmittelbarkeit jeder einzelnen Bildaussage" in der Bildergeschichte, die „Anstoß für Prozesse der Perspektivenübernahme, Identifikation und Empathie" ist (ebd., S. 62). Das Schreiben kann also unter solchen Voraussetzungen, in solchen Kontexten, durch die Notwendigkeit, gedankliche Vorstellungen ausdrücklich zu artikulieren, zu deren Entfaltung und Ordnung in höherem Maße beitragen als das Sprechen.

Die Kontextualisierung, die „kontextgebundene Bedeutung", ist in hohem Maße kulturell vermittelt. Was ein Mensch in seiner Lebenswelt erfährt, bestimmt seine Vorstellungen, bestimmt „grundlegende Aspekte der Darstellung der Wirklichkeit im inneren Sprechen" (Wertsch 1996, S. 275). Das ist eine Parallele zum „Denken in Bildern", zur Imagination. Auch sie ist in hohem Maße kulturell vermittelt.

Der Begriff der Kontextualisierung stellt eine wichtige Erweiterung unserer bisherigen Unterscheidung dar:

▶ *Kontexte für Texte* meint die Bedingung für das Textschreiben und den Umgang mit Texten, also die Haltung der Pädagogin, die Schreibsituation, die Aufgabenstellung.

▶ *Texte und Bilder als Kontexte* meint deren Bedeutung als Vorgabe, Anstoß, Orientierung für das Schreiben.

▶ *Kontextualisierung* – mit Bezug auf die innere Sprache – meint den Zugang zu den inneren Bildern im „Formulieren der Gedanken beim Schreiben".

Das ist der Kern des Schreibens als „kultureller Tätigkeit".[22]

2.5 Schreiben als kulturelle Tätigkeit – „Erschreiben" von Textsorten

In diesem Abschnitt geht es um eine Standortbestimmung in der Diskussion zum Textschreiben in der Grundschule. Es gibt derzeit zwar auch etliche *literatur- und schreibdidaktische* Ansätze, die das Schreiben als kulturelle Tätigkeit in der Grundschule begründen (ohne immer diesen Begriff zu verwenden). Dazu gehören für die Grundschule vor allem die Arbeiten von Kaspar H. Spinner (unter anderem 2006, 2007), in denen er die „Unabschließbarkeit des Sinnbildungsprozesses" (2006, S. 12) betont und das Schreiben in einen Unterricht eingebettet wissen möchte, „in dem ästhetisches Wahrnehmen und Gestalten in vielfältiger Weise geschieht und das Klassenzimmer so zu einem Ort kultureller Tätigkeit" wird (2007, S. 10; vgl. Kruse 2011). Die im Folgenden vorgestellten Ansätze kommen aus der Theaterpädagogik (K. Wardetzky), aus der Kinder- und Jugendliteraturforschung (K. Richter) und aus der grundschulpädagogisch orientierten Forschung zum kreativen Schreiben (E. M. Kohl und M. Ritter).

Im Zentrum der Aufmerksamkeit aber stehen gegenwärtig *sprachwissenschaftliche und sprachdidaktische* Positionen, die am Kompetenzbegriff und an den Vorgaben zur Standardsicherung orientiert sind, also an der Entwicklung und Bewertung der Textsortenkompetenz (Augst u. a. 2007; Baurmann/Pohl 2009).

Transformation des Eigenen im Schutz von Mustern und Strukturen der Vorgaben.
Kristin Wardetzky (1996) fragt bei ihrer Studie zu Texten, die Grundschulkinder in Ostdeutschland (1986 – 1988) und in Westdeutschland (1991 – 1992) zu Märchenanfängen

geschrieben haben, „nach den kulturspezifischen Koordinaten, denen die Texte ihr besonderes Gepräge verdanken" (1996, Heft 91, S. 46), sie fragt also von dem in den Märchen Vorgefunden aus: „Woher nehmen Kinder den Stoff, wenn sie fiktive Welten erfinden?" (ebd.) Ein Ergebnis der Analyse der Texte ostdeutscher Kinder ist, dass die

> *Simplizität [der Märchenmuster] die Voraussetzung ihrer universellen Variabilität [ist]: Keines der von den Kindern erfundenen Märchen gleicht dem anderen, obwohl sie doch alle aus dem gleichen Fundus schöpfen [...]; gerade die Stereotypie der Muster [gewährt] den Kindern intuitive Sicherheit beim Verfassen eigener Geschichten [...]. In einem individualisierenden Transformationsprozess gliedert sich Tradiertes in einen neuen, personal bestimmten Sinn- und Bedeutungszusammenhang ein.*
>
> (Wardetzky 1996, S. 47)

Fragestellung und Befunde dieser Untersuchung sind Grundlage auch für die Berliner Erzählstudie von Wardetzky (2007, 2008, 2010). Sie berichtet, wie Kinder aus sozialen Brennpunkten in Berlin, vor allem Kinder mit Migrationshintergrund nach einer längeren „Inkubationszeit des Mündlichen" (2010, S. 46), in der sie regelmäßig von professionellen Erzählerinnen Märchen aus aller Welt hören, in erstaunlichem Maß mit den „Bildern, Motiven, Konfliktkonstellationen und Bauplänen dieses narrativen Genres" (ebd.) umgehen – mündlich und schriftlich. Damit bekräftigt sie die „Wirkungsmächtigkeit intensiver Märchenrezeption für den Erwerb von Erzählkompetenz im Grundschulalter" (2007, S. 10).

Wardetzkys Erzählstudie zeigt, dass das regelmäßige Märchenerzählen professioneller Erzählerinnen gerade auch Kinder erreicht, die es mit der deutschen Sprache schwer haben – weil die Erzählerin einen dialogischen Raum eröffnet und die Wörter dadurch „in ein dichtes Netz von sinnlich Wahrnehmbarem" (2008, S. 42) einbettet: Mimik, Gestik, Stimmmodulation und Körperhaltung ermöglichen, dass auch Kinder mit einer anderen Muttersprache als Deutsch Vorstellungen entwickeln und Verstehenskompetenz ausbilden. In der Erzählstudie wird großer Wert darauf gelegt, dass die Erzählsprache nicht vereinfacht wird, denn nur so lässt sich überprüfen, ob der „dezidiert poetische Sprachgebrauch mimetische Prozesse in Gang setzen kann oder ob er als etwas Hermetisches, Unzugängliches Barrieren des Verständnisses aufbaut" (2008, S. 44). Die zunächst mündlichen, später auch schriftlichen Erzählungen der Kinder, die im Rahmen dieses Projektes entstanden sind, zeigen, dass die literarische Sprache der Märchen Kinder dazu herausfordert, ihrerseits Gebrauch von der poetischen Sprachfunktion zu machen! Das Zuhören, Nacherzählen und Erfinden eigener Märchen ist dann gleichsam der „Humus, aus dem Schreibideen und Texte wachsen können" (2010, S. 47).

Es war einmal eine Prinzessin, sie war sehr schön. Die Eltern von ihr haben sie gezwungen zu heiraten. Eines Tages ging die Prinzessin in ihr Zimmer und weinte. Da kam ein Zwerg in ihr Zimmer und fragte: Warum weinst du? Sie hat gesagt: Meine Eltern zwingen mich zu heiraten. Was soll ich tun! Der Zwerg sagte: Wenn ich dir helfe, erfüllst du mir einen Wunsch? Ja, sagte das Mädchen. Dann ging der Zwerg zu den Eltern und verzauberte die. Dass sie niemanden auswählen, den die Prinzessin heiraten muss. Dann ging der Zwerg zu der Prinzessin. Und jetzt mein Wunsch. Heirate mich! Was? sagte die Prinzessin, ich will niemanden heiraten. Du musst meinen Wunsch erfüllen. O.k., sagte die Prinzessin. Wenn sie nicht gestorben sind, dann leben sie noch heute.

Büsra (8 Jahre; Wardetzky 2010, S. 45)[23]

Dabei ist jede (Nach-)Erzählung eines Märchens „ein Akt schöpferischer Produktion, und dies nicht nur durch die jeweils eigenwillige Kombination tradierter Motive, sondern durch deren kreative Um- und Ausgestaltung" (2007, S. 179). Eine Voraussetzung dafür, dass Kinder sich auf die anspruchsvollen Märchenerzählungen überhaupt einlassen konnten, vermutet Wardetzky in „deren Verankerung, deren ‚Erdung' in einem Thema, das Kinder existenziell bewegt" (2007, S. 130); also, so könnten wir in unserer Begrifflichkeit sagen, in der „Kontextualisierung", im Zugang zu den inneren Bildern und zur „Darstellung der Wirklichkeit im inneren Sprechen" (Wertsch 1996, S. 275). „Vielleicht ist es die Härte und Unbedingtheit, mit denen in vielen Märchen Konflikte zugespitzt und ausgetragen werden, die die Kinder ermutigt, beim Erfinden eigener Märchen in real bedrängende Konfliktfelder vorzustoßen" (Wardetzky 2010, S. 47): als Transformation des Eigenen im Schutz von Mustern und Strukturen der Vorgaben

Anregung literar-ästhetischer Prozesse. Karin Richter argumentiert von der Grundschule als Ort der Anregung literar-ästhetischer Prozesse aus (1998, 2007, 2010a). Im Vordergrund steht die Kinderliteratur, als Buch oder auch im Medienverbund. Richter möchte Kindern früh einen Zugang zu Literatur – und damit zum kulturellen Gedächtnis der Gesellschaft – eröffnen, also auch zu Sagen, Mythen und Märchen. Das Interesse der Kinder kann aus ihrer Sicht nur dann geweckt und erhalten werden, wenn es gelingt, sie mit anspruchsvollen Inhalten herauszufordern; zentral ist, den Kindern von Anfang an „komplexe literarische Welten aufzuschließen" (Richter 2007, S. 21); eine Vereinfachung originaler Texte lehnt sie – wie Wardetzky – grundsätzlich ab, weil dadurch „das Sinnpotential des Textes und seine ästhetischen Facetten verflachen" (ebd.). Die von Richter und Plath herausgegebene Reihe *Bilder erzählen Geschichten – Geschichten erzählen zu Bildern* (2006 ff.) stellt eine Vielfalt an Modellen und Materialien bereit, unter anderem *Die Bildwelten der Warja Lavater, Griechische Mythen, Krabat und die Schwarze Mühle* (Richter 2010b).

Zum Urteil des Paris steht zum Beispiel auf dem Arbeitsblatt mit Bildern von Paris, Aphrodite und Athene die Aufgabe: „Für wen soll Paris sich entscheiden? Begründe deine Aussage!" (Richter/Jahn 2008, S. 31)

> Paris sollte sich für Athene entscheiden, denn siegreich aus einem Kampf hervorzugehen, ist sehr praktisch. Aber immer siegreich aus einem Kampf hervorzugehen, ist für das ganze Volk gut, da jeder genug Platz hat und gut leben kann.
> Jonas (Klasse 4)

> Paris soll sich für die Göttin der Liebe, Aphrodite, entscheiden. Weil die schönste Frau der Menschen zu bekommen, ist bestimmt ganz toll und außerdem ist Liebe das größte Gut der Menschen. Und Paris kann mit der Frau ja Kinder kriegen und was nützt alle Macht auf Erden, wenn man sie nicht weitergeben kann. Bei Ruhm der Menschheit ist das genau das gleiche.
> Vincent (Klasse 4)

Ein zentraler Bestandteil dieser Konzeption ist die Verbindung von kognitiven Zugängen – wie bei dieser Aufgabe zur Argumentation – und emotionalen, emphatischen Wirkungen: „Kinder besitzen – nicht zuletzt auf der Basis gewandelter Medienerfahrungen – erstaunliche Fähigkeiten in der Wahrnehmung visueller ästhetischer Welten sowie im Erzählen fiktiver Geschichten, wenn ihnen Raum und Gelegenheit geboten wird, diese Fähigkeiten zu zeigen" (Richter 2007, S. 19). Das gilt auch für „Fabulate", die die Kinder zur Lektüre schreiben (Richter 2010a). Der Vorschlag, die veränderten Wahrnehmungsfähigkeiten im Unterricht durch „Momente des längeren Verweilens am Detail" aufzunehmen (Richter 1998, S. 131f.), entspricht dem Modell des Bildverstehens als Grundlage für visual literacy (siehe oben S. 50). Richter bezieht diese Intensivierung auf Bild und Text. Solche Fokussierung tritt an die Stelle eines Unterrichts, bei dem ein Aufdröseln aller Probleme allzu oft zu Verdruss geführt hat.

Die ästhetische Dimension des Schreibens. Sie steht bei Eva Maria Kohl und Michael Ritter (2010) im Vordergrund. Es geht um einen produktiven Umgang mit Schriftsprache, der den Kindern viel (Schreib-)Spielraum für die Entfaltung eigener Fantasien und Vorstellungen lässt. Der Ansatz ist entstanden aus jahrzehntelanger Arbeit mit Kindern in außerschulischen Schreibwerkstätten und dann für den Unterricht adaptiert und dort erprobt worden. Kohl und Ritter entwerfen kreative „Schreibszenarien", in denen es gilt, „ausgehend von einem gemeinsamen Schreibimpuls die Schrift zu nutzen, ganz eigene Wege zu individuellen Texten zu finden" (Kohl/Ritter 2010, S. 13). Die Schreibszenarien gehen unter anderem aus von Bildern (zum Beispiel Fotos von Türen: *Vor und hinter der Tür*), von realen Gegenständen (zum Beispiel von Steinen, von Federn: *Lexikon der Federtiere*) oder auch von literarischen Anregungen (zum Beispiel von Bilderbüchern oder Gedichten: *Mutmachgeschichten*) und von formalen Vorgaben (zum Beispiel *Das Fünf-Sätze-Märchen*). Dabei offenbaren die Texte der Kinder nicht die „reine" kindliche Erfahrung, denn die Erfahrungen haben immer den Transformationsprozess des Schreibens durchlaufen – und dadurch auch eine bestimmte Perspektivierung erfahren (Ritter 2011, S. 17).

Ein „Werkzeug zum Geschichtenerfinden" lautet: „Nimm eine Figur aus einem Märchen und setze sie mit dem Ding, das du gerade im Raum ausgesucht hast, zusammen. So entsteht der Hauptheld der Geschichte und damit der erste Satz" für das „Fünf-Sätze-Märchen" (Kohl/Ritter 2010, S. 64 ff.)

> Es war einmal eine Blätterhexe. Sie spielte am liebsten auf dem Spielplatz. Es kam einmal ein Räuberwind. Er brachte einen Zauberhut mit und schenkte ihn der Blätterhexe. Von nun an übte sie zaubern.
> **Marie (7 Jahre; Kohl/Ritter 2010, S. 67)**

Kennzeichnend für diesen Ansatz ist eher das Freisetzen von kreativen Prozessen, vor allem anhand von Vorgaben zur Form, als das Fokussieren bestimmter Text- und Bildinhalte (vgl. dazu die Aufgabenstellungen zum Bilderbuch *Die große Frage* von Wolf Erlbruch bei Kohl/Ritter 2010, S. 96 f., bei der es nicht nur um das Buch geht, sondern Kinder auch zu realen Gegenständen, die bereitliegen, schreiben können; vgl. unten S. 194 ff.).

„Erschreiben" von Textsorten. Kompetenzorientierte Ansätze der Schreibforschung und -didaktik knüpfen an die Tradition aus der kognitiven Schreibforschung der USA an (Bereiter 1980; Hayes/Flower 1980). Gefragt wird nach den Formen und Funktionen des Schreibens und ihrer Ausbildung und Entwicklung. Ein zentrales Forschungsinteresse gilt der „epistemischen Funktion des Schreibens" (vgl. z. B. Baurmann/Weingarten 1995, S. 8). Bereiter (1980) hat in seinem Modell der Schreibentwicklung unterschiedliche Funktionen und Fähigkeitskomplexe unterschieden: Das epistemische Schreiben kennzeichnet die entfaltete Form, bei der sich gedankliche Konzepte bilden und neu kombiniert werden, das Schreiben selbst also das Denken und Wissen befördert. Bereiter betont zwar ausdrücklich, dass er sein Modell nicht als einfache Stufenfolge verstanden wissen will, sondern dass der eine Fähigkeitskomplex andere in sich enthält oder vorbereitet, trotzdem ist das Modell doch lange als Folge isolierter Stufen auf einer Zeitachse verstanden worden. Weinhold (2000) konnte zeigen, dass das epistemische Schreiben bereits bei Schriftstücken von Schreibanfängern aus Klasse 1 erkennbar ist. Und ein Ergebnis der Langzeitstudie von Augst u. a. (2007) ist, dass sich Grundschüler „grundlegende Aspekte des Schreibauftrags ‚erschreiben'" (S. 364 f.). In diesem Sinne ist das epistemische Schreiben der Motor für die Schreibentwicklung und damit für die Ausbildung von Kompetenz.

Augst u. a. (2007) untersuchen die „Text-Sorten-Kompetenz" anhand von fünf Aufgaben zwischen Ende Klasse 2 und Klasse 4, also im Verlauf von zwei Jahren insgesamt dreimal in zwei Schulklassen aus einem ländlichen Bezirk. Die Aufgaben:

> ***Erzählung*** *zu einem Bildimpuls als Geschichte für ein Geschichtenbuch*
> ***Instruktion:*** *Lieblingsspiel aus dem Sportunterricht – Darstellung für ein Kind aus einem fremden Land*
> ***Beschreibung:*** *eigenes Kinderzimmer oder Klassenraum – Darstellung für ein Kind aus einem fremden Land – (diese Aufgabe möchten wir im Folgenden genauer explizieren)*

Stellungnahme/Argumentation zu dem Vorschlag, Autos abzuschaffen, als Brief an einen Professor
Bericht: Wie du mit deiner Familie Weihnachten feierst – Darstellung für ein Kind aus einem fremden Land

(Augst u. a. 2007, S. 346)

Die Aufgaben unterscheiden sich von dem im Schulalltag Üblichen. Zwei Aufgaben, die Beschreibung und die Instruktion, geben den Kindern Wahlmöglichkeiten. Alle drei darstellenden Aufgaben (Bericht, Beschreibung, Instruktion) haben eine höhere Komplexität, als das im Schreibunterricht der Grundschule sonst üblich ist – was den Kommunikationsanlass betrifft (den Text für einen Adressaten aus einem anderen kulturellen Kontext zu schreiben) und was die inhaltliche Anforderung betrifft – im Vergleich zu vertrauten Aufgaben wie Bericht über die Klassenfahrt, Beschreibung des Schulwegs, Instruktion für ein Kochrezept, die stark linear strukturiert sind.

Welcher Art „grundlegende Aspekte des Schreibauftrags" sind, möchten wir am Beispiel der Beschreibung erläutern. Wenn ich mein Zimmer oder meinen Klassenraum für einen Fremden beschreiben will, muss ich eine Blickachse gewinnen und die Einzelheiten ordnen: von der Tür als Ausgangspunkt für einen Rundgang im eckigen Raum oder durch eine Achse Tür und Stirnwand und dann eine Rechts-links-Verteilung; ich muss Wand und Innenraum ins Verhältnis bringen.

Zum Beispiel benennt Lukas in Klasse 2 wichtige Einzelheiten – und Aktivitäten im Unterricht: Wand, Fenster, Fensterbank, Tafel, Kreide, CVK-Blätter.

> Unser Klassenraum // An der Wand hängen überall / Bilder und Poster. An den Fenstern / sind Windowcolor Bilder. An der Fensterbank haben wir Blumen. / Wir haben eine Tafel. Mit Kreide / das man auf die Tafel schreiben / kann. Wir haben CVK Blätter. / Man muss Sätze abschreiben und / und was einsetzen.
> Lukas (Klasse 2; Augst u. a. 2007, S. 193)

In Klasse 4 formuliert er einen Rundgang:

> Ich beschreibe unseren Klassenraum // Wenn man durch die Tür hereinkommt sieht man rechts / Kunstbilder die wir in Kunst gemalt haben. Wenn / man weitergeht sieht man wieder rechts unser Waschbecken / und darunter unsere Mülleimer. Dann sieht man / wenn man weitergeht die Tafel und danach kommt ein Schrank. / Geradeaus sieht man 8 Fenster nacheinander in einer Reihe. / Wenn man vor dem 8. Fenster steht sieht man / rechts Geisterbahnbilder die wir in Kunst gemalt / haben. Danach sieht man rechts ein Schränkchen mit / unseren Kunstsachen. Dann sieht man rechts Leucht- / turmbilder. Man guckt wieder rechts ein Regal mit / allen möglichen Sachen drauf. Bei einer anderen Wand / die vor uns ist sieht man eine Steckwand wo / Poster und Plakate drauf hängen. Und dann kommt / wieder die Tür. In dem Klassenraum drinnen stehn / unsere Tische und Stühle wo wir drauf sitzen. Und das Lehrer- / pult.
> Lukas (Klasse 4; ebd., S. 194 f.)

Das sind einerseits hohe kognitive Anforderungen, anderseits ist die Vorstellungskraft, die Imagination herausgefordert. Wenn ich mir ein inneres Bild vom Raum mache und darin einen Standpunkt finde, kann ich leichter entscheiden, was ich dem Adressaten zeigen möchte, und es formulieren. Dieser Gesichtspunkt wird in der Studie nicht thematisiert. Das Ergebnis ihrer Studie fassen die Autoren als vierstufige Entwicklung.

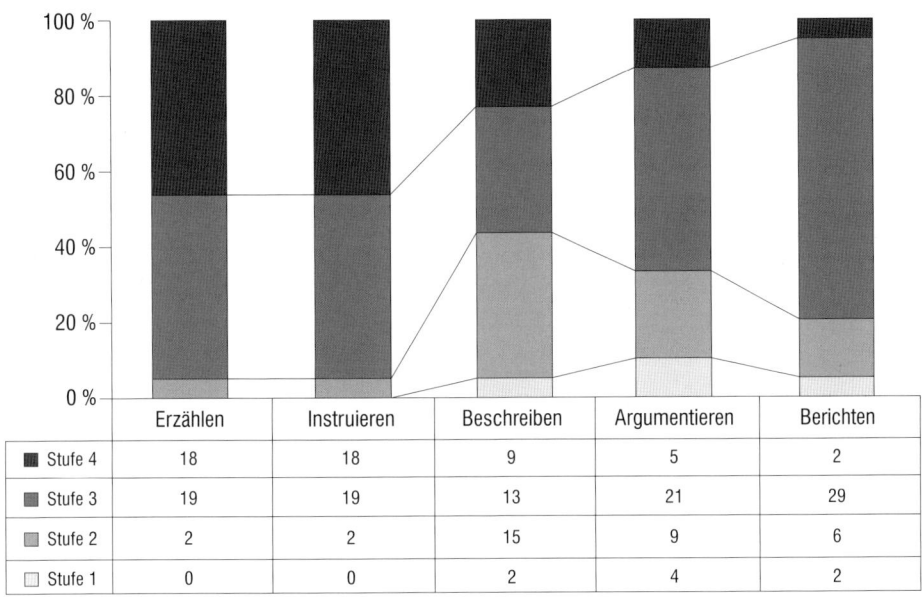

	Erzählen	Instruieren	Beschreiben	Argumentieren	Berichten
■ Stufe 4	18	18	9	5	2
■ Stufe 3	19	19	13	21	29
▨ Stufe 2	2	2	15	9	6
☐ Stufe 1	0	0	2	4	2

Prozentuale Verteilung der Stufeniveaus in der 4. Klasse (Quelle: Augst u. a. 2007, S. 355)

Beim Beschreiben sind alle Formen – die Autoren sagen: Stufen – deutlich zu finden. Das Berichten ist am schwersten zu lernen, beim Erzählen und Instruieren sind die Kinder am Ende von Klasse 4 am weitesten fortgeschritten und haben meist eine hohe Kompetenz erworben. Die Autoren zeigen sehr deutlich, dass nicht der Erwerb der einen Textsorte (zum Beispiel des Erzählens) Voraussetzung ist für den Erwerb einer anderen; und sie zeigen, dass das einzelne Kind unterschiedlich gut erzählen oder instruieren oder beschreiben kann.

Bemerkenswert ist, dass die Kinder über Textformen verfügen, ohne dass sie im Unterricht behandelt worden sind (ebd., S. 355); sie beginnen zu argumentieren und zu instruieren, ohne dass sie darin unterwiesen wären – ein Indiz für implizite Lernprozesse anhand kultureller Muster, würden wir sagen. Dazu hat wahrscheinlich wesentlich die Komplexität der Aufgabenstellungen beigetragen, ganz im Sinne von Bereiter (1980), dass Schreibentwicklungsforschung über das Erfassen typischer Schreibsituationen hinausgehen sollte:

One reason that speculations about writing development must be so tentative is that the available data mostly relate to what children do under typical composition-writing circumstances and not what they can do under maximally revealing circumstances."

(Bereiter 1980, S. 90; vgl. auch den Begriff „supportive environment", Bereiter/Scardamalia 1987)

Die Konsequenzen, die aus dieser Studie für Bildungsstandards gezogen werden, gehen allerdings in eine andere Richtung: Da geht es um „Reduktion von Komplexität, Stufung der Schwierigkeit" (Baurmann/Pohl 2009, S. 93), darum, stufenbezogen individualisierte Aufgaben zu stellen, also dem Schüler vorzugeben, woran er arbeiten soll (S. 84 et passim), und gerade nicht dem Befund zu folgen, „die Schritte der Aneignung […] sind […] wesentlich geprägt durch die strukturelle Genese des anzueignenden Bereichs selbst" (Pohl 2007, S. 92 mit Bezug auf Feilke 2001).

Fazit. In beiden Positionen, „Schreiben als kulturelle Tätigkeit" und „‚Erschreiben' von Textsorten" (bezogen auf Augst u.a. 2007), ist der Fokus auf die Aktivität des Lernenden gerichtet, darauf, sie durch besondere Aufgabenstellungen herauszufordern. Insofern gilt für beide Positionen etwas mehr und etwas weniger, was Pohl und Steinhoff (2010) im Hinblick auf Textformen als didaktische Kategorie formuliert haben – wir übernehmen es im Hinblick auf Schreibaufgaben: „Schreibaufgaben sollten ergebnisoffen in der konkreten Lernsituation sein, aber ergebnisorientiert in der didaktischen Konzeptionierung."

Es geht also darum, Spielräume zu schaffen, deren strukturelle und inhaltliche Merkmale Aneignungsprozesse und -formen binden. Einen wichtigen Unterschied sehen wir darin, dass beim Schreiben als kultureller Tätigkeit, beim Sich-Einschreiben in Textualität, die Aufmerksamkeit auf das Formulieren des Verhältnisses von Selbst und Welt, beim „Erschreiben" von Textsorten die Aufmerksamkeit auf den Adressaten, also eine wesentliche Textfunktion, gerichtet ist.

In beiden Positionen spielen implizite Lehr-Lern-Prozesse eine große Rolle. „Es gilt, das Kind auf seinem Entwicklungsniveau zu fördern. Was nützt das Üben einer Pointe" beim Erzählen „oder einer Conclusio" beim Argumentieren, „wenn das Kind in seinen Texten noch keinen Planbruch bzw. kein Gegenargument zeigt"? (Augst u.a. 2007, S. 359) „Dem Nachdenken über einen Text und der Überarbeitung muss […] immer die Produktion von vielen Texten vorangehen." (ebd. S. 360) Das gilt gleichermaßen zum Beispiel für die Betrachtung und Analyse unterschiedlicher Textformen (so bei Schriftstücken zur Brutpflege der Blaumeisen; siehe S. 17 ff.; und zur Perspektivierung der Probleme des Katzenkindes Rosalind; siehe S. 29).

Unterschiede der beiden Positionen bestehen in der Aufgabenstellung: Bei der ersten gibt es sprachlich gefasste inhaltliche Vorgaben (einen Text, eine Text-Bild-Verbindung); Bilder, die Irritation hervorrufen; vielfach besprochene ungewöhnliche Erfahrungen (Brutpflege der Blaumeisen, siehe S. 16ff.); Gegenstände, die Assoziationen wecken. Die Grundschulkinder können wählen und müssen für sich etwas thematisieren und formulieren. Sie haben also Möglichkeiten für Auswahl und bei den meisten Aufgaben auch für sprachlich-strukturelle Orientierung. Dabei zeigt sich, dass bloße Nachahmung im Sinne einer Wiederholung nicht vorkommt.[24] Bei der zweiten Position muss mit dem Schreibinhalt auch die Sprache gefunden werden. (Nur beim „Erzählen zum Bildimpuls" finden die Kinder eine inhaltliche Vorgabe.) Es gibt zwar ein Wissen vom Raum, vom Spiel, vom Fest, das sind viele Detailkenntnisse – aber es gibt zunächst keinen Anhalt für Rahmung und Aufbau. Außerdem ist vorausgesetzt, dass jeder Schreibanfänger einen motivationalen Anknüpfungspunkt für sich findet. Das heißt, er müsste – in der Terminologie des Schreibens als kultureller Tätigkeit – eine innere Vorstellung entwickeln, einen Fokus imaginieren. Dafür aber bietet die Aufgabenstellung keine Anregung. – Baurmann und Pohl (2009) schätzen die Funktion des Wissens anders ein: „Wenn Schülerinnen und Schüler über Erlebtes oder persönlich Bedeutsames schreiben, dann werden fast alle auf eine gut strukturierte Wissensgrundlage zurückgreifen können" (S. 91). Es hat sich allerdings an vielen Texten von Schreibanfängern gezeigt, dass die sprachliche Strukturierung bei der Darstellung von Selbsterlebtem einfacher, eher reihend ist als bei Texten zu sprachlichen Vorgaben (siehe unten S. 176ff.). Dem entsprechen Befunde, die Andresen (2009) zum Erzählerwerb – mündlich wie schriftlich – bespricht: Fantasieerzählung und Nacherzählung sind stärker an konzeptioneller Schriftlichkeit orientiert, also auf syntaktische Komplexität gerichtet, als die Erlebniserzählung; und die Kinder können sich besser „von der interaktiven Steuerung durch erwachsene Interaktionspartner lösen" (S. 102).

Unterschiede der beiden Positionen bestehen auch im Musterbegriff. Beim Schreiben als kultureller Tätigkeit ist er Grundlage für und Ergebnis von Transformationsprozessen. Damit ist durchaus nicht der Musterbegriff der traditionellen Aufsatzerziehung gemeint, gegen den sich schon vor hundert Jahren Reformpädagogen (Lamszus, Jensen, Münch, Seidemann u.a.; vgl. ausführlich dazu Ritter 2008) gewandt haben und zum Beispiel an die Stelle der Reproduktionsformen von Erzählung, Bericht, Beschreibung und Schilderung die Tätigkeiten setzten: Erzählen, Berichten und so weiter. Augst u.a. (2007) grenzen sich ausdrücklich vom traditionellen Musterbegriff ab, nehmen aber nicht Bezug auf andere Musterbegriffe (ebd., S. 359).

In der kognitiven Schreibforschung wird der Musterbegriff im Sinne eines Schemas gebraucht, das die Wahrnehmung und das Denken – und eben auch das Schreiben – steuert, die Strategien bestimmt. Boueke und Schülein (1995) arbeiten mit dem Begriff des „narrativen Schemas", mit dem Erzähler „mehr oder weniger große Mengen von Ereignissen […] organisieren" (S. 264f.). Das Interesse ist auf die Analyse von Sequenzen, von Strukturen der Abfolge und Verknüpfung gerichtet. Dabei geht es um Dekontextualisierung, nicht – wie beim Schreiben als kultureller Tätigkeit – um die Entfaltung von „kontextgebundener Bedeutung" (Wertsch 1996).

Schließlich ist noch ein weiterer Musterbegriff eingeführt: er gilt inhaltlichen Strukturmustern und Motiven (vgl. die Studien von Wardetzky). In diesen Begriff sind Aspekte des Schema-Begriffs integriert, vor allem was die Produktivität des Schreibenden betrifft. Zentral ist die Funktion der Tradition für das Formulieren von Figurenkonstellationen, Handlungsmomenten, Bedeutungsmustern, eben die kulturellen Kontexte. Sie betreffen auch Textformen, Anfänge von Argumentation (siehe oben S. 75 zum Urteil des Paris) und Beschreibung (siehe oben S. 16 ff. zur Brutpflege der Blaumeisen; das *Lexikon der Federtiere*, Kohl/Ritter 2010). Allerdings wird in unserem Zusammenhang strikt vom Text des Kindes aus gefragt, und zwar mit Bezug auf das gesamte Material, „das kulturell überhaupt zur Verfügung steht", nicht schwerpunktmäßig auf eine Textgattung hin (vgl. Mollenhauer 1996, S. 254). Eine Differenz zum kognitiven Musterbegriff besteht in dem Verhältnis von Kontextualisierung und Dekontextualisierung: Indem für das Schreiben als kulturelle Tätigkeit besonders wichtig ist, die Sinngeladenheit der inneren Sprache zu artikulieren, sie zu figurieren, Erfahrungen zu machen mit der Selbstreferentialität der Zeichen, wird die Kontextualisierung stärker betont als die Dekontextualisierung, die beim kognitiven Musterbegriff im Vordergrund steht.

Es ist sicher ein großes Verdienst der Studie von Augst u. a. (2007), detailliert zu zeigen, woran die Schreiblerner gerade arbeiten (siehe dazu unten S. 77 ff.). Aber es erscheint uns fraglich, ob als Konsequenz für das Unterrichten daraus folgt, den Kindern jeweils spezifische Übungen aufzugeben oder vielmehr weitere Schreibaufträge, deren „grundlegende Aspekte" dazu führen, dass das Kind sich Textsorten „erschreiben" kann – zunehmend differenzierend und in stärkerem Maß integrierend.

Der starke Stufenbezug der Studie legt nahe, im Unterricht elementarisierend zu verfahren. Das aber widerspricht dem Lernbegriff, den die Studie belegt. Dass sich Stufenfolgen beim Lernen beobachten lassen, bedeutet nicht, dass auch der Antrieb für das Lernen hierarchisch organisiert ist. Das setzte voraus, dass Kinder lernen, was gelehrt wird. Die Studie zeigt aber gerade, dass Kinder sich eigenständig, individuell unterschiedlich an den Strukturen abarbeiten, die die Aufgabenstellung ihnen anträgt, und dass sie über „Text-Sorten-Kompetenzen" verfügen, die noch nicht im Unterricht vermittelt wurden. Im Hinblick auf die Bewertung der Schülerleistung ist die Gefahr groß, die Stufenfolge einfach als Koordinaten dafür zu übernehmen.

Unstrittig ist, dass Kinder lernen sollen, adressatenbezogen Textsorten zu schreiben. Ob die Orientierung an dieser Funktion – und Norm – von Anfang an den Unterricht bestimmen sollte oder inwieweit Schreiben als kulturelle Tätigkeit das adressatenbezogene „Erschreiben" von Textsorten umfasst, wird im folgenden Teil behandelt.

3 Perspektiven: Schreiben in der Schule

Wie kann in der Schule das Verhältnis zwischen *Literalität* und *Literarität* bestimmt werden? *Literalität* hat selbst ja die zwei „Gesichter": Einerseits ist mit dem Gebrauch des Buchstabens, der Vergegenständlichung der Sprache auf dem Papier, der Abstraktion von der konkreten Situation ein Gewinn an Autonomie verbunden – Voraussetzungen für den Erwerb „schriftförmiger" Rede, die Fähigkeit zu bildungssprachlicher Verständigung; das ist ein wesentliches Moment des Schulerfolgs (vgl. Gogolin 2008; Dehn 2010b). Bildungstheoretisch kann darauf eine Rechtfertigung gegründet werden für die Vermittlung des Literalen, die Vermittlung der Buchstabenschrift für die Anfänger, auch wenn der Gebrauch des Buchstabens technisch nicht mehr erforderlich wäre, etwa weil man nicht mehr mit der Hand schreiben oder den PC manuell bedienen brauchte. Andererseits setzt literale Praxis eine Normierung (der Schriftzeichen, der Orthografie, der Stil- und Textsorten) voraus, nicht nur für den Schriftgebrauch im Deutschunterricht, sondern in (fast) allen anderen Schulfächern. Schul- und gesellschaftspolitisch ist es damit naheliegend, das Ausmaß der Normbeherrschung zu kontrollieren, zu bewerten und es zum Maßstab für Selektion zu machen. Literalität ist – nicht nur in unserer Kultur – in der Regel ein Gegenstand institutionalisierter Unterweisung. Lesen und schreiben lernen Kinder nur ausnahmsweise außerhalb der Schule. Freilich haben sie lange vor der Schule Erfahrungen im Umgang mit Schrift.

Dagegen ist der weite Bereich der *Literarität*, des sich Einschreibens in Texte, in Textualität, bisher nicht gleichrangig Gegenstand des schulischen Anfangsunterrichts. Für das Lesenlernen gilt – in dieser Perspektive – als unstrittig, dass sich die basale Struktur einer literarischen Kompetenz vor der Lesekompetenz im Sinne der Aneignung von Literalität ausbildet (siehe Härle/Rank 2004, S. 4 ff., S. 12; vgl. dazu die Unterrichtsbeispiele von Tholen 2010). Und Befunde zur Entwicklung der Textkompetenz im Vorschulalter und am Schulanfang zeigen, dass Kinder über Textualität verfügen, noch bevor sie das Buchstabeninventar beherrschen; das heißt, sie können einem Erwachsenen ihre Gedanken, Erinnerungen, Impressionen diktieren (Dehn 2007b; Hüttis-Graff/Merklinger 2010; Merklinger 2010) und eigene Schriftstücke bearbeiten (Jantzen 2010). Historisch gab es lange Zeit die Trennung von Autorschaft (also der Konzeption eines Textes) und Scriptorschaft (also dem manuellen Herstellen eines Textes; vgl. Ludwig 1995). Daraus folgert Ludwig für den Unterricht in der Grundschule: „Es ist relativ trivial festzustellen, dass die Bildung von Buchstaben, Silben, Wörtern und Sätzen im Curriculum der Verfertigung von Texten vorausgehen muss, und so folgt mit Notwendigkeit der Aufsatzunterricht auf den Schreibunterricht" (1995, S. 285). Diese Folgerung aber lässt sich nicht halten. Kinder können schon vor der Schule oder am Schulanfang über Autorschaft verfügen und ihren Text diktieren – der freilich ist unterschiedlich nah an konzeptioneller Schriftlichkeit. – Wir möchten Formen zeigen und zur Diskussion stellen, wie beim Schreibenlernen in der Schule Literarität ins Spiel kommen kann, wie Unterricht nicht auf das lebensweltlich Pragmatische, auf Literalität, beschränkt bleiben muss.

Literarische Sozialisation vollzieht sich in hohem Maße im häuslichen Umfeld und zunehmend auch in vorschulischen Bildungseinrichtungen. Wir haben an Schriftstücken der Schreibanfänger Spuren von Intertextualität, Spuren literarischer und medialer Muster gefunden. Bildungstheoretisch ist dieser Aspekt so bedeutsam, weil er die Konstitution des Subjekts in seiner Beziehung zum Selbst und zur Welt betrifft – in der Vergegenständlichung des Schreibens.

Diese beiden Aspekte des Schreibens als kultureller Tätigkeit sind – in den Kategorien von Schulunterricht – gleichermaßen relevant für mehrere Lernbereiche: den Schriftspracherwerb, den Anfangsunterricht im Lesen und Schreiben; das Textschreiben, den Aufsatzunterricht; und auch für das Lesen, den Literaturunterricht. Dieses Kapitel gilt der Begründung für didaktische Entscheidungen über Aufgabenstellungen (innerhalb einzelner Lernbereiche und zwischen diesen Lernbereichen), über Korrektur- und Bewertungsformen und über die Präsentation der Schriftstücke.

3.1 Norm und Normierung

Wir ziehen für eine Gegenüberstellung noch einmal das Schema von S. 44 heran; das folgende zeigt, wie im Unterricht zumeist das Textschreiben von der Norm bestimmt und damit kanalisiert wird.

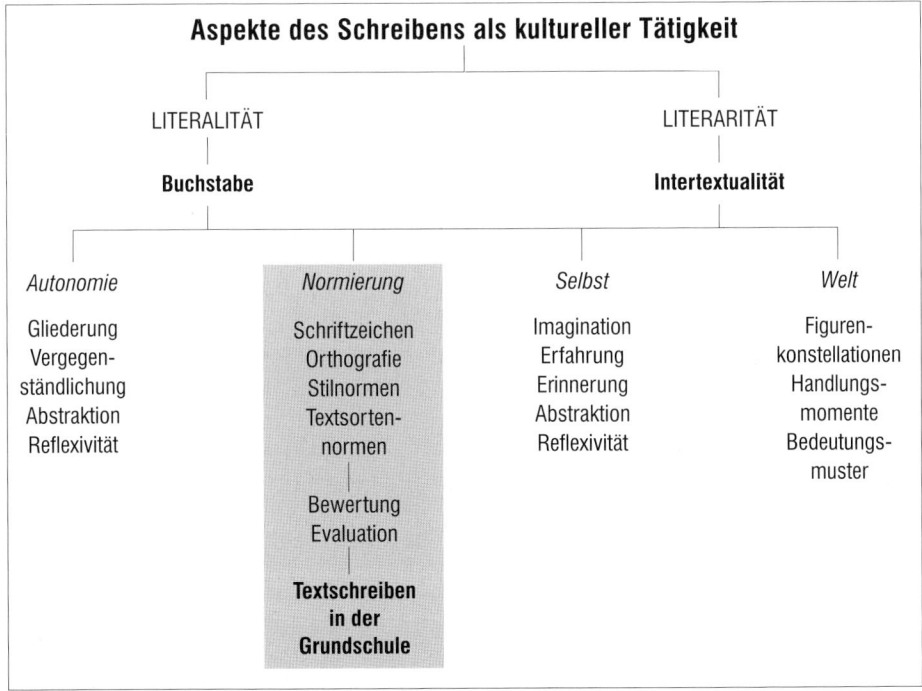

Dominanz des Normaspekts beim Schreiben

In der Alltagspraxis der Grundschule hat der Bereich der Normierung einen hohen Stellenwert; er bestimmt Standards und didaktische Entscheidungen – in skizzenhafter Überzeichnung: Zuerst geht es darum, dass die Anfänger die Buchstaben in ihrer Form richtig zu Papier bringen können; dann steht die Aneignung der richtigen Wortschreibung im Mittelpunkt der Aufmerksamkeit; danach werden die Kinder dahin geführt, Sätze aufzuschreiben und schließlich eine Geschehensabfolge korrekt zu notieren. Im Mittelpunkt dafür steht die Erzählung – als Erlebniserzählung oder als „Bildergeschichte".

An einem Beispiel (vgl. Dehn 1996, S. 172), das leicht durch etliche andere, auch aus Sprachbüchern, ausgetauscht und variiert werden könnte, soll diese Art der Normierung diskutiert werden:

Ich und Famih hatten eine Höhle auf dem Baum gebaut. So fängt Daniel (Klasse 4) seine Geschichte an. Dass die eigentliche Geschichte erst später beginnt, markiert Daniel mit dem Plusquamperfekt. (Den Hauptteil hat er im Präteritum formuliert.) Mit dem bestimmten Artikel schafft Daniel einen definierten Bezugspunkt als Ort des Geschehens und er mutet dem Leser zu, dies als Vorstellungsbild zu akzeptieren.

Der korrigierende Lehrer aber hat Einwände. Die Aufforderung, den Satz zu verändern, richtet sich nicht nur gegen die Reihenfolge der Personen. *Famih und ich haben eine Höhle auf einem Baum gebaut*, schreibt Daniel bei seiner Überarbeitung. Ein weiterer Einwand kritisiert den Tempuswechsel zwischen dem Plusquamperfekt dieser Einleitung und dem Präteritum der eigentlichen Erzählung, damit aber wird ein wichtiges Moment der Textstruktur nivelliert. Und auch das Argument, man wisse doch gar nicht, welcher Baum gemeint sei, bewirkt einen tiefen Eingriff, lässt der unbestimmte Artikel doch nun den Ort des Geschehens im Beliebig-Unbestimmten und legt eine andere Textsorte nahe, statt der Erzählung eher einen Bericht.

Korrekturen wie die hier nahegelegten folgen Grundsätzen wie: Tempuswechsel seien generell zu vermeiden; der Leser müsse alles ganz genau erfahren, Leerstellen seien also nicht erwünscht. Zu diesem Kanon von Stilregeln gehören noch weitere: Wiederholungen seien zu vermeiden, es sollten möglichst treffende Ausdrücke, insbesondere Adjektive, gebraucht, den Personen Namen gegeben und wörtliche Rede verwendet werden. Die Stilregeln haben sich in langer Tradition ausgebildet und bestimmen die Meinung davon, was einen guten Text (in der Schule) ausmache. Sehr deutlich wird das in den Äußerungen der Grundschulkinder auf die Frage von Weinhold (2005), worauf sie achten, wenn sie einen Text schreiben (siehe oben S. 70f.).

Solche als allgemeingültig gesetzten Stilregeln berücksichtigen jedoch nicht Besonderheiten des Ausdruckswunsches und der Textform:

▸ Ist nicht unter Umständen die Aussparung ein wesentliches Ausdrucksmittel? Der Anspruch auf Vollständigkeit führt zum Beispiel dazu, dass die Setzung einer dargestellten Wirklichkeit nicht mehr akzeptiert würde. Sollte jeder Text voraussetzungslos beginnen, eben alles zum Wo, Wann, Wer, Was von Anfang an erklären?

▸ Können nicht durch Umstellung der Reihenfolge wichtige Erfahrungen ausgedrückt und Wirkungen erzielt werden?

▸ „Treffende Ausdrücke" sind herkömmlicherweise ein wesentliches Element von schultypischen Texten, die dadurch allerdings leicht etwas Gekünsteltes erhalten.

▸ Die wörtliche Rede passt längst nicht zu jeder Schreibhaltung und Textform; ebenso wenig die Forderung, den Menschen Namen zu geben.

▸ Gerade Wiederholungen (auf der Wort- und auf der Satzebene) sind ein wesentliches Mittel, Bewertungen zum Ausdruck zu bringen – indirekt, nicht dadurch, dass sie explizit formuliert werden (mithilfe „treffender Ausdrücke").

▸ Dasselbe gilt für den Tempusgebrauch. Durch Tempuswechsel kann die Struktur der erzählten Zeit gekennzeichnet werden; für Ereignisdarstellungen ist Tempuswechsel häufig sogar unverzichtbar.

Die Stilregeln stehen in deutlichem Widerspruch zu kinderliterarischen Texten. „Schriftsteller wechseln zwischen Präsens, Präteritum und Perfekt, führen Leser unzureichend in die Thematik ein, bauen Themensprünge und Rückblenden ein oder arbeiten keinen eindeutigen Höhepunkt heraus. Was bei einem Schriftsteller als Beleg seiner Gestaltungskraft gilt, würde bei einem Schüler zu einer schlechten Note führen." (Kruse 2010, S. 1 mit Bezug auf Steinig/Huneke 2000) Der Einwand, man müsse zuerst alle Stilelemente beherrschen, bevor man frei damit schalten dürfe, geht davon aus, dass dieser Umgang nur dann akzeptabel ist, wenn er bewusst erfolgt. Aber auch bei den Schreibexperten ist das ja längst nicht immer der Fall, weshalb sollte es Kriterium für Texte von Schreibanfängern sein?

Noch grundsätzlicher: Welches ist die Lese- und Schreibhaltung, die solche Fragen zur Textüberarbeitung einschließt (vgl. S. 89ff.)? Portmann-Tselikas stellt die Abwesenheit des Adressaten als wesentliche Voraussetzung des Schreibens heraus (1997, S. 74); aber vielleicht ist es gerade eine Besonderheit der schulischen Schreib- und Lesesituation, dass jeder seine ersten Leser und Leserinnen beim Schreiben sieht, dass er weiß, was sie wissen, dass er geteilte Erfahrung und gemeinsames Wissen meint voraussetzen zu können. Die Vorstellung von der Abwesenheit des Adressaten als wesentliches Strukturmerkmal des Schreibens muss erst erworben werden (vgl. auch Augst u. a. 2007).

Ein Text, der so ausführlich ist, dass der Leser alles gut verstehen kann, traut diesem wenig zu und wird leicht langweilig. Deutlich ist, dass sich solche Kataloge von Stilmerkmalen schon auf die Textproduktion auswirken.

Für Schüler kann dabei die Vorstellung entstehen – wie sie Susanne Romberg bei erwachsenen Analphabeten vorgefunden hat –, der von ihnen zu verfassende Text „existiere bereits in irgendeiner Form perfekt und sie seien in der Schreibsituation vor die Aufgabe gestellt, sich dieser Form anzunähern" (Romberg 1993, S. 288).

Demgegenüber wird hier ein Begriff von Sprachlernen und -lehren zugrunde gelegt, der auf der Erfahrung mit und dem Wissen von kulturellen Formen und Inhalten aufbaut, vom jeweiligen Können ausgeht, der also Lernen nicht als Hierarchie von Teilprozessen vorstellt, als Addition, sondern als Differenzierung und Umstrukturierung des jeweiligen Vermögens. Im Hinblick auf die Textualität verfügen die Kinder über ein Können, das sie aus ihrer „literarischen Sozialisation" gewonnen haben. Hier geht es deshalb darum, daran anzuknüpfen, das heißt: den Grundschulkindern von Anfang an das ganze Spektrum des Schreibens als kultureller Tätigkeit zu eröffnen; also gerade nicht zuerst „schulgemäß" schreiben zu lehren, um dann später den Schreibunterricht für den Aspekt der Literarität zu erweitern, sondern die normativen Aspekte des Schreibens von Anfang an in das ganze Spektrum der Schreibtätigkeit einzubinden.

Das setzt als Lesehaltung voraus, in den Texten der Grundschulkinder die Spuren der Literarität zu erkennen und zu würdigen und mit den normativen Aspekten der Literalität zu verbinden; als *Kontext für Texte* gehört dazu also – bei Lehrern wie Mitschülern – ein *Verständnis*, das die Texte wortwörtlich nimmt.

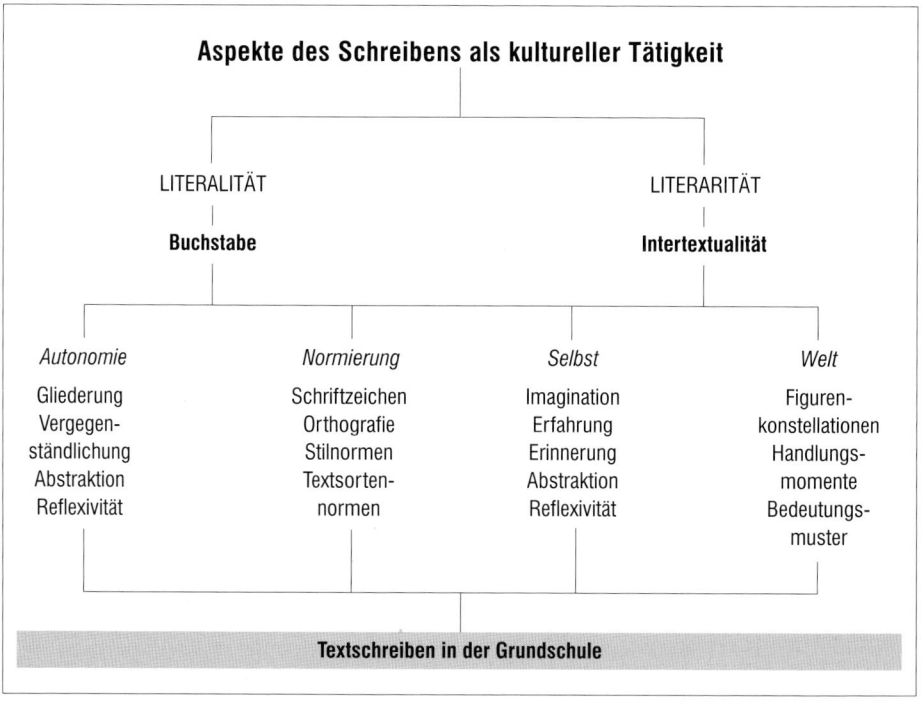

Verknüpfung der unterschiedlichen Aspekte des Schreibens

Schreiben als kulturelle Tätigkeit schließt *Texte als Kontexte* ein. In der Schule heißt das, den jungen Schreibern zu ermöglichen, sich beim Schreiben der Bedeutungsmuster, der Handlungsmomente und Figurenkonstellationen, wie sie sich ihnen schon „eingeschrieben" haben, zu vergewissern; Imaginationen, Erfahrungen/Erfahrenes, Erinnerung zu artikulieren und die beiden Gesichter der Literalität, indem sie Buchstabe für Buchstabe schreiben, kennenzulernen. Da liegt es dann ganz nahe, Texte als

Kontexte zu suchen, die schon in der Rezeption die Imagination der jungen Zuhörer oder Leser anregen und – beim *Schreiben zu Vorgaben* – Literarität wirksam werden lassen (siehe S. 96 ff.).

Für die Inszenierung von Unterricht schließt *Schreiben zu Vorgaben* ein, eine Aufgabenstellung zu finden, die die Schreibanfänger dazu anhält, aus der Fülle des Vorgegebenen etwas für sich auszuwählen, also etwas zu *thematisieren* und zu *formulieren* (siehe S. 104 ff.).

Das Hauptaugenmerk der didaktischen Konzeption ist in dieser Arbeit auf das Entstehen der Texte gerichtet, auf Lernprozesse beim Schreiben selbst; aber als Kontext für (weitere) Texte ist der Austausch der Schüler untereinander über die eigenen Texte wichtig: im Hinblick auf die Annäherung an die literalen Normen beim Überarbeiten; im Hinblick auf die Widerspiegelung der Textfunktion in der Reaktion von Lesern; im Kennenlernen anderer Darstellungsformen; als Forum zur Einschätzung der eigenen Kompetenz, also zur Selbstreflexion; in der Verbindung von Imagination (formuliert im Text) mit Wissen (auch im Sprechen darüber). *Überarbeiten – Präsentieren – Besprechen* also sind solche *Kontexte für Texte* (siehe S. 117 ff.).

Den Abschluss dieses Teils bildet Darstellung und Diskussion von *Heterogenität* bei der *Entwicklung der Textkompetenz im Unterricht* (siehe S. 126 ff.).

3.2 Kontexte für Texte: Verstehensmodi

Die Lehrerin und eine der Verfasserinnen (Mechthild Dehn), als Besucherin, sitzen mit den Kindern der Klasse 3 im Kreis. Die Schülerinnen und Schüler lesen ihre Texte vor – den eigenen oder den eines Nachbarn. „Eine verrückte Welt" ist das Thema. Die Texte sind schon einige Tage zuvor geschrieben worden. Nun tauschen sich die Kinder darüber aus, im Vorlesen und mit Kommentar und Kritik. Die Stimmung ist locker, die Sommerferien sind nah. Stefanies Text wird von ihrer Nachbarin vorgelesen.

Eine verrückte Welt
1. Das ist ein Fernseher, der sprechen kann.
2. Das ist eine Tafel, die zeichnen kann.
3. Das ist eine Katze, die bellt
4. In der verrückten Welt gehen die Leute auf Händen.

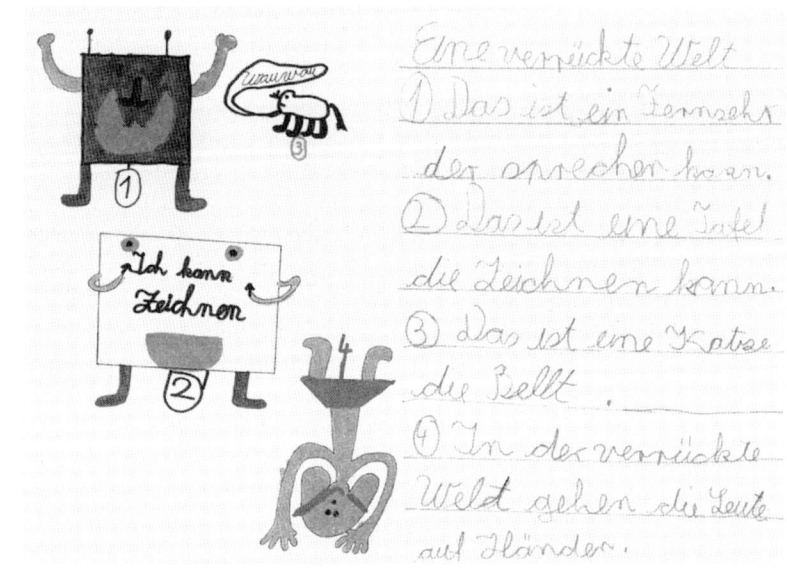

Stefanie (Juni Klasse 3)

Die anderen sind sich einig: „Das ist gar keine Geschichte. Das fängt ja immer gleich an." Stefanie ist bestürzt, dem Vorlesen war sie zufrieden gefolgt. Ich sage, dass Stefanies Text eine Beschreibung ist; er bestimmt, was eine verrückte Welt ist. Ich suche die Klasse aufmerksam zu machen auf die Steigerung, die mit der Wiederholung der Satzstruktur und mit der Variation am Schluss erreicht wird, lese den Text noch einmal vor. Stefanie nickt erleichtert. Die anderen Kinder sehen sie verständnislos an; sie wiederholen und bekräftigen ihre Einschätzung. Dann liest die nächste Schülerin vor.

Stefanies Text definiert „Eine verrückte Welt" als Antwort auf die nicht ausdrücklich formulierte Frage „Was ist eine verrückte Welt? – Das ist … ". Das Muster des gleichen Anfangs (Anapher) erfährt durch die dreimalige Wiederholung eine Steigerung. Inhaltlich wird sie dadurch gefüllt, dass die Beschreibung mit Unbelebtem beginnt, dann zu Belebtem übergeht. Die letzte Definition ist auch formal der Höhepunkt: Hier ist das Muster verlassen; der Satz beginnt mit einer Inversion, die unmittelbar an die Überschrift anknüpft; er bezeichnet nun nicht mehr nur ein einzelnes Phänomen, sondern kennzeichnet „die Leute". In der Einfachheit und Strenge des Aufbaus hat der Text rhythmische Qualität.

So oder so ähnlich könnte man Stefanies Text auch verstehen. Die Mitschüler aber konnten sich nicht auf den Text einlassen, sondern haben an ihn sogleich ein Raster angelegt, das sie offenbar gelernt hatten. Die Kriterien ihres Rasters, die in ihren Äußerungen deutlich werden, sind: Geschriebenes sollte „eine Geschichte" sein, also etwas erzählen; Wiederholungen sind zu vermeiden.

Die Mitschüler haben Stefanies Text an ihren internalisierten Erwartungen gemessen, wie ein Text sein soll und wie er nicht sein dürfe. Diese Norm ist das Vorgängige. In der Situation konnten die Positionen nicht geklärt werden. Eine Verständigung unter den Schülern und mit den Erwachsenen war nicht möglich: Unklar war, welcher Art die stilistischen Merkmale von Schülertexten sind und welcher Art sie sein sollten. Die Beteiligten waren darin ungeübt, sie wahrzunehmen.

Wir haben diese Episode hier aufgeführt, nicht weil wir Stefanies Text besonders interessant fänden, sondern weil die Begebenheit deutlich macht, dass in der Schule Texte häufig nicht um ihrer selbst willen, eben als Schriftstücke eines Schreibers aufgenommen werden, sondern als Annäherungen an definierte Erwartungen (vgl. Dehn 1991, S. 37 f.). Wir haben im Anschluss an diese Episode in mehreren Experimenten versucht, Schülertexte so zu lesen, wie wir journalistische oder literarische Texte zu lesen gewohnt sind, wir haben unser Textverständnis aufgeschrieben und darüber gesprochen. Ein solcher Zugang, der die Schreibhaltung des Textes, die Leseerwartung, die er erzeugt, reflektiert, also nach der Funktion einzelner Textmerkmale im gesamten Text fragt, unterscheidet sich markant von der Einschätzung von Textmerkmalen beim Korrigieren. Zwei Befunde der Experimente scheinen wichtig: Es entwickelte sich jeweils ziemlich schnell ein Konsens über Funktion und Wirkung der gefundenen Textmerkmale; die anschließend vorgeschlagenen Korrekturen beschränken sich auf das orthografisch, morphologisch und syntaktisch Falsche.

Die Rekonstruktion der Schülertexte im Leseverständnis hat vor allem die Geschlossenheit der Schriftstücke ins Bewusstsein gebracht. Sie sind – wie Stefanies Text, der den Anstoß gab – jeder auf seine Weise „fertig". Das mag auch an der Schreibaufgabe liegen: anders als beim Schreiben zu Vorgaben, anders auch als bei Erlebnisdarstellungen, Sachverhaltsbeschreibungen muss ein Inhalt jeweils erst gefunden, eine Struktur in allen ihren Bezügen erst konzipiert werden. Diese Geschlossenheit der Texte vor allem lässt ein korrigierendes Verändern von Satzfolge, Tempus, Modus fragwürdig erscheinen, weil mit der Veränderung eines Elements leicht die gedankliche Konzeption gestört oder gar zerstört würde. Das könnte missverstanden werden als Argument gegen Überarbeitungen und Revisionen überhaupt. Es sollte allerdings zum Überdenken von Revisionen (der Schülerinnen und Schüler) und Korrekturen (der Lehrpersonen) beitragen (siehe S. 124 f., 123).

Das Verfahren zum Umgang mit Schülertexten, das wir in dem Experiment erprobt haben, unterscheidet sich von Vorschlägen zur Korrektur und Kritik vor allem darin, dass wir uns nicht an zuvor festgelegten inhaltlichen und sprachlich-formalen Kriterien orientieren, sondern dass wir versuchen, dem Text, wie er vom ersten Wort an generiert ist, verstehend zu folgen und aus ihm die Orientierung zu gewinnen. Diese Orientierung fällt leichter, je größer die Kenntnis der Funktion der sprachlichen Muster ist. Naheliegend ist, dieses Verständnis dem Schreiber zurückzuspiegeln, indem Lehrer und Mitschüler die Vorstellungen benennen, die der Text in ihnen wachruft – auch die Assoziationen und Verwirrungen. Die Geschlossenheit eines Textes wahrnehmen heißt nicht zu behaupten, er habe eine eindeutige Bedeutung. Das Anliegen ist, das Sinnpotenzial des Textes zur Geltung zu bringen, auch wenn es sich um Texte von Grundschulkindern handelt (vgl. das Motto von Novalis, S. 7).

Bevor inhaltlich nachgefragt wird, sollten zuerst die Herausforderungen an das Verständnis bedacht sein, die der Text schafft. Zum Beispiel hat sich die Nachfrage (aus der Klasse von Hannelore Schröder) als ergiebig erwiesen: „Was siehst du, wenn du den Text von … hörst?" Sie taugt gleichermaßen auch für die Rezeption kinderliterarischer Texte im Unterricht.

„… eine Feder kann man tragen"

Die schwimmende Nadel
Zuerst hat Sascha B. eine Nadel geholt und Vinh Phong hat ein Glas geholt, dann eine Nadel und eine Büroklammer geholt. Dann haben sie die Büroklammer gebogen und die Nadel auf die Büroklammer gepackt; dann auf (das) Wasser gepackt. Dann ist sie geschwommen.
Sie schwimmt auf (dem) Wasser, weil das Wasser hat eine Hautschicht, sie geht nur kaputt, wenn was Schweres dadrauf liegt, so wie ein Stein; eine Feder kann man tragen, sie ist so leicht. Ende

Manuel (Klasse 4)

An zwei Beispielen möchten wir zeigen, was es bedeutet, den Text wortwörtlich zu lesen, und dabei zugleich die Differenzierung des Begriffs vom Schreiben als kultureller Tätigkeit erläutern – vor allem im Hinblick auf den normativen Anspruch der Literalität, der hier verfehlt wurde. Beide Texte sind in Klasse 4 entstanden, also am Ende der Grundschule; beide sind von Schülern verfasst, die etwas später zur Sonderschule „überwiesen" wurden. Bei dem Text von Manuel geht es um eine Vorgangsbeschreibung im Sachunterricht, bei dem Text von Sebastian um die Definition

„Ich bin nicht pleite, aber bin arm"

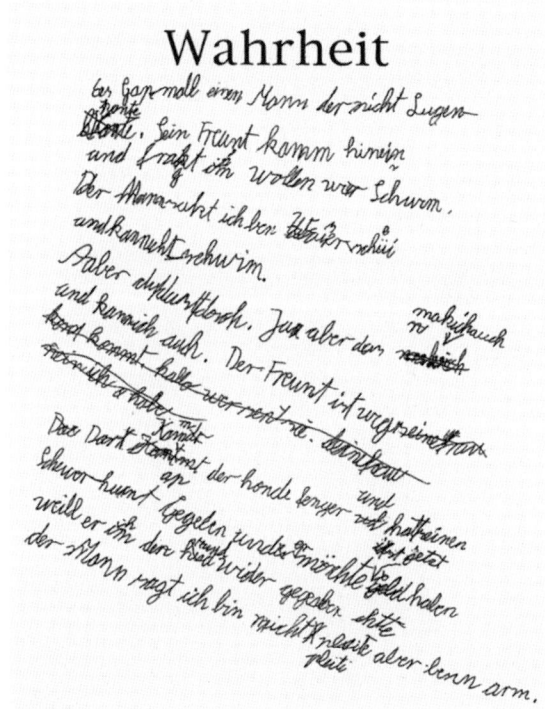

Wahrheit

Es gab mal einen Mann, der nicht lügen konnte. Sein Freund kam hinein und fragt ihn: „Wollen wir schwimmen?" Der Mann sagt: „Ich bin wasserscheu und kann nicht schwimmen." –
„Aber du duschst doch." – „Ja, aber das mag ich auch und kann ich auch."
Der Freund ist weg.
Dort kommt der Hundefänger und hat seinen Schäferhund abgegeben. Und er möchte jetzt Geld haben, weil er ihm den Hund wiedergegeben hatte. Der Mann sagt: „Ich bin nicht pleite, aber bin arm."

Sebastian (Klasse 4)

eines Begriffs: Die Schüler sollen ihre Vorstellung von Wahrheit oder von Lüge formulieren.

Beide Texte lassen sich kaum entziffern, die Wortformen (z.B. *schwimmende*) sind entstellt, die Wortgrenzen sind nicht markiert (z.B. *gab mal*), die Schreibung einzelner Wörter ist einmal richtig, einmal falsch (z.B. *Nadel*), die Anzahl korrekt geschriebener Wörter ist gering (nur etwas mehr als die Hälfte der Wörter sind orthografisch richtig). Im Durchschnitt werden am Ende der Grundschule 85–87 % der Wörter richtig geschrieben (vgl. Augst/Dehn 2009, S. 74 f.); allerdings schreiben 5 % der Kinder nur 6 von 10 Wörtern richtig. Zu dieser Gruppe gehören also Manuel und Sebastian. Beide Texte sind eine Zumutung für den Leser.

Wenn man die Texte in der Transkription betrachtet, also absieht von der Form der Schriftzeichen und der Orthografie, stellen sie sich anders dar.

Manuel hat, was die Makrostruktur betrifft, eine „den Regeln gerechte" Vorgangsbeschreibung verfasst. Er unterscheidet auch typografisch zwischen der Überschrift, der Beschreibung des Phänomens, dass Wasser unter bestimmten Bedingungen eine Nadel trägt, und der Erklärung der Oberflächenspannung des Wassers.

Diese Erklärung schafft nun einen eigenen Kontext der Zeichen. Sie beginnt mit einer Metapher *das Wasser (hat) eine Hautschicht* und der Kennzeichnung der Grenze der Belastbarkeit – *wenn was Schweres dadrauf liegt;* die Grenze wird sogleich noch konkretisiert: *so wie ein Stein.* Dem folgt die Entgegensetzung: *eine Feder.* Damit ist zwischen der Nadel (des Versuchs) und der Feder (als Gegensatz zum Stein) ein Beziehungsgefüge der Assoziationen möglich. In der Formulierung *eine Feder kann man tragen, sie ist so leicht* stellt sich einerseits auf der Ebene der Wortbedeutung die Verknüpfung zu *federleicht* her, andererseits folgt eine Ausweitung der Textaussage – mit dem Wort *man* verändert sich die Perspektive: eine Gleichsetzung mit personalen Erfahrungen (des Schreibenden, des Lesenden) oder auch eine Personifizierung des Wassers, die ja durch die Metapher *Hautschicht* schon vorbereitet ist.

Manuel hat mit der Vorgangsbeschreibung im Sachunterricht zugleich eine Erfahrung, vielleicht seine Erfahrung formuliert. Man kann in dieser Formulierung Spuren seiner Imagination bei dem Versuch erkennen; sie erzeugt eine Kontextualisierung. Der Text ist also auch ein Beispiel dafür, dass Literarität nicht auf narrative Formen beschränkt ist.

Was sich der Wahrnehmung aufdrängt, ist anderes: die umgangssprachlichen Wendungen wie *˙dadrauf* oder *˙auf dem Waser gebagt;* grammatische Fehler (*auf ˙das Wasser schwimmen, auf ˙dem Wasser packen*); außerdem die Wiederholungen (*hat geholt, gepackt*).

Sebastian (vgl. zu Schreibvorgabe und Aufgabenstellung S. 172ff.) formuliert seine Vorstellung von Wahrheit in zwei Beispielgeschichten als komplexe Formulierung der Beziehung zwischen Begriffen (*nicht schwimmen mögen – wasserscheu sein; duschen – schwimmen; etwas (nicht) mögen – (nicht) können; pleite sein – arm sein*).

Der Mann sagt seinem Freund die Wahrheit, indem er zugibt, Wasser nicht zu mögen (*wasserscheu*) und außerdem nicht schwimmen zu können. Er sucht also keine

Ausrede, um den Vorschlag des Freundes abzuwehren. In der zweiten Episode sagt der Mann wiederum die Wahrheit, indem er sich für *arm* erklärt. Wer *pleite* ist, hat nur vorübergehend kein Geld, Armsein dagegen bezeichnet etwas Andauerndes, etwas, das wie eine Eigenschaft der Person zugehört. Es ist viel einfacher zuzugeben, pleite zu sein als arm zu sein. Sebastian definiert Wahrheit als das Zugeben von etwas, das zu sagen eigentlich unangenehm ist, Überwindung kostet. Insofern bedeutet hier die Wahrheit sagen: nicht lügen können (*... der konnte nicht lügen*).

Diese zweite Episode ist (zu) schwer verständlich, weil man aus dem Zusammenhang erschließen muss, dass der *Hundefänger* nicht *seinen* (eigenen) Hund abgibt, sondern den des Mannes zurückbringt und dafür ein Entgelt verlangt. Das Verständnis wird auch durch den Tempusgebrauch erschwert; unklar bleibt in Sebastians Version, ob der Hundefänger zweimal zu dem Mann kommt: das erste Mal, als er den Hund des Mannes zurückbringt, das zweite Mal, um den Lohn dafür zu holen; oder ob der Hundefänger kommt, den Schäferhund abgeben will und Geld haben möchte, weil er ihm den Hund wiedergegeben hat.

Auch der Übergang zwischen den beiden Episoden ist nicht ganz einfach nachzuvollziehen. Der Text beginnt zwar mit einer gebräuchlichen Orientierung: *Es gab mal einen Mann, der .../Sein Freund ...* Dann aber wird – wie auf der Bühne – eine zeitliche Abfolge als räumliche vorgestellt: *Der Freund ist weg: Dort kommt der Hundefänger ...* Der Ort des Geschehens bleibt gleich, *der Mann* wird zuerst in der Begegnung mit dem Freund, dann in der mit dem Hundefänger vorgestellt; es gibt aber keinen Handlungszusammenhang. Beide Episoden haben die Funktion zu zeigen, dass der Mann die Wahrheit sagt, weil er eben nicht lügen kann.

Diese zweite Zumutung an den Leser hat, was die Verständlichkeit betrifft, also für den Text als Ganzen durchaus eine Funktion. Die erste sollte Sebastian korrigieren.

Die Texte von Manuel und Sebastian zeigen sehr unterschiedliches Können, was den Aspekt der Literalität (Form der Schriftzeichen, Orthografie, grammatische Richtigkeit und Stilnormen – in Manuels Text) und den der Literarität betrifft – ein Beispiel dafür, dass es fragwürdig ist, das Beherrschen der Orthografie und die Textkompetenz gleichzusetzen.

In der Schule ist der Stellenwert der Normierung hoch. Dass die Texte von Manuel und Sebastian diesem Anspruch nicht genügen, kann nicht entschuldigt werden. Aber vermutlich erhöht die Würdigung der Textqualitäten die Anstrengungsbereitschaft zur Aneignung von Orthografie und Grammatik. Eine Möglichkeit dafür ist, die Texte zu präsentieren, sie in der Klasse auszustellen oder im Schulflur, sie zu veröffentlichen (in der Schulzeitung, in einem „Klassenbuch"), sie auf dem Elternabend vorzustellen und so weiter (vgl. dazu die Korrektur- und Lerngelegenheit von G. Welge, siehe S. 134 ff.). In jedem Fall ist dafür die orthografische und grammatische Überarbeitung notwendig. Die beiden Texte zeigen noch einmal deutlich, dass die Unterscheidung von Literalität und Literarität nicht einfach der Differenzierung von Form und Inhalt entspricht, denn hier geht es immer um den Inhalt als einen dargestellten, einen schriftsprachlich formulierten.

Jeder Text (auch ein Kindertext, der Text eines Schreiblerners) schafft seine Wirklichkeit – mit dem ersten Wort. Die Betrachtungsweise, den Schülertext zunächst als Leser zu verstehen, hindert nicht, in einem zweiten Schritt als Lehrer zu bedenken, was die Schüler als Nächstes lernen könnten – der Zielvorstellung folgend, die Schüler sollen lernen, das in der Schrift auszudrücken, was sie meinen, und zwar zunehmend differenzierter und komplexer; und orthografisch und grammatisch korrekt. Für Manuel und Sebastian müsste sich also das Lehren auf die schrittweise Aneignung der Norm konzentrieren – bei ausdrücklicher Wertschätzung der textualen, literarischen Merkmale ihrer Schriftstücke. Warum das bei beiden Schülern im Verlauf der Grundschule nicht gelungen ist, hat Gründe, die hier nicht im Einzelnen dargelegt werden können, unter anderem den Eintritt in die Klasse erst zu einem späten Zeitpunkt.

3.3 Texte und Bilder als Kontexte: Schreiben zu Vorgaben

Das Schreiben zu Vorgaben ist ein inhaltliches Kernstück dieser Konzeption für den Schreibunterricht. Ihm gelten die beiden folgenden Kapitel.

Wir beginnen mit Beobachtungen aus dem Unterricht und stellen zunächst für die drei Schülertexte, an denen wir literarische Muster zu zeigen versucht haben (siehe S. 55 ff.), die schulischen Kontexte für das Schreiben als kulturelle Tätigkeit dar. Danach untersuchen wir Schreibanlässe, die in sprachwissenschaftlich ausgerichteten Studien zur Entwicklung der Erzählkompetenz der Ausgangspunkt sind.

Das dann folgende Kapitel gilt Merkmalen von Schreibvorgaben, die sich als Kontexte für das Schreiben als kulturelle Tätigkeit bewährt haben, und den didaktischen Möglichkeiten des Thematisierens und Formulierens.

Schulische Kontexte für das Schreiben als kulturelle Tätigkeit. Wie werden Texte zu Kontexten? Welche Beziehungen lassen sich zwischen dem Schülertext und der Vorgabe finden?

Bartolo ist Riese und die Maus heißt Rosinchen.
Jessica (siehe S. 56)

Das Bilderbuch *Mausemärchen – Riesengeschichte* thematisiert für Kinder brisante Probleme: klein sein – groß sein; Angst haben – mutig sein; ausgegrenzt werden – einen Freund suchen.

Die Lehrerin (Bettina Kranz) hat, nachdem sie das Bilderbuch vorgelesen hat, zwei Karten an die Tafel gehängt: *Bartolo ist ein Riese. Rosinchen ist eine Maus* (Februar Klasse 1). Und sie hat den Kindern die Aufgabe gestellt, auf einem von drei Schreibblättern mit Kopien von unterschiedlichen Abbildungen aus dem Buch zu schreiben: „Ich möchte, dass ihr euch jetzt ein Blatt aussucht und dass ihr aufschreibt, was ihr seht und was ihr denkt. Wem noch nichts einfällt, der kann gern im Stuhlkreis noch ein bisschen sitzen bleiben und überlegen. Wenn ihr alle fertig seid, wollen wir die Geschichten gemeinsam lesen. "

Was Jessica formuliert, ist also nicht – wie man beim ungenauen Hinsehen meinen könnte – eine Abschrift der unverbundenen Sätze an der Tafel, sondern eine komprimierte Kurzfassung des Buches, die sie in mündlicher Rede wohl kaum hervorgebracht hätte[25] – also einerseits eine Variation der Vorgabe, andererseits eine Formulierung, die an den Buchstaben, also an Literalität, gebunden ist. Jessica nutzt die damit gegebene Möglichkeit zur Korrektur: Sie beginnt zweimal; sie streicht vieles so durch, dass man es nicht mehr erkennen kann; sie korrigiert bei *Maus* das *ao* zu *au*.

> Rosalind trinkt Tee. Sie will keine Milch. Schaut auf die Katzenfamilie. Sie ist eine Feuerkatze. Dem Vater wachsen graue Haare. Ende
> **Björn (vgl. S. 57)**

Das Bilderbuch *Rosalind das Katzenkind* enthält eine Fülle von Problemkonstellationen: zum Beispiel anders sein als andere; Erwartungen nicht entsprechen können; abweichendes Verhalten als Befreiung auf der einen Seite, als Bedrohung gewohnter Sicherheit auf der anderen; groß, erwachsen werden.

Die Lehrerin (Stefanie Klenz) zeigt zuerst die beiden Innendeckel des Buches, auf denen weit über hundert Porträts schwarzer Katzen abgebildet sind, wie sie wohl in der Elternfamilie an der Wand hängen, und zum Schluss eine kleine rote Katze (Februar Klasse 1). Die Lehrerin liest das Buch vor bis zu der Stelle, als Rosalind ihre Familie verlässt. Die Kinder sollen schreiben, was ihnen wichtig ist, wiederum auf eines von drei Blättern, auf die unterschiedliche Abbildungen aus dem Buch kopiert sind. Wenn alle Kinder geschrieben haben, ist Gelegenheit, das Geschriebene vorzulesen.

Die Formulierungen im Buch (Wilkoń/Wilkoń 1989), die mit denen von Björn korrespondieren, lauten: „Sie wollte keine Milch trinken, sondern Tee. […] Ihr Fell war ganz rot […]. Vor lauter Kummer bekam Herr Kasimir graue Haare. "

Man kann vermuten, dass für die Metapher auch das Bild bedeutsam ist, das die Lehrerin beim Vorlesen gezeigt hat, vielleicht auch die Hinführung auf das Buch mit dem Zeigen der Innendeckel. Erklärt werden kann der Text von Björn jedenfalls nicht als Kopie oder Imitation des vorher präsentierten Textes aus dem Buch.

> Die Herbstgeschichte
> Wir sind in den Wald gegangen. Rijat, Mohamed und Ahmet. Ahmet ist der Chef, und Rijat ist das Rechenheft und Mohamed ist der Blättersammler.
> Und dann sagen wir zu allen Bäumen: „Bist du der Herbstbaum?" „Nein", sagte der Baum, „ich bin nur so angezogen." „Ach so", haben wir gesagt. Und dann sagte Ahmet: „Marsch, ihr beiden!" Und dann sagten Rijat und Mohamed: „Ja, Sir!" Und dann sind wir wieder gegangen. Und da haben wir noch einen Baum gesehen. Und dann haben wir drei zu ihm gesagt: „Bist du der Herbstbaum?" „Nein", sagte der Baum, „Ich sehe nur so aus." „Ach so,

Entschuldigung, lieber Baum, dass wir dich gestört haben. Adios. Los. Marsch, ihr beiden!"
„Ja, Sir!" „Mohamed, du sammelst Blätter!" „Ja, Sir!" „Und du, Rijat, schreibst, wie viele Blät-
ter Mohamed gesammelt hat!" „Ja, Sir!" „Los, wir gehen weiter!" „Ja, Sir!" Dann sagt Ahmet:
„Marsch!" Und dann haben wir zu dem Wind gesagt: „Bist du der Herbstwind?" „Nein", sag-
te der Wind, „ich sehe nur so aus!" „Ach so!" Und dann hat Ahmet gedacht: Das muss hier
irgendwo sein. „Und wieder: Marsch mit euch!", hat Ahmet gesagt. Und wir haben da einen
Baum gesehen, seine Blätter sind runtergefallen. Und dann haben wir gefragt: „Bist du der
Herbst?" „Ja", sagte der Baum. Endlich haben wir den Herbstbaum gefunden. Ende.

Ahmet (vgl. S. 59)

Diesen Text hat Ahmet – ohne direkte Aufgabenstellung – im alltäglichen Unterricht in
der „Zeit zum Schreiben" verfasst. Die Lehrerin (Irmtraud Schnelle) stellt auf Nachfrage den Rahmen für das Entstehen dar, der mehr als zwei Jahre umfasst.

In Klasse 1 weiß Ahmet mit dem Begriff „Herbst" nichts anzufangen. Aber dass der
Igel Winterschlaf macht, fasziniert ihn. Die Lehrerin spricht mit ihm über fallende
Blätter. Ahmet „schleppt jeden Tag Kastanien in Tüten in die Schule. Als ein Karton
voll ist, legen wir die Namen aus Kastanien auf dem Schulhof." In Klasse 2 gibt es
wieder ein Herbstthema, eine kleine Ausstellung mit Büchern, Postern, Fotos, Postkarten, Blättern und Früchten. Wieder bringt Ahmet Kastanien mit, erinnert sich an
das Jahr zuvor. Die Klasse lernt das Gedicht *November* von Seidel auswendig. Auch
im dritten Schuljahr ist der Herbst wieder Unterrichtsthema: Die Kinder machen sich
ein Baumbuch. Das Deckblatt ist das Gedicht von Eugen Roth: „Zu fällen einen schö-
nen Baum …"; es geht um Baum- und Blattformen, um Früchte, um Wurzel, Stamm,
Ast und Zweig. Es gibt einen Ausflug in den Wald. „Auf dem Kirchplatz vor der Schule werden Bäume beschnitten. Mohamed schleppt einen Riesenast an. Irgendwie
steht er auf einmal als Baumstamm mitten im Klassenraum. Drumherum wird ra-
schelndes Herbstlaub gelegt, in das Laub der ausgestopfte Igel gesetzt. Am nächsten
Tag kommen Äpfel und Kastanien, Eicheln dazu. Alexander: Das ist ja ein schönes
Herbst-Stilleben! Ahmet: Geil! … Ich lese vor: Gedichte zum Herbst von K. Meiers, E.
Borchers (‚Es kommt eine Zeit, da lassen die Bäume ihre Blätter fallen'), Ch. Morgen-
stern (‚Zwei Tannenwurzeln groß und alt …') und Guggenmos (‚Der Wind singt in den
Föhren …'). Die Gedichte liegen aufgeklebt auch als Angebot zum Lesen bereit. Irgendwann schreibt Ahmet seine Herbstgeschichte. Er sitzt dann immer lange und
konzentriert bei der Arbeit. Manchmal zieht sie sich auch über mehrere Tage hin. Wie
es bei seiner Herbstgeschichte genau war, weiß ich nicht mehr."

So weit die Lehrerin. Das ist also ein Beispiel für eine literarisch anregende, auf konkrete „Sachbegegnung" setzende Lernumgebung, mit Kontinuität, auch Wiederholung, in der die Grundschulkinder Freiräume zum Schreiben finden, in der ihre Texte
wie die der erwachsenen Autoren vorgelesen und mit Respekt kommentiert werden.

Ahmet nimmt eine solche literarische Anregung direkt auf. In dem Gedicht von Meiers (1988) heißt es:

> *Der Herbst ist gekommen,*
> *sagt der Lehrer eines Morgens zu seinen Kindern.*
> *Seitdem suchen die Kinder den Herbst.*
> *Bist du der Herbst?*
> *fragen die Kinder das bunte Laub.*
> *Nein, sagt das bunte Laub,*
> *ich bin nur sein Kleid …*

Wenn man Ahmets Herbstgeschichte noch einmal liest, sieht man, wie sich Anregung und Gestaltung mischen. Die Elemente der medialen Form hat er selbst formuliert und ihm vertraute Formulierungen aus Actionfilmen aufgenommen. Sein Text ist nicht unmittelbar angeregt, aber er ist in einem inhaltlichen Zusammenhang im Unterricht, in einem sozialen Kontext, entstanden. Es muss nicht betont werden, dass Ahmet erst in der Schule zum Schreiben gefunden hat.

Die Frage nach Kontexten für das Schreiben ist irreführend, wenn erwartet wird, es könnte eine direkte Beziehung hergestellt werden zwischen dem Produkt des Kindes und der spezifischen Unterrichtssituation, in der es entstanden ist. Wohl aber lassen sich *verallgemeinerte Bedingungen* bestimmen.

▶ Die drei Beispiele zeigen, wie *inhaltliche Vorgaben als Anregung und Herausforderung* wirken. Hier sind es *Texte, Bilder und Erfahrungen aus dem Sachunterricht*. Diesen Vorgaben ist gemeinsam, dass sie ein Spektrum von Problemen enthalten, die die Kinder betreffen. Das sind – bei den beiden Bilderbüchern – existenzielle Probleme; die Herbstgedichte, die Ahmet als Anstoß zum Schreiben wahrnimmt, sind für ihn, der anfangs mit dem Begriff „Herbst" nichts anzufangen wusste, vermutlich eine Form der Aneignung von Wirklichkeit. Die Kinder finden also einen Inhalt vor, zu dem sie schreiben können, und zwar einen bereits sprachlich und bei den Bilderbüchern auch bildnerisch gestalteten. Insofern unterscheidet sich das Schreiben zu Vorgaben von Aufgabenstellungen wie „Eine verrückte Welt" (siehe S. 89 f.), in denen die Lernenden mit dem Text auch Inhalt und Sprachform erzeugen.

▶ Die *Aufgabenstellung* selbst ist in allen drei Beispielen sehr *weit gefasst*. Die Kinder sollen schreiben, was sie (auf den kopierten Bildern aus dem Buch) sehen und was sie denken oder was ihnen (an dem Buch, dem Thema) wichtig ist. Kinder müssen also selbst bestimmen, worüber sie schreiben wollen. Und das befördert das Finden einer Schreibidee: „Self-chosen topics are, as one might expect, more likely to produce fluent ideation than are teacher-chosen ones." (Bereiter 1980, S. 83) Aus der Vielzahl der thematischen Konstellationen müssen sie etwas auswählen, etwas akzentuieren. Sie können die Aufgabe als Anstoß nehmen, Erinnerungen, Erfahrungen, Imaginationen zu formulieren, also auch Projektionen; aber sie können auch deskriptive Schreibformen wählen: das Gehörte und Gesehene referieren, kommentieren, zusammenfassen, dazu argumentieren. Das bedeutet, dass sie ihre Vorstellungen „schweifen" lassen können, ihre Aufmerksamkeit selbst steuern können, nicht gebunden sind an die Erfüllung einer spezifischen Erwartung: eine Nacherzählung zu verfassen, eine bestimmte Handlungsabfolge zu notieren, sich eine Geschichte auszudenken. *Die Vorgabe stellt einen Anspruch dar, enthält aber keine Vorschrift.*

▸ Mit den Abbildungen aus den Bilderbüchern ist die *Anforderung an das Generieren eines Schreibthemas materialisiert.* Indem der Schüler unter mehreren auswählt, muss er sich entscheiden. Dafür gibt es auch einen zeitlichen Spielraum: „Wem noch nichts einfällt, der kann gern noch ein bisschen sitzen bleiben und überlegen …" oder mit dem Schreibblatt in der Hand auf- und abgehen, so eine andere Empfehlung (siehe S. 66).

▸ Die Form der *Aufgabenstellung lässt auch die Reproduktion zu.* Die Schreibenden finden also bereits etwas vor, das sie (einfach) aufnehmen können. Insofern *enthält die Aufgabe schon in sich selbst eine Differenzierung.* Wichtig für diese Konzeption ist, dass im Unterricht – bei so wenig spezifizierter Aufgabenstellung – auch die Rezeption der Texte offen für alle Möglichkeiten bleibt und nicht eine implizite Wertung im Nachhinein eingeführt wird. Schreiben zu Vorgaben in diesem Sinne enthält also einen hohen Anspruch, aber keine Sanktionen. Es gibt kein Verfehlen der Aufgabe, nicht die Unterscheidung von richtig und falsch und somit kann – von der Aufgabenstellung her – jede Schülerin, jeder Schüler die Sicherheit haben, die Aufgabe erfüllen zu können und mit der eigenen Leistung zufrieden zu sein. Lerntheoretisch ist das zentral für die künftige Anstrengungsbereitschaft. Weitere Lernanreize sind bei dem Austausch der Schüler untereinander zu erwarten, wenn sie ihre Texte vorlesen. Auf diese Weise lernen sie andere Darstellungsmöglichkeiten kennen, die sie bei neuen Schreibanlässen oder bei einer Überarbeitung ihres Textes auch selbst erproben können.

▸ Den Aufgabenstellungen gemein ist, dass die Schüler *nicht reden,* bevor sie schreiben, sondern dass die *Kontextualisierung der inneren Sprache unmittelbar im Schreiben* erfolgt. Das hat zum einen eine starke Konzentration auf sich selbst zur Folge und verstärkt zum anderen das *Interesse an den Texten der Mitschüler.* Das Schreiben erfolgt hier also nicht um des Schreibens willen, sondern um etwas für sich zu klären, zu formulieren und sich mit anderen darüber auszutauschen. Es wäre eine Entwertung des literalen Aspekts des Schreibens, wenn die Schreibanfänger zuerst über das sprechen, was sie aufschreiben oder gar – probehalber – mündlich sagen, was sie hernach zu Papier bringen wollen. Im Hinblick auf die Unterscheidung von konzeptioneller und medialer Mündlichkeit und Schriftlichkeit (Koch/Österreicher 1994; Günther 1995) wäre bei der „mündlichen Vorübung", wenn sie denn für das Schreiben einen Sinn haben sollte, bereits konzeptionelle Schriftlichkeit verlangt. Die aber kann bei Schreibanfängern – beim Sprechen, als mediale Mündlichkeit – nicht erwartet werden. Insofern müssen gerade Schreibanfänger *zuerst schreiben, was sie denken, wenn Literalität das Ziel ist.* Sonst verschriften etliche Anfänger nur, was sie zuvor mündlich gehört oder selbst gesagt haben.

▸ Die beiden ersten Beispiele zeigen *Aufgaben*, die *für einen bestimmten Zeitpunkt* gestellt sind: In dieser Unterrichtsstunde sollen die Schülerinnen und Schüler schreiben. Das dritte Beispiel zeigt *Textschreiben als zeitlich „freie" Möglichkeit*; dennoch ist auch dies ein Schreiben zu Vorgaben, sind Texte als Kontexte wirksam. Für Ahmets „Herbstgeschichte" sind freilich auch die *sozialen Kontexte* wichtig beim Spiel mit Kastanien, bei der Information über den Igel, bei der Stabilisierung des großen Astes im Klassenraum. Und wohl nicht zuletzt die *Wiederholung des Sachthemas* von Klasse 1 bis Klasse 3.

Schreibanlässe in Studien zur Erzählkompetenz. Wir möchten im nächsten Schritt diese Form des Schreibens zu Vorgaben der zu anderen Vorgaben gegenüberstellen, um die Besonderheit von „Texten als Kontexte" deutlich zu machen. Die folgenden Vorgaben gehören zu Untersuchungen, die der Entwicklung der Erzählkompetenz gelten; beide Vorgaben, die Bildergeschichte wie auch das Einzelbild, sind in der Schule gebräuchliche Aufgabenstellungen.

Diese Vorgaben sollen von den eben dargestellten unterschieden werden
▸ im Hinblick auf Merkmale der Vorgabe
▸ und im Hinblick auf Erwartungen an die Leistung der Schüler und Möglichkeiten der Leistungsdifferenzierung.

Hans Jürgen Press: Der kleine Herr Jakob

Der kleine Herr Jakob. Die Aufgabe lautet: „Jetzt deck ich die Bilder zu. Versuche die Geschichte nun so aus dem Kopf zu erzählen, als ob dir dein Freund/deine Freundin zuhören würde, also richtig spannend und aufregend oder witzig." Oder: „Hier ist eine Bildergeschichte. Schau dir die Bilder in Ruhe an. Wenn dir dazu eine interessante Geschichte eingefallen ist, sollst du sie erzählen, und zwar so, als ob ..." (siehe oben; Boueke u. a. 1995, S. 124 f.).

Die Bildfolge soll als Ablauf in den Einzelschritten und ihrer Verknüpfung rekonstruiert werden. Es geht um die Darstellung der Sequenz.

Die grafisch-bildlich gegebenen Informationen müssen sprachlich formuliert werden. Das, was das Auge unmittelbar erfasst, muss in ein zeitliches Nacheinander beim Schreiben gebracht werden. Grafische Zeichen (zum Beispiel die Stellung der Mundlinie) müssen als Anzeichen für die Stimmung gedeutet werden; der weit offene Mund (in Bild 2) ist ein Zeichen dafür, dass die Figur etwas sagt. Nichts Wesentliches darf ausgelassen werden. Was wesentlich ist, gilt es zunächst herauszufinden. Die Darstellung des Plot als Bilderfolge, die Betonung der Sequenzierung der Handlung aber lenkt von der Notwendigkeit eher ab, einen Schwerpunkt für die eigene Darstellung zu bestimmen.

Das Geschehen nimmt eine unvermutete Wendung, insofern bildet die Folge eine typische Geschichtenstruktur ab. Was in der Bildsequenz additiv gegeben ist, muss in der sprachlichen Formulierung verbunden und akzentuiert werden – eben als motivierte Handlungsabfolge. Das dargestellte Geschehen zeigt ein Missgeschick, das durch die Umstrukturierungsidee des kleinen Herrn Jakob eine gute Lösung erfährt. Das ist wohl der „Kern" der Handlung, der in der Erfahrung der Schreibenden Korrespondenzen auslösen könnte, sodass es ihnen damit leichter fiel, den Text zu formulieren.

Gefordert ist hier zunächst eine Dekontextualisierung (siehe oben S. 71 f.). Der Inhalt ist vorgegeben, es interessiert die sprachliche Form, die die Schreiber finden. Die Vorgabe ist so angelegt, dass damit vor allem die Aneignung des Normaspekts im Vordergrund steht. Die Bielefelder Gruppe um Boueke (1995) hat mündliche Erzählungen von 4-, 7- und 9-Jährigen sowie von Erwachsenen untersucht – und einige schriftliche Erzählungen. Als Ergebnis wird die globale Struktur von Geschichten als Schema mit vier Ebenen dargestellt: „isoliert", „linear", „strukturiert" und „narrativ strukturiert". Das Ergebnis des Vergleichs zwischen mündlichen und schriftlichen Erzählungen ist, dass die Globalstruktur gleich ist, dass schließlich „literalisierte Personen ihre Mündlichkeit gar nicht mehr ohne Rücksicht auf die Schriftlichkeit zu organisieren imstande sind" (Schülein u. a. 1995, S. 268).

Wie eine „gute" Geschichte beschaffen wäre, wird am Beispiel einer schriftlichen Erzählung von einem Erwachsenen vorgeführt.

Wenn eine solche Erzählung als Realisierung der Möglichkeiten der Strukturierung gesehen und damit ja auch zur Orientierung für die Analyse der Erzählungen der Kinder und Heranwachsenden angeboten wird, dann macht das deutlich, dass (schriftliches) Erzählen hier in erster Linie als kognitive Fähigkeit verstanden wird; Literarität wird nicht in den Blick genommen. Im Gegenteil, die Präsentation dieser Erzählung könnte als Beleg für die Orientierung an einer sprachlich-inhaltlichen Norm, der „besten" Geschichte gelten.

F. K. Waechter: *Der Junge auf dem Flugkissen* (1990)

Der Junge auf dem Flugkissen. Das Bild, das einer Geschichte entnommen ist, wird für sich als Aufgabe präsentiert. Es stellt eine düster wirkende fantastische Szene dar, zu der es kein Vorher und Nachher gibt. Die Handlungsabfolge muss erfunden werden, ebenso die Charakteristik der Figur. Das Bild zeigt eine Situation, die tiefen Wünschen entspricht, nämlich fliegen zu können. Auch für die sprachlichen Formulierungen gibt es keine Orientierung. Der Schüler muss ein Bedeutungsmuster generieren: etwa von der Erfüllung einer Sehnsucht oder von der Möglichkeit, der Gefahr zu entkommen, oder von der Heimkehr nach langer Fahrt oder vom bösen Ende eines unbilligen Versuchs oder Ähnlichem.

Die Vorgabe kann Imagination und Kontextualisierung anregen. Werner Knapp hat sie seiner Untersuchung zum „schriftlichen Erzählen in der Zweitsprache" zugrunde gelegt. Es geht um schriftliche Erzählungen von Schülern unterschiedlicher Herkunft aus Klasse 5 und 6. Eine festgelegte Aufgabenstellung gibt es nicht; die Lehrer sollen sie nach ihren Erfahrungen bestimmen (Knapp 1997, S. 47). Wenn er den Aufbau der Fantasieerzählungen der Schüler danach differenziert, ob sie einen Traum enthalten oder nicht, oder es für den Aufbau für selbstverständlich erachtet, dass es zu Beginn und am Ende eine „Alltagsebene" als „Sektion" der Geschichte gibt (ebd., S. 133 ff.), müssen andere Strukturen als weniger geschätzte Abweichung gelten.[26]

Die Vorgaben unterscheiden sich in vielerlei Hinsicht von den hier vorgestellten:

Die Bildergeschichte vom „kleinen Herrn Jakob" verlangt die Akzentuierung einer bestimmten Handlungssequenz. Die Anforderung an die Schreibenden besteht also darin, kognitiv diesen Zusammenhang zu erfassen und zu formulieren. Dabei können die Schriftstücke auf Vollständigkeit und Richtigkeit analysiert und bewertet werden.

Das Bild vom „Jungen auf dem Flugkissen" stellt einen Impuls dar für eine Impression oder für eine Geschichte. Die Schreibenden müssen sowohl den Inhalt wie die sprachliche Form finden; diese hohe Anforderung wird hier insofern eingeschränkt, als für die Fantasiegeschichte eine bestimmte Struktur erwartet wird und die Ergebnisse daraufhin bewertet werden, wieweit sie den Erwartungen entsprechen.

Die Vorgaben aus den Bilderbüchern präsentieren mit dem Bild (von den Figuren Rosinchen und Rosalind) einen sprachlich gefassten Inhalt; und zwar einen Inhalt, der selbst vielgestaltig und aspektreich ist, der etwas zu tun hat mit Erfahrungen der Kinder von Selbst und Welt und mit ihrer Kenntnis und ihrem Wissen von Symbolisierungen. Das trifft auch für die Kontexte zu, in denen die Texte zu den Blaumeisen verfasst wurden (siehe S. 16 ff.) und auch für Ahmets „Herbstgeschichte" (siehe S. 97 ff.). Es gibt nicht richtig und falsch; das bedeutet, dass die Aufgabe selbst die Differenzierung enthält; es heißt jedoch nicht, dass es keine Leistungsunterschiede gäbe. Aber das Bewerten ist nicht das didaktische Ziel, sondern Literarität als Impuls für das Schreiben wirksam werden zu lassen.

3.4 Schreiben zu Vorgaben: Thematisieren und Formulieren

Mit dem Schreiben als kultureller Tätigkeit in der Schule sind vielfältige Ansprüche verbunden: Ansprüche an die Auswahl der Vorgaben und die Art der Aufgabenstellung. Es versteht sich, dass Linearität weder als Merkmal der Vorgabe noch als Bestimmung des Verhältnisses von Lehrverfahren und Lernprozess taugt, vielmehr ist *Komplexität* sowohl ein Kriterium für die Auswahl der Vorgabe wie für die Art der Aufgabenstellung. Der Kunstpädagoge Gunter Otto formuliert das als These, deren Geltung wir vielfach erproben und bestätigen konnten: „Der Erhalt von Komplexität sowohl des ästhetischen Objekts als auch der ästhetischen Rezeptions- und Produktionsprozesse ist ebenso Kriterium für schulische ästhetische Bildung, wie jene Art von Inszenierung, die Subjektivität als produktive Kraft begreift." (Otto 1994, S. 156) Das bedeutet im Einzelnen:

▸ „Erhalt von Komplexität des ästhetischen Objekts" – also keine Reduktion auf das (vermeintlich) leicht Verstehbare.

▸ „Erhalt von Komplexität der ästhetischen Rezeption und Produktion" – also der Verzicht auf anfängliche Klärung analytischer Fragen nach Figuren, Situationen und Handlungsabläufen; wohl aber Auswahlmöglichkeiten, wie und wo ein Fokus für die eigene Produktion gefunden, also etwas thematisiert wird, und damit es verhandelbar wird, auch formuliert wird.

▸ „Subjektivität als produktive Kraft" – also die Anerkennung und Würdigung ganz unterschiedlicher Zugänge und Lösungen, auch wenn sie auf den ersten Blick abwegig erscheinen mögen.

Komplexität als Kriterium für die *Auswahl von Aufgaben* kann bestimmt werden im Hinblick auf die *„generativen Kerne"* der Vorgabe,[27] also die Figurenkonstellationen und Bedeutungsmuster, die Vorstellungen und Imaginationen des Rezipienten erzeugen können – auch als Widerstand gegen vorgängige eigene Erfahrungen. Es ist nicht leicht, Vorgaben für die Grundschule zu finden, die diesem Kriterium gerecht werden, weil vieles – besonders was eigens für Schreibanfänger präpariert ist – auf Einfachheit der Inhalte und Mittel gerichtet ist, weil man der kognitiven Fähigkeit und Imagination nicht mehr zutraut.

Wichtig an dieser Art Schreiben zu Vorgaben ist, dass den Schülern immer auch ein *Wissen* an die Hand gegeben wird, worüber man schreiben kann. Ihnen steht mit den Vorgaben ein breites inhaltliches Spektrum zur Verfügung, das sie auch reproduzierend behandeln können. Allerdings gibt es in den Schülertexten kaum bloße Imitation (vgl. dazu die Texte von Özlem, S. 141 ff.; im 4. Teil die Ergebnisse aus Klasse 1, S. 150 ff.; Klaus Mollenhauer 1996 kommt zum gleichen Ergebnis).

Die Textformen der Schülerinnen und Schüler sind durchaus nicht auf erzählende Texte beschränkt – sie kommentieren, argumentieren, beschreiben und berichten. Didaktisch ist der Fokus darauf gerichtet, dass die Kinder sich herausgefordert sehen, ihre Gedanken und Impressionen aufs Papier zu bringen und sich darüber auszutauschen. Die explizite Lehre bestimmter Textformen kann daran anschließend erfolgen, zuerst indem Unterschiede der Textformen der Kinder benannt werden, sodann indem spezifische Aufgaben gestellt werden. Diesen letzten Schritt haben wir bisher weniger erprobt als die anderen.

Komplexität als Kriterium für die *Aufgabenstellung* widerspricht gängigen Auffassungen von der Unterrichtsführung grundlegend. Zumeist wird Komplexität reduziert oder aufgehoben, zum Beispiel wenn die Schülerinnen und Schüler zuerst analytisch fassen, was sie hernach als Text aufschreiben. Im Hinblick auf die Vorstellungsbildung und im Hinblick auf den Zugang zu Schriftlichkeit – in der inneren Sprache – ist es nicht sinnvoll, im Gespräch zuerst das Textverständnis „zu sichern", also nach den Figuren im Einzelnen zu fragen, nach ihrer Beziehung zueinander, nach Episoden der Handlung und dem Handlungsablauf als Ganzem. Stattdessen geht es darum, dass die Schreibenden ihrer eigenen Vorstellungen innewerden, sie sich im Notieren auf dem Papier vergegenwärtigen und sie damit auch für andere zugänglich machen und sich anschließend auch analytisch über Inhalte, Formen der Vorgabe und der Schülertexte verständigen.

Das didaktische Mittel dazu ist das *Thematisieren:*

▸ Kognitionspsychologisch gesprochen, geht es darum, den Fokus der Aufmerksamkeit auf etwas (Bestimmtes) zu richten (Neisser 1979).

▸ Im Hinblick auf „Perspektiven der literarischen Anthropologie" geht es darum, im „Vagieren zwischen verschiedenen Perspektiven" (Köppert/Spinner 1998, S. 169) einen Anker zu finden für Imagination, Erinnerung, Impression – für das Vorstellungsbild.

▸ Im Hinblick auf das Bildverstehen (siehe das Prozessmodell S. 50) geht es um Spezifizieren und Differenzieren des Wahrgenommenen; um das Wahrnehmen von Mehrdeutigkeit; immer wieder um den Bezug auf Schemata, Skripts und auf Wissen.

Thematisieren ist ein notwendiger Vorgang, um die Fülle der Eindrücke und Erinnerungen zu strukturieren, die mit der Vorgabe geweckt sind. Für den Schreibprozess ist die Komplexität der Vorgabe materialisiert als *Auswahl zwischen Abbildungen* oder als *Auswahl von Themen* aus der Vorgabe. Indem die Schüler wählen, müssen sie für sich einen Fokus finden, eine Zentrierung und Konzentrierung aus einem Deutungsbedürfnis oder aus einem Ausdruckswunsch heraus. Dieser Vorgang des Auswählens ist eher ein analoger Vorgang denn ein diskursiver. Er setzt – zunächst jedenfalls – als „Denken in Bildern" eher Vorstellungen in Gang, als dass er analytisch bewusst wäre und schon sprachlich begründet werden könnte. Bei Bildern als Schreibvorgaben hat die Aufforderung, zu „schreiben, was ihr seht und was ihr denkt", ebenfalls die Funktion des Thematisierens und fordert dazu auf, Eindruck und Deutung aufeinander zu beziehen.

Entgegen dem schulischen Alltagsverständnis ist es durchaus nicht so, dass die schulleistungsschwachen Schüler mit einer solchen Thematisierung besondere Schwierigkeiten hätten; im Gegenteil, indem sie bei sich selbst beginnen können, kann das Schreiben zum Motor des Lernens werden (vgl. dazu die Beispiele von Ahmet S. 59 ff.; Manuel, S. 92; Sebastian, S. 93; Anna, S. 129 ff.).

„Erhalt von Komplexität […] der ästhetischen Rezeptions- und Produktionsprozesse" (Otto 1994, S. 156) bedeutet bezogen auf das Thematisieren, unterschiedliche Aufgabenstellungen zu finden für unterschiedliche Altersstufen (vgl. die Aufgabenstellung zu Rosalind oben S. 28 ff.). Routine behindert das Thematisieren als Form der Sinnbildung. Voraussetzung ist also die „Schwierigkeit" als Widerstand und Herausforderung zur Anstrengung.

Geht es zu Beginn der Grundschule vor allem darum, dass die Kinder Gelegenheit erhalten, „das in Formen der Verschriftlichung gegenwärtig [zu machen], was unabhängig [von diesem Medium] unzugänglich bleibt" (Iser 1993, S. 11), so wächst mit zunehmender Schreibkompetenz der Lernenden der didaktische Anspruch an das „Umprägen des je Ausgeprägten" (ebd.), also auch an das Spiel mit Formulierungen.

Wenn das Ziel des Schreibunterrichts darin besteht, dass die Schreibenden immer besser zu formulieren verstehen, was sie sagen wollen, so liegt für die Konzeption von Unterricht nahe, nach einer Form dafür zu suchen, die nicht einfach Stil- und Textsortennormen vermittelt, sondern die Lernenden instand setzt, eigene Schreibziele für sich zu finden und zu verfolgen. „Die Schreibdidaktik [...] verfehlt die Entwicklung angemessener Lehrstrategien. Diese hätten nämlich an den Textmustern anzusetzen, an denen sich Kinder und Jugendliche beim Festlegen eigener Schreibziele orientieren." (Haueis 1995, S. 113) In diesem Sinn kann auch für die Position des Schreibens als kultureller Tätigkeit davon gesprochen werden, dass sich die Lernenden Schreibziele und Textformen „erschreiben" (vgl. Augst u. a. 2007; siehe oben S. 77 ff.).

Wichtig ist, dass die Vorgabe als Herausforderung wirkt, dass sie Interesse oder sogar Neugier weckt, weil sie fremd erscheint und nicht einfach mit Routine zu bewältigen ist. Voraussetzung dafür ist, dass der Gegenstand nicht in ein schon vorhandenes Schema eingeordnet werden kann, also der Umgang damit nicht auf Routinen zurückgreifen kann. Dieser Gedanke ist für die Grundschule bisher zu wenig fruchtbar gemacht worden, wenn die vermeintliche Nähe zur Erfahrungswelt der Kinder Neugier und Befremden nicht aufkommen lässt (siehe dagegen zum Beispiel die Arbeiten von Spinner; die Unterrichtsmodelle von Richter und Richter/Plath; siehe die Arbeiten von Wardetzky und von Kohl/Ritter; vgl. Ritter 2008; vgl. hier zum Umgang mit Fremdheit die Unterrichtsbeispiele zu den *Netzflickerinnen* oder zum *Turmbau zu Babel*).

Dies zugleich mit der notwendigen Komplexität, der nötigen Präzision und dem gehörigen Nachdruck im Unterricht zu inszenieren, ist schwierig. Eine Form des Thematisierens ist das *Formulieren*. Wir haben es bei Werken aus der Malerei erprobt: Ansprüche an die Textstruktur als Ganze werden zurückgestellt gegenüber der Anforderung, das – mit wenigen Worten, einer Wortgruppe, mit einem oder zwei Sätzen – möglichst genau aufzuschreiben, was als Idee oder Impression einfällt; diesen Prozess mehrfach zu wiederholen und sich dann für eine Formulierung – als besonders gut – zu entscheiden. Als „Etüde" und im Bezug auf die Formulierungen der Mitschüler wird damit der Kern eines späteren Textes vorbereitet. Auch diese Aufgabenstellung ermutigt leistungsschwache Schüler, weil die Aufgabe leicht überschaubar ist und sie sie sich deshalb zutrauen.

Zum *Thematisieren* stellen wir drei Schreibvorgaben dar:
- *Rosalind* als Beispiel für das Schreiben zu Figuren aus der Kinderliteratur im Rahmen des Unterrichts,
- das Schreiben zu literarischen Figuren und Medienfiguren im Rahmen einer Studie zur Entwicklung der Textkompetenz,
- das Schreiben zu einer Spielerfahrung im Unterricht mit dem Adventure Game *Torins Passage*, im Rahmen des BLK-Programms „Kulturelle Bildung im Medienzeitalter".

Zum *Formulieren* stellen wir als Beispiel für eine Schreibvorgabe den *Tiger* von Franz Marc dar.

P. u. J. Wilkoń: *Rosalind das Katzenkind* (Zürich, 1989)

Rosalind. Das Bilderbuch enthält mehrere „generative Kerne": Anderssein, Erwartungen der Tradition, enttäuschte Hoffnungen des Vaters, Abschied von den Eltern, also personal bedeutsame Inhalte.[28]

Wenn die Schüler sich nun für eine Abbildung aus dem Buch entscheiden, also für eine Figurenkonstellation, eine Situation (etwa: der Kater sieht sein rotes Kind zum ersten Mal; die Katzennachbarn beäugen den Spaziergang der neuen Katzenfamilie mit Rosalind am Schluss missgünstig; oder wie abgebildet: Rosalind geht – mit leichtem Gepäck – nach der Auseinandersetzung mit der Mutter von zu Hause fort), haben sie viele Möglichkeiten: Sie können einen Teil des Geschehens auswählen und akzentuieren; dabei können sie Formulierungen, die sie gerade gehört haben, wiederholen, aufnehmen, verändern, anders kombinieren. Sie haben also Spielräume für die Artikulation von Imagination, Erfahrung und Erinnerung sowie für den Gebrauch von Stilnormen und Textstrukturen; aber sie können die Aufgabe auch deskriptiv behandeln und sich auf die wörtliche Wiedergabe einer Episode oder einer Figurenkonstellation beschränken.

Diese sehr offene Aufgabenstellung des Thematisierens erscheint für die ersten Jahre der Grundschule deshalb geeignet, weil die Vorgabe an sich schon hohe Komplexität enthält. Für das Ende der Grundschulzeit, wenn die Kinder bereits über Schreibroutine verfügen, haben wir auch für das Thematisieren eine Vorgabe gemacht, und zwar über „Anderssein" zu schreiben – aus der Perspektive des Vaters, der Mutter, aus der von Rosalind oder aus der von allen Figuren zusammen, wiederum materialisiert als Bild aus dem Buch (S. 28 ff.).

Der König der Löwen (Walt Disney)

Schreiben zu literarischen Figuren und zu Medienfiguren. Bei dieser Vorgabe sind Thema, Handlung, sprachliche Formulierungen ebenfalls bekannt, allerdings ist die Rezeption meist in einem außerschulischen Kontext erfolgt. Das Schreiben beruht also auf Erinnerungen an literarische Erfahrungen, die zum Teil eine längere Zeit zurückliegen.

Die Schüler können zwischen 8 Figuren wählen: Pippi Langstrumpf, Batman, König der Löwen, Rotkäppchen, Super Mario, Rennschwein Rudi Rüssel, Mowgli und Arielle.[29] Sie kennen die jeweilige „Geschichte" aus dem Fernsehen, aus dem Buch, aus dem Kino, von der Tonkassette oder auch aus mehreren Medien. Die Auswahl aus einer so großen Gruppe verfolgt das Ziel, dass jeder das finden kann, was ihn am meisten interessiert; wir haben Buch und Film, männliche und weibliche Protagonisten gleichermaßen zu berücksichtigen versucht und neben Klassikern (Rotkäppchen, Batman) auch das jeweils im Medienangebot Aktuelle aufgenommen.

Auch hier ist der Gegenstand des Schreibens als Bild präsent, und zwar wiederum auf dem Schreibblatt selbst, sodass für die Schreibidee, für das Formulieren der Gedanken das ganze Feld der Assoziationen und des Wissens eröffnet wird, die mit dieser Figur und mit der Rezeption ihrer Geschichten verbunden sind. Im Vergleich zu den Vorgaben zu *Rosalind* ist diese sowohl in thematischer wie in struktureller Hinsicht noch weitaus komplexer.

Das gilt besonders für die Disney-Geschichten, in denen vielgestaltige Figurenkonstellationen in mehreren Handlungssträngen und Bedeutungsmustern miteinander verbunden sind; so gehört zum Beispiel der kleine Simba, die Hauptfigur im *König der Löwen*, sowohl zu der Kernfamilie mit Vater und Mutter, er ist aber auch der Adressat der Feindschaft des Onkels, der selber die Herrschaft übernehmen will; zugleich bildet er mit seiner Freundin Nana und später mit seinen beiden „Helfern" noch eine eigene Gruppierung. Die Zentrierung auf etwas Bestimmtes muss also wiederum der Schreibende leisten, aber sie ist mit der Bildvorgabe auch materialisiert.

Die Aufgabenstellung lautet: „Ich möchte euch bitten, Geschichten zu schreiben. Die Geschichten möchte ich nachher mitnehmen und sie mir genau durchlesen. Ich möchte nämlich gern wissen, was ihr für Geschichten schreibt und wie ihr sie schreibt. Es gibt acht verschiedene Möglichkeiten etwas zu schreiben. Ihr könnt euch eine aussuchen." Während die Figuren zur Orientierung an der Tafel in Großformat aufgehängt, darunter die kleineren Schreibblätter gelegt werden, wird die Aufgabenstellung spezifiziert: „Überlegt euch schon mal, über welche Figur ihr etwas schreiben wollt. – Wenn ihr wissen möchtet, wie ein Wort geschrieben wird, könnt ihr euch helfen, wie ihr das normalerweise macht (Wörterbuch …), ihr könnt aber auch … (Lehrerin) oder mich fragen, dann schreiben wir euch das Wort auf so einen kleinen Zettel." Die Aufgabenstellung mischt in der Formulierung das den (meisten) Klassen Vertraute, nämlich eine Geschichte schreiben, mit einer Öffnung auch für andere Textformen: *etwas* schreiben", „über welche Figur …". Bei Nachfragen der Kinder wurde nochmals betont, dass die Form freigestellt ist.

Die Aufgabenstellung haben wir für diese Untersuchung (in Klasse 1, 2 und 4) nicht variiert; das könnte ein Grund dafür sein, dass die Texte aus Klasse 4 eher routiniert wirken und wenig Spuren des Imaginären erkennen lassen (vgl. die Schülertexte aus Klasse 4 unten S. 138–143). Ein Grund dafür könnte auch der sein, dass die Vorgabe bei den älteren Grundschulkindern weniger Vorstellungskraft aktiviert, weil die Figuren und Handlungsstrukturen sowohl kognitiv wie emotional nun keine Herausforderung mehr darstellen.

Torins Passage. Das Adventure Game nimmt als Vorgabe für das Schreiben eine Sonderstellung ein. Es ist nicht Text oder Bild, sondern Vorgabe ist die Spielerfahrung mit Figuren und Handlungssequenzen, mit gesprochenem (zum Teil auch verschriftetem) Text und bewegten Bildern (siehe die Abb. S. 112).

Insofern stellt es nicht nur eine weitere Erhöhung von Komplexität dar, sondern auch eine neue Qualität – „zwischen Erzählung und Spiel" (Hoffmann/Lüth 2007). Dieses Adventure Game haben wir ausgewählt, weil es durch die Einstiegsgeschichte eine Problemstellung enthält, die Grundschulkindern zugänglich ist und Empathie ermöglicht. Inhaltlich geht es darum, dass Torin (der Avatar) seine Zieheltern, die von einer Hexe in die Unterwelt entführt wurden, finden und wieder befreien soll. Dazu muss er bestimmte Aufgaben lösen. Sein Begleiter ist der lilafarbene Hund Boogle. Die einzelnen Schritte auf diesem Weg erspielt (sich) der Spieler, er muss die Hindernisse bewältigen. Der Weg mit seinen verschiedenen Verästelungen ist in der Konzeption des Spiels vorgegeben, aber erst im Spiel gewinnt der Spieler Einblick in diese Konzeption. Oft kommt er an dieselben Orte zurück, nämlich dann, wenn er Schwierigkeiten nicht erkannt oder nicht überwunden hat; er sieht also dieselben Orte wieder. Das bedeutet, dass seine Geschichte nicht linear verläuft, sondern mit der Erfahrung von „re-vision". Der Wunsch, Torins Geschichte zu einem guten Ende zu bringen, und der Wunsch, im Spiel alle Rätsel zu lösen, sind aufs engste miteinander verbunden.

Das, was an der Geschichte, dem Spiel beim Spielen als bruchstückhaft erscheinen mag, ist im Spielplan stringent im Hinblick auf das inhaltliche Ziel festgelegt, wie aus dem Flowchart des Spieles ersichtlich ist:.

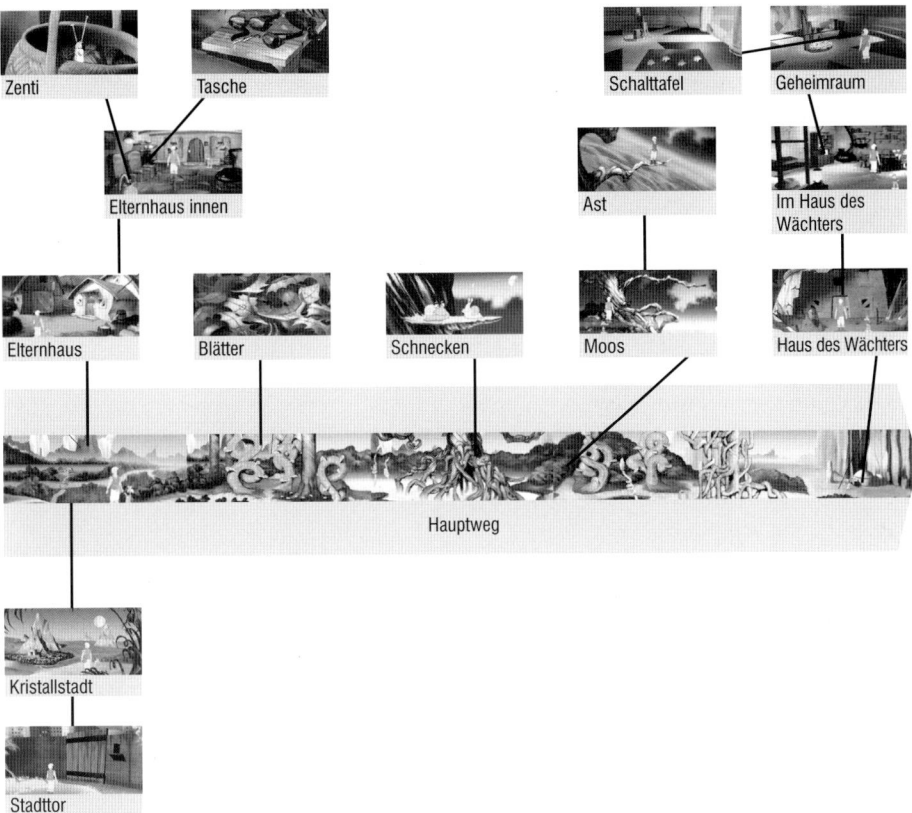

Torins Passage: Flowchart der Oberwelt (Quelle: Hoffmann/Lüth 2007, S. 195)

„Die Beschaffenheit der Welt, deren Eigenheiten der Spieler entdeckt und deren Struktur er aufdeckt" (Hoffmann/Lüth 2007, S. 138), bestimmt sein Verhältnis dazu. Die Welt „erscheint nicht unendlich und nicht begrenzt, sondern als Gleichzeitigkeit von Unendlichkeit und Begrenzung: die Welt ist unendlich, da die Möglichkeiten unendlich sind, die auf den Spieler warten können, sie ist endlich, insofern sie nur aus Elementen besteht, die für den Spieler (den Avatar) bereitgestellt sind. In dieser Konstellation eröffnen sich für den Spieler verschiedene Möglichkeiten, sich selbst zu der Welt des Spiels in Beziehung zu setzen" (ebd.).

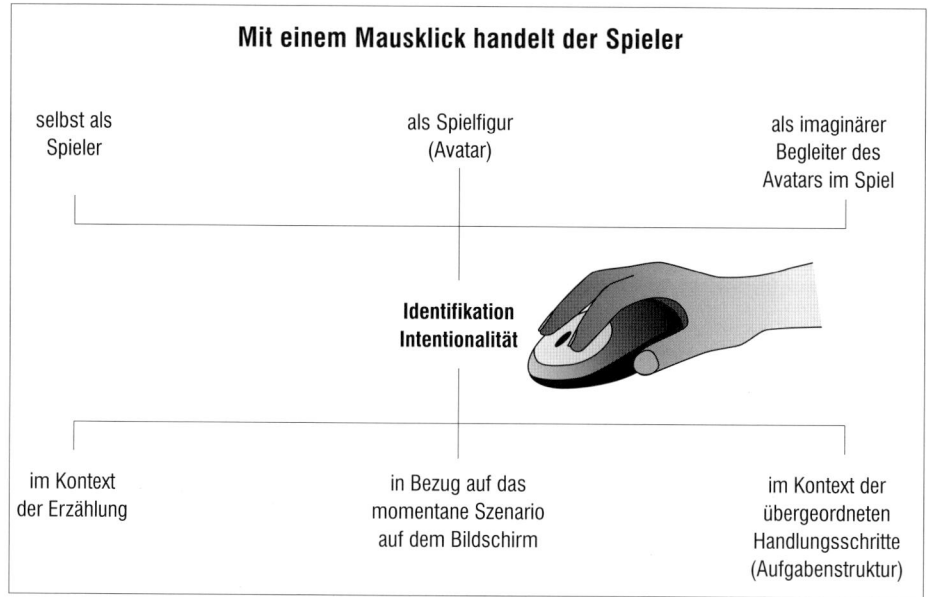

Mit einem Mausklick handelt der Spieler

selbst als
Spieler

als Spielfigur
(Avatar)

als imaginärer
Begleiter des
Avatars im Spiel

Identifikation
Intentionalität

im Kontext
der Erzählung

in Bezug auf das
momentane Szenario
auf dem Bildschirm

im Kontext der
übergeordneten
Handlungsschritte
(Aufgabenstruktur)

Identifikation und Intentionalität als Handlungsaspekte (Quelle: Hoffmann/Lüth 2007, S. 137)

Die Begegnung mit sich selbst wird im Adventure auf andere Weise provoziert als bei Text oder Bild, auch sie changiert: „Wenn der Avatar sich als widerständig erweist, indem er vom Spieler intendierte Handlungen zurückweist oder Handlungen des Spielers auf andere Weise evaluiert oder kommentiert, wird der Fluss der Identifikation unterbrochen, der Spieler an den Ort vor dem Bildschirm zurück verwiesen, an dem er über das, was ihm da begegnet ist, zunächst einmal reflektieren kann. Diese besondere Konstellation im Adventure, der provozierte Wechsel von Illusion und Desillusionierung bzw. Identifikation und Distanzierung" (Hoffmann/Lüth 2007, S. 161f.) kennzeichnet das Spiel ebenso wie die „Gleichzeitigkeit von Unendlichkeit und Begrenzung".

Die erste Aufgabe (Klasse 3 und 4), nachdem die Schüler und Schülerinnen mit der Rahmenhandlung des Prologs vertraut gemacht sind und dann in Zweiergruppen ca. 20 Minuten lang Spielerfahrungen gesammelt haben, ist: „Was hast du gesehen, gehört, erlebt? Ordne deine Gedanken. Schreibe auf, was dir wichtig ist" (vgl. dazu den Text von Janka oben S. 62f.). Nach weiteren Spielerfahrungen erhalten sie gerichtete Schreibaufgaben, zum Beispiel: Torin schreibt einen Brief an seine Eltern; Boogle erzählt seine Abenteuer mit Torin; die Kinder schreiben an den Verlag des Spiels. Die Schüler können Erzählkarten aus dem Spielgeschehen wählen, sie zu Collagen ordnen und in der Gruppe oder einzeln dazu schreiben. Begründungen und eine Entscheidung verlangt die prospektive Aufgabe: „Torin steht vor dem nächsten Kristalltor. Er merkt, dass er nicht genug Zauberpulver dabeihat. Er überlegt, ob es trotzdem versuchen soll." Zugleich bietet sie die Möglichkeit, die Geschichte zu Ende zu erzählen.

„Im Anschluss an die Spielerfahrungen einen Text zu schreiben, stellt eine große Herausforderung dar. Die heterogenen und flüssigen Spielerfahrungen müssen in gewisser Weise festgelegt werden." (Hoffmann/Lüth 2007, S. 321) Für die Transformation von Spiel und Erzählung müssen die Kinder eine Perspektive bestimmen – dabei verfahren sie unterschiedlich (siehe oben S. 61 f.). Sie decken Zusammenhänge im Spiel auf und formulieren Begründungszusammenhänge in ihren Texten; sie suchen sprachliche Formen für das wiederholte Aufsuchen von Orten (re-vision) und nehmen immer wieder eine „Metaperspektive" auf die verschiedenen Ebenen und Bezugspunkte ein (ebd., S. 323 ff.).

Franz Marc: Der Tiger, 1912

Der Tiger. Der *Tiger* liegt in gespannter Haltung, mit dem Rücken zum Betrachter, doch ihn mit dem Blick fassend. Wenn die Schüler ihre Aufmerksamkeit auf die Formulierung im Einzelnen richten, diesmal also nicht auf ein Textkonzept als Ganzes, scheint eine Schreibvorgabe geeignet, die die Schülerinnen und Schüler einerseits emotional affiziert, andererseits auch von sich her sogleich ein Detail – als Kern – fokussiert, die also gerade nicht etwa zu Aufzählungen anhält. Dieses Bild stand in

Klasse 4 für das „Ringen mit dem Wort" ebenso zur Verfügung wie die *Gelbe Kuh* (Franz Marc), das *Mädchen mit verschränkten Armen* (Paula Modersohn-Becker) und das *Eismeer* (Caspar David Friedrich). Wir verzichten darauf, die Besonderheiten des Auslegens von Bildern darzulegen und zu erörtern, weil es uns hier darauf ankommt, die Gemeinsamkeiten der Vorgabe Text und Bild zu betonen: die Komplexität, was den Aspektreichtum bzw. die Mehrdeutigkeit betrifft, die es dem Subjekt erlauben, „sich zur Geltung zu bringen" (Otto/Otto 1987, S. 29; S. 34). Die Aufgabenstellung ist ausführlich dargestellt in der Dokumentation (siehe unten S. 196 f.; vgl. Schüler 1998).

Eine theoretische Begründung für die Notwendigkeit von Komplexität der Vorgabe (und der Aufgabenstellung) zum Schreiben ist das eine – der Erweis, dass sich dies auf die Qualität der Schülertexte auswirkt, ist das andere: Anlass dafür, dass wir dieser Frage in den letzten Jahren nachgegangen sind, waren Beobachtungen im Praktikum in einer Klasse 1 im Februar. Zuerst wurde ein Buch mit Texten zusammengestellt, die die Kinder zu Fotos von der Faschingsfeier der Klasse geschrieben hatten. Das Buch war als Lektürestoff bei den Kindern begehrt. Kurz darauf haben die Schülerinnen und Schüler zu dem Bilderbuch *Mausemärchen – Riesengeschichte* geschrieben. Die Struktur dieser Texte war markant unterschiedlich: die einen eher reihend, die anderen mit komplexen semantischen und syntaktischen Beziehungen (vgl. Dehn 1996, S. 179 ff.; Habersaat/Dehn 1998; Schulte 2000). Später haben wir diese Beobachtung mehrfach wiederholt: Kinder aus Klasse 1 haben ein Erlebnis aufgeschrieben und kurz darauf haben sie Texte zu *Mausemärchen – Riesengeschichte* verfasst (siehe S. 8 ff. und S. 176 ff.).

Beobachtungen zum Zusammenhang zwischen der Komplexität von Vorgabe und Aufgabenstellung und der Komplexität der Schülertexte hat Weinhold (2000) in ihrer Untersuchung zu einem Textkorpus zu den literarischen und Medienfiguren vom Ende Klasse 1 (383 Texte) bestätigt: Sie hat die Texte daraufhin untersucht, wie sich in ihnen Spuren der Anforderung an Konzeptualisierung von Schriftlichkeit finden lassen – bei Schreibern, die das Handwerkszeug noch kaum beherrschen. Sie hat vielfältige Lösungen der Kinder gefunden:

▸ eine Möglichkeit ist, sich einen „oralen Leser" zu schaffen, an den sich die Schreibanfänger wie in der direkten Sprechsituation wenden können (zum Beispiel mit einer Erklärung: „Ich finde Aladdin gut", ebd., S. 116 f.),

▸ eine andere besteht darin, die Figur direkt anzureden („Wie heißt du? Das will ich wissen", ebd., S. 126, S. 239).

Wesentliches Ergebnis der Untersuchung ist, dass Schreibanfänger bei dieser Aufgabenstellung zu Textformen kommen, die ihnen sonst erst viel später zugänglich sind, dass sie also ihre „Ideenauswahl" auf eine kommunikative Absicht hin ins Auge fassen können. „Die Schreiber dieser Texte sind ganz offensichtlich in der Lage ein *Ordnungs- und Gewichtungsverhältnis* zu der Vorlage einzunehmen. […] Die Stofffülle nämlich, die durch die Schreibaufgabe präsentiert ist, entfaltet eine Wirkung, die es den Kindern ermöglicht, aus der zur Verfügung stehenden stofflichen Menge

Elemente der Erinnerung auszuwählen [...]. Der in vielen Bezügen kennengelernte Geschichtenstoff ist affektiv so hoch besetzt, dass [den Schreibanfängern] die mentale Repräsentation leicht fällt." (ebd, S. 170)

▸ „Die Kinder können tiefer liegende Ressourcen ausnützen und zeigen eine Fähigkeit zur Perspektivübernahme, indem sie dem Leser das Wichtige mitteilen möchten." (*„Arielle lebt im Wasser. Und sie will ein Mensch werden. Und den Prinzen heiraten. Aber sie darf es nicht. Sie ist eine Seejungfrau."*; ebd., S. 170f.)

▸ Oder sie wählen die Form einer Ideenskizze mit Punkten als Kürzeln (*„Super Mario. Mario will das böse Tier bekämpfen ... und dann die Prinzessin befreien ... und das Schloss zu erobern ... und die Feuer Flammen zu bekämpfen"*, S. 174).

Weinhold greift zur Erklärung der „Produktivkraft für das rasch zusammenfassende Konzeptualisieren" hier auch auf Wygotskis Begriff der inneren Sprache zurück (S. 176).

Im Praktikum in 18 Klassen 1 haben wir auch gelernt, dass „Texte und Bilder als Kontexte" allein nicht ausreichen, um die Fähigkeiten der Kinder zum Textschreiben wesentlich zu erweitern. Wichtig sind auch die „Kontexte für die Texte", also bestimmte Unterrichtsbedingungen, wie sie in den nächsten beiden Kapiteln behandelt werden. So haben in einer Klasse, in der eine Fibel (mit den Figuren Quiesel, Mario und Oli) eine große Rolle spielt, viele Schüler Rosalind auf diesen Stoff bezogen und die „Text"-Muster der Fibel beim Schreiben adaptiert; dazu einige Beispiele:

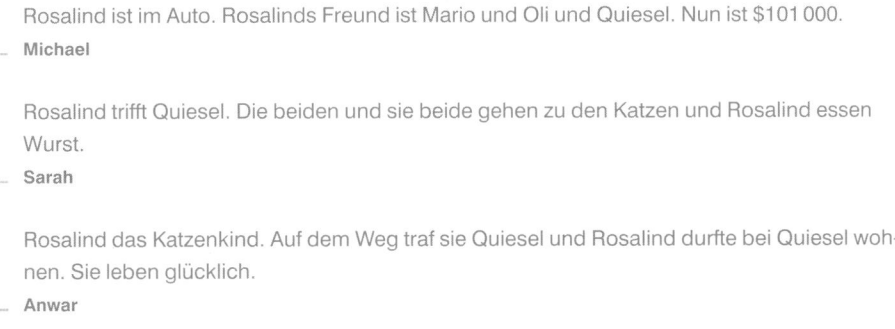

Rosalind ist im Auto. Rosalinds Freund ist Mario und Oli und Quiesel. Nun ist $101 000.
Michael

Rosalind trifft Quiesel. Die beiden und sie beide gehen zu den Katzen und Rosalind essen Wurst.
Sarah

Rosalind das Katzenkind. Auf dem Weg traf sie Quiesel und Rosalind durfte bei Quiesel wohnen. Sie leben glücklich.
Anwar

Rosalind trifft einen Mäuse und trifft einen Quiesel und trifft einen Hamster. Rosalind trifft einen Mario und Oli und Uta und Susi und spielt und trifft einen Igel und trifft einen Hexe und trifft einen Vogel und trifft einen Kinder und trifft einen Esel und trifft eine Katze und noch eine Katze.
Paula

Allerdings sind nur in 2 von den 18 Klassen (darunter 7 Fibel-Klassen), in denen wir die Aufgaben stellten, solche Texte entstanden. Einfache Rückschlüsse von einem Lehrmaterial, etwa der Fibel, auf die Textkompetenz sind also ausgeschlossen.

Die Maxime „Texte und Bilder als Kontexte: Schreiben zu Vorgaben" unterscheidet sich von verbreiteten Formen des „freien" Schreibens, weil es ein bestimmtes Spektrum für Auswahl und Akzentuierung gibt, auch Vorbilder und Widerstände, und weil alle Kinder zur selben Zeit zu einer Aufgabe schreiben – die in sich allerdings eine starke Differenzierung enthält. Es unterscheidet sich von dem schulischen Alltagsverständnis des Schreibens nach Vorgaben, weil nicht erwartet wird, dass die Schüler sich nach der Vorgabe richten, indem sie – wie bei der Nacherzählung – den Inhalt reproduzieren. Darauf gründet vielleicht eine Abwehr gegenüber dem Schreiben zu Vorgaben, weil im schulischen Alltagsverständnis das „freie" Produzieren höher bewertet ist und vermeintliche „Originalität" viel gilt, die man durch Vorgaben verhindert sieht.

Lehrtheoretisch spricht jedoch vieles dafür, dass gerade durch (strukturierte und komplexe) Vorgaben die produktive Aneignung befördert wird, jedenfalls in der Phase des Erwerbs und bezogen auf Sprachlernprozesse, die auf Erfahrung gründen. So haben wir zum Beispiel herausgefunden, dass diejenigen Schreibanfänger die Orthografie besonders gut lernen, die früh mit orthografisch korrekten Schreibungen – etwa in der Fibel – konfrontiert werden, die zugleich viel selbst schreiben, also zum Erproben des Gelernten Gelegenheit haben, indem sie Texte, also noch nicht „behandelte" Wörter scheiben (Augst/Dehn 2009, S. 204 ff.). Einer solchen frühen Orientierung an der (orthografischen Norm der) Schrift entspräche beim Schreiben zu Vorgaben der frühe Umgang mit (Inhalts- und Formaspekten der) Literarität.

Ein Grundgedanke für Thematisieren und Formulieren ist, dass die Schreibenden zuerst einen Kern, einen Fokus, ein Zentrum bestimmen, auf das hin sie sprachliche Form und Struktur finden; also *ein Schreiben von innen nach außen.* Wenn ein Fokus bestimmt ist, bedeutet das für die sprachliche Form, dass additive Strukturen weniger Sinn ergeben als solche, die die Beziehung der Teile zum Ganzen ins Wort fassen. Insofern treibt der didaktische Grundgedanke die Lernenden an, sich komplexe sprachliche Formen zu „erschreiben". Wenn die Vorgabe bereits sprachlich gefasst ist, ist das einfacher als beim ausgeführten Schreiben zum Bild (ohne Text). Allerdings spielen beim Schreiben als kultureller Tätigkeit immer auch sprachliche Formen mit, die den Schreibenden aus anderen Kontexten vertraut sind. Insofern kann man sagen: *Indem sie sich in Textualität einschreiben, „erschreiben" sie sich Textformen.*

Der Schreibprozess

Das Gegenteil sind Aufgaben, bei denen aus vielem Einzelnen im Nachhinein ein Schwerpunkt für eine Struktur zu bestimmen ist; also ein Schreiben *von außen nach innen*. Bei den Untersuchungen zur Entwicklung der Erzählkompetenz legen die Aufgabe, also die Bildergeschichte (Boueke u. a. 1995), beziehungsweise die Kriterien der Auswertung (Knapp 1997) den Kindern nicht nahe, auf einen Fokus hin ihre Textform zu finden. Bei Augst u. a. (2007) haben die Aufgaben zum Berichten, Beschreiben, Instruieren, Argumentieren zwar einen deutlich höheren Komplexitätsgrad als gängige Aufgaben zu diesen Textformen, aber die Aufgaben enthalten keine Herausforderung, etwas in den Mittelpunkt zu stellen, einen Schwerpunkt zu setzen. Eine einfache Aufforderung ist: „Überlege, was dir wichtig ist" („dem Kind aus einem fernen Land das, was dir wichtig ist, sagen"; „das, was dir wichtig ist, dem Professor in deinem Brief als deine Entscheidung mitteilen"). Augst u. a. betonen zwar nachdrücklich, dass „dem Nachdenken über einen Text und der Überarbeitung [...] immer die Produktion von vielen Texten vorangehen" muss (2007, S. 360), aber die Betrachtungsweise im Hinblick auf eine Stufenfolge kann implizite Lehr- und Lern-Prozesse einschränken, wenn der Blick des Lehrenden darauf festgelegt bleibt.

Es ist unstrittig, dass Grundschulkinder lernen sollen, eine Handlungsfolge in unterschiedlichen Textformen (Erzählen, Berichten, Instruieren) sprachlich darzustellen. Strittig ist, ob sie das in der Schule am besten lernen, indem sie explizit unterrichtet werden in den Strukturschemata, also in der Aufmerksamkeit auf die Sequenz als Form. Oder eröffnet das Interesse am Inhalt und an der Sprachform der Vorgaben nicht schon den Schreibanfängern Erfahrungen in literarischen Aspekten des Schreibens? Können sie nicht über Formen und Strukturen verfügen in implizit strukturierten Lehrarrangements? Auf diese Weise kann sich die kognitive Sequenzierung zu einem Teil von selbst einstellen oder sie kann gegen Ende der Grundschulzeit auf der Basis des Gekonnten als deklaratives Wissen und bestimmter Anspruch auch mit größerer Aussicht auf Erfolg gelehrt werden.

3.5 Kontexte für Texte: Überarbeiten – Präsentieren – Besprechen

Bisher ist es in erster Linie um lernförderliche Kontexte für das Entstehen eines Textes gegangen. In diesem Abschnitt geht es darum, was mit diesen Texten im Unterricht geschieht.

Planen – Formulieren – Überarbeiten, das sind die drei wesentlichen Schritte des Schreibprozesses. Darüber besteht seit Langem Konsens, und auch in Veröffentlichungen zu den Bildungsstandards ist das noch einmal bekräftigt (vgl. Baurmann/ Pohl 2009, S. 75). Aber diese Schritte folgen nicht etwa je als Phase abgegrenzt aufeinander, sondern sie greifen ineinander. Schon die erste Schreibidee wird abgewandelt, ersetzt, also überarbeitet. Beim Formulieren finden weitere Planungs- und auch Überarbeitungsprozesse statt, auf allen Ebenen: was das Wort, die Wortgruppe, den Satz betrifft, aber auch Textteile und den Text als Ganzes; manchmal im Kopf, sodass es

Überarbeitungshaltung
- Ausgangspunkt der Handlung
- Bewusstsein über Überarbeitungsmöglichkeiten
- Bereitschaft zum Überarbeiten

Beurteilungsfähigkeit
- Überprüfung an Schreibzielen
- Distanz zum eigenen Text

Diagnosefähigkeit
- Richtigkeitsnormen
- Angemessenheitsnormen
- Sprachgefühl

Alternativkompetenz
- Wissen über Formulierungsalternativen
- Überblick über gesamten Text
- Strategie des Problemlösens

Was Überarbeitungskompetenz ist (Quelle: Jantzen 2003, S. 115)

sich kaum beobachten lässt, manchmal in Form von sichtbaren Korrekturen auf dem Papier. Der Schreibprozess ist also rekursiv (vgl. Dehn/Schüler 2010, S. 24 f.).

Das Konzept vom Schreiben als kultureller Tätigkeit betont das Ineinander der Prozeduren im konkreten Schreibprozess – mit der Aufforderung, etwas zu der Vorgabe zu thematisieren, und mit der, etwas zu formulieren:

- eine Formulierung, also einen Einfall, eine Idee mit ein paar Worten auf einem kleinen Zettel notieren
- weitere Formulierungen zu Papier bringen
- die Formulierung auswählen, die dem Schreiber besonders gelungen erscheint
- die eigenen Formulierungen mit Formulierungen der Lerngruppe vergleichen
- aus zwei Formulierungen eine machen
- eine Formulierung als Text ausführen

Was wir hier in Bezug auf Bilder ausgeführt haben (vgl. oben S. 23 ff.; vgl. unten S. 186 ff.), trifft auch auf Texte zu.

Die Aufgabe, Formulierungen zu notieren, also Ideen, Einfälle, Beobachtungen, verlangt, eine andere sprachliche Form für das Gemeinte zu finden einen anderen the-

Kinder präsentieren ihre Texte

matischen Aspekt zu bestimmen. Das heißt, sie schult die Fähigkeit zum Überarbeiten. Die Grundschulkinder erfahren, dass es viele Möglichkeiten gibt, etwas in Worte zu fassen; sie lernen auszuwählen, abzuwägen, also Alternativen zu bewerten, und sie werden angeregt, eine Haltung zur Arbeit an der Sprachform auszubilden. Das sind wesentliche Aspekte der Überarbeitungskompetenz, wie sie Christoph Jantzen (2003) als Grafik gefasst hat. Allein die Diagnosefähigkeit (vor allem im Hinblick auf „Richtigkeitsnormen" und „Angemessenheitsnormen") ist mit dieser Art von Aufgaben zum Formulieren noch nicht gefordert. Sie wird dann wichtig, wenn das Formulieren nicht nur als Vorbereitung für einen Textentwurf dient, sondern selbst präsentiert wird, zum Beispiel in einem „Klassenbuch", für das jedes Kind die beste Formulierung und den fertigen Text auswählt und präsentiert.

Bei der Aufgabe zum Formulieren wird besonders deutlich: Schreiben *heißt* Überarbeiten – „writing is rewriting" (Murray 1978). Und wann beginnen Kinder damit, ihr Textkonzept zu überarbeiten? Jantzen (2010) zeigt, dass bereits Vorschulkinder und Schulanfänger von sich aus an ihren Schriftstücken arbeiten; und Merklinger (2010) zeigt, wie Vorschulkinder, wenn sie einem Erwachsenen ihren Text zu einem Bilderbuch diktieren, beim Diktieren Revisionen vornehmen können. Der Impuls für solche Veränderungen entsteht aus der Schreibidee und kann verschieden motiviert sein:

▸ Das kann bereits zu frühen Zeitpunkten den Adressatenbezug umfassen, so bei André, der zu einem Bilderbuch diktiert und zweimal seinen Textvorschlag selbst korrigiert: *Aber als Erstes soll ja, soll man ja wissen, wie die Geschichte heißt. – Jetzt soll man ja noch wissen, um was sich die Geschichte handelt.* (Hüttis-Graff/Merklinger 2010, S. 192)

▸ Das kann sich auch auf Erweiterungen beziehen, so bei Lasse, der diktiert: *Es hat Hörner und hat Krallen [...] Krallen an den Pfoten [...] spitze Krallen an den Pfoten.* (Merklinger 2010, S. 136 f.) Dieses Beispiel ist insofern besonders, als es hier nicht um eine syntaktische Erweiterung geht, wie sie für das Grundschulalter typisch ist (siehe Augst u. a. 2007, S. 352 f.), sondern zu diesem frühen Zeitpunkt bereits um eine semantische; angeregt vielleicht auch durch die Bilder und Lasses Vorstellung davon. Man könnte vielleicht meinen, mit den Spezifizierungen nähert sich Lasse dem an, was er von dem gehörten Text des Buches erinnert. Das ist durchaus nicht so. Die Krallen sind zwar deutlich abgebildet, mehrfach, im Text vom Grüffelo aber heißt es: Er „hat schreckliche Hauer und schreckliche Klauen und schreckliche Zähne, um Tiere zu kauen". An einer anderen Stelle ist von der „grässlichen Tatze" die Rede (Scheffler/Donaldson 2002).

Aufmerksam sein auf das Können Einzelner bedeutet nicht zugleich, die Fähigkeit von allen zu erwarten. Für die ersten Jahre der Grundschule stellt der Schreibprozess selbst eine sehr komplexe Belastung dar (Hasert 1998; Weinhold 2000). Das heißt, das Überarbeiten ist vor allem zur Erleichterung der Lektüre notwendig und kann sich zunächst auf die grammatische und orthografische Norm beschränken. Das ist als eigener Schritt langwierig und schwierig genug.

Die Lehrerin kann diese Art der rechtschriftlichen Überarbeitung anleiten, indem sie Einzelnes mit den Schülern bespricht, indem sie kleine Zettel anheftet, auf denen Aufforderungen stehen, etwas nachzuschlagen, oder auch die richtigen Schreibungen von Wörtern, die im Text falsch geschrieben sind. Ausmaß und Art der Korrektur richten sich nach der erwarteten Leistung: Es ist also nicht so, dass die rechtschreibschwachen Schüler alles korrigieren müssen, sondern es können Fehlerschwerpunkte gebildet werden. Ein Korrekturverfahren, bei dem die Lehrerin den Kindertext abschreibt und das Kind darin – im Vergleich mit seinem Entwurf – alle Buchstaben (später Wörter) unterpunktet, die richtig geschrieben sind, hat sich bei leistungsschwachen Schülern im Anfangsunterricht bewährt (siehe S. 134 f.).

Eine vollständige orthografische Überarbeitung ist dann erforderlich, wenn der Text präsentiert wird – in einem „Klassenbuch", im Schaukasten in der Schule, auf dem Elternabend. Zu Beginn der Grundschule übernimmt die Lehrerin oder der Lehrer gelegentlich diese Funktion, zum Beispiel durch Abschrift auf dem Computer.

Ziel ist, dass das Überarbeiten an die Lerngruppe übergeht: in der mündlichen „Schreibkonferenz", wenn der Text geschrieben ist (Spitta 1992); oder mit einem Schreibberater, einem Mitschüler, dessen Hilfe der Schreiber „während der gesamten Schreibphase" in Anspruch nehmen kann (Jantzen 2005); in schriftlichen Formen wie der „Fragelawine" und der „Textlupe" (vgl. z. B. Baurmann/Pohl 2009, S. 93).

Wenn über die formale Korrektur hinaus Inhalt, Textstruktur und Formulierung überarbeitet werden sollen, stellt sich die Frage nach den Kriterien und den Arbeitsformen neu: Beim *Besprechen* und *Präsentieren* gilt die Maxime, dass jeder Schüler sicher sein kann, dass sein Text in seiner Qualität gewürdigt wird. Bevor inhaltlich nachgefragt wird, sollten zuerst die Voraussetzungen an das Leserverständnis bedacht sein, die der Text selbst schafft. Der Austausch der Texte beim Vorlesen hat eine doppelte Funktion – für den Schreiber des jeweiligen Textes und für die Zuhörer (als Schreiber der anderen Texte).

Indem das Textverständnis dem Schreiber zurückgespiegelt wird, indem Lehrerin und Mitschüler die Vorstellungen benennen, die der Text wachruft – auch die Assoziationen und Verwirrungen –, erfährt der Schreiber die Wirkung seines Textes. Häufig wird der Schreiber von der Wirkung überrascht sein, eben weil seine Spracharbeit (noch) kein bewusster Akt ist (vgl. zur Entwicklung der Verfahren Menzel 1979; Ivo 1982; Merkelbach 1989).

Wenn die Schreiber wie beim Schreiben zu Vorgaben schon Inhalt und (bei Texten auch eine) sprachliche Fassung vorfinden, schult das Vorlesen und Zuhören die Aufmerksamkeit auf die spezifischen Akzente, die in dem jeweiligen Text formuliert sind, also auch auf die Spracharbeit des Schreibers. Das ermöglicht den Zuhörenden eine Erweiterung ihres Umgangs und Spiels mit Mustern; implizit lernen sie dabei auch Möglichkeiten zur unterschiedlichen Realisierung von Stil- und Textsortennormen kennen. Nur auf den ersten Blick scheint es erstaunlich, dass *eine* Vorgabe für alle das inhaltliche Interesse an den Texten dazu steigert. Aber da Variation und Repetition zugelassen sind, bestimmen die Unterschiede in Bezug zur eigenen Lösung den Fokus, weil es nicht um das Angleichen an eine Norm und das Abgleichen damit geht (wie zum Beispiel bei der Bildergeschichte).

Eine einfache Möglichkeit für Orientierung und Normierung stellt die folgende Übersicht dar. Wichtigstes Kriterium ist der Bezug auf den jeweiligen Text im Hinblick auf die Aufgabenstellung und die Schreibidee, wie sie im Text erkennbar wird. Die formale Richtigkeit bestimmt nur eine der sechs Fragen. Die Fragen sind orientiert am „Zürcher Textanalyseraster", das im Hinblick auf Maturandenaufsätze aus der Schweiz entwickelt wurde (vgl. Nussbaumer 1993, S. 78f.) und hier vereinfacht für Texte von Grundschulkindern ist (vgl. zu einer Anwendung des Zürcher Textanalyserasters für die Hand der Kinder den „Textanalysebaum" Maaß 2010).

Was einen guten Text ausmacht:

▸ Ist eine Schreibidee erkennbar?
▸ Entspricht sie der Aufgabenstellung?
▸ Wie differenziert ist die Schreibidee ausgeführt? Macht die Reihenfolge Sinn?
▸ Passt die Perspektive? Passen die Zeitformen?
▸ Ist der Text verständlich, so ausführlich wie nötig, aber nicht langweilig?
▸ Sind die Wörter und Sätze und Satzverbindungen richtig geschrieben?
▸ Passen sie zur Schreibidee und zur Aufgabenstellung?

(Quelle: Dehn 2007b, S. 97)

Diese Kriterien unterscheiden sich von verbreiteten Normen wie Verwenden wörtlicher Rede, Vermeiden von Wiederholungen, Verwenden treffender Wörter, Einhalten einer Zeitform. Die Übersicht erleichtert es, vom Können des Schreibers auszugehen.

Dazu hat die Studie von Augst u. a. (2007) wesentliche Ergebnisse beigetragen: Sie hat untersucht, an welchen sprachlichen Problemen die Schüler hauptsächlich arbeiten, und kommt zu dem Ergebnis, dass das Grundschulalter ein „syntaktisches Alter" ist. Die Texte zwischen Ende Klasse 2 und 4 werden, so ein Befund dieser Studie, nicht vor allem dadurch länger, dass mehr Wörter zu einem Verb kommen (also durch eine Ausdehnung einzelner Propositionen), sondern durch mehr Teilsätze (Augst u. a. 2007, S. 352). Diese Teilsätze und ihre Verknüpfung sind ein Indiz für die syntaktische Konzeptionierung des Textes.

Die Autoren zeigen, dass die im Grundschulunterricht weit verbreitete Kritik an „und-da/und-dann-Verknüpfungen in den Texten der Kinder nur ein Problem der Textoberfläche behandelt. Stattdessen müsse es darum gehen, „gegliederte Textteile bei den Kindern zu evozieren", damit sie lernen, Einzelnes „in besonderer Weise zu perspektivieren" (ebd., S. 360). Einzelnes in besonderer Weise zu perspektivieren – das ist ein zentrales Moment syntaktischer Konzeptionierung. Und dieser Prozess wird durch Aufgaben wie zum Beispiel die Beschreibung des eigenen Zimmers, des eigenen Klassenraums vorangetrieben (siehe oben S. 77 ff.). Das bedeutet also: Erweiterung der Textkompetenz weniger durch Korrektur und Überarbeitung, sondern eher durch neue Schreibaufgaben, die das „Erschreiben" einer stärkeren Strukturierung und Differenzierung des Textes verlangen.

Weil das Grundschulalter ein „syntaktisches Alter" ist, weil eine syntaktische Ausweitung und Differenzierung im Fokus der Schreibenden steht, nicht eine lexikalische, gehen auch die verbreiteten Übungen zum „schmückenden Adjektiv", zu treffenden Wörtern, weitgehend ins Leere (Augst u. a. 2007, S. 360). Sie betreffen nicht das Problem, mit dem die Kinder in der Grundschule gerade beschäftigt sind – abgesehen von der Frage, ob ein solcherart gekünsteltes „Schuldeutsch" (Horst Rumpf) überhaupt erstrebenswert ist, und wenn ja, für welche Schreibintentionen.

Damit Schüler sukzessiv ihre Fähigkeiten zum Überarbeiten ausbilden, können Aufgaben zur Bewertung fremder Texte (vgl. Kruse 2010) herangezogen werden oder auch „Etüden" wie die Erprobung der Wirkung des Umformulierens, nicht am eigenen Text, sondern an einzelnen Sätzen oder kurzen Textabschnitten, die (wiederum) vorgegeben sind. Es gibt – wie beim Formulieren – nicht richtig und falsch, sondern Alternativen, über die die Schüler miteinander sprechen können. Hier ein Beispiel aus Klasse 4:

Die Schülerinnen und Schüler haben sich über Hamburger Lokalitäten informiert, sie besichtigt und dazu geschrieben. Die Lehrerin (Hannelore Schröder) hat einzelne Sätze ausgewählt und mit den Kindern besprochen, was daran verbesserungswürdig sei. Das ist der Satz, den die Kinder überarbeiten sollen: *Die Burg wurde wegen dem Dorf Hamm in der Nähe und wegen den umgebenden Hammen (Wäldern) Hammaburg genannt.*

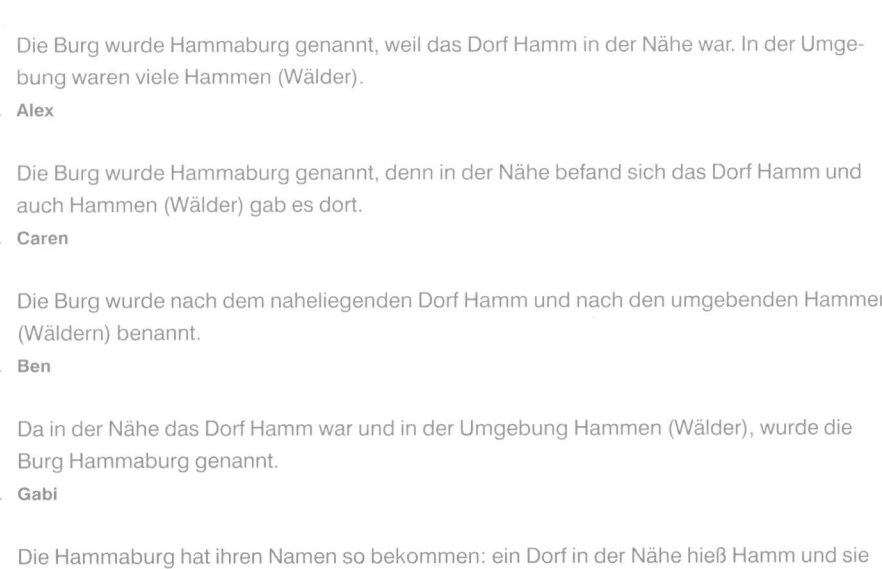

> Die Burg wurde Hammaburg genannt, weil das Dorf Hamm in der Nähe war. In der Umgebung waren viele Hammen (Wälder).
> **Alex**

> Die Burg wurde Hammaburg genannt, denn in der Nähe befand sich das Dorf Hamm und auch Hammen (Wälder) gab es dort.
> **Caren**

> Die Burg wurde nach dem naheliegenden Dorf Hamm und nach den umgebenden Hammen (Wäldern) benannt.
> **Ben**

> Da in der Nähe das Dorf Hamm war und in der Umgebung Hammen (Wälder), wurde die Burg Hammaburg genannt.
> **Gabi**

> Die Hammaburg hat ihren Namen so bekommen: ein Dorf in der Nähe hieß Hamm und sie war von Hammen (Wäldern) umgeben.
> **Jessi, Svenja**

Von Ausnahmen abgesehen (wenn ein Schreiber seinen Text nicht veröffentlichen möchte), werden die Texte stets allen Mitschülern zugänglich gemacht: an der Tafel, an der Pinnwand, vor allem aber, indem sie vorgelesen werden, zu Anfang der Grundschule von der Lehrerin oder dem Lehrer, später nach entsprechender Vorbereitung von den Schreibenden selbst.

Diese Präsentation ist Gelegenheit zum *Besprechen,* wie in Kapitel 1.4, S. 28ff., gezeigt. Hier können auch Textsorten analytisch gefunden werden, zum Beispiel bei der Unterscheidung von Geschichte und Kommentar, von Beschreibung und Definition, indem die Texte gruppiert werden und ihre Besonderheit dann benannt wird. Das Besprechen in der Lerngruppe insgesamt oder in kleineren Schülergruppen scheint einfacher als die Rückmeldung der Lehrperson an das einzelne Kind. Kruse (2009) zeigt, wie die „ergebnisorientierte Steuerung" solche Rückmeldungen bestimmt: als „Mehrtextstrategie", als „Ausfragestrategie", als simple „Wertschätzungsstrategie" oder als „Spiegelungsstrategie". Damit aber wird die eigentliche Verständigung über den Text zumeist verfehlt.

Wie schwierig Anregungen zum Überarbeiten – auch im herkömmlichen Sinn – sind, soll an einem Beispiel gezeigt werden.

Alex ist erst in Klasse 3 dazugekommen. Die Lehrerin kommentiert (im November von Klasse 4) seine Entwicklung so:

> „Alex konnte nur abschreiben, ohne dabei den Sinn zu fassen. Hat Probleme sich auszudrücken, macht viele grammatische Fehler. Schreibt in Klasse 3 eigentlich gar keine Geschichten, gelegentlich Briefe ohne Inhalt. Hat jetzt gemerkt, dass auch er durch Schreiben etwas mitteilen kann, das auf Interesse stößt. Er brachte seine geplatzte Badehose mit in die Schule, wollte erzählen, schaffte nur einen Satz: ‚Ich bin von Zehner gesprungen, da ist meine Schwimmhose geplatzt.' Die Kinder befragten ihn, bis der Sachverhalt klar war. ‚Das musst du uns aufschreiben ...'; die Kladdeversion (siehe unten) war Gegenstand des Sitzkreises. Alex beantwortete die Fragen der Kinder; sie machten Vorschläge, wie er das aufschreiben könnte."

Kladde

* Meine Badehosen-Geschichte
Ich gehe Jeden Freitag Schwimmen wall der Zehner auf hat. Und an den Freitag bin ich zur Alsterschwimm halle gegang und ich bin erst von Eina und den von Zehner geschbrong und ich habe eine Aschbombe Gemacht und als ich aus den Wasser gekomm und da wa meine Schwimmhose ist geblast und jest hengt sie in der Klasse 4a an der Leine.

Erste Überarbeitung

* Meine Badehosen-Geschichte
Ich gehe jeden Freitag (1) Schwimmem weil der Zehner auf hat. Und an dem Freitag bin ich zur Alsterschwimmhalle gegangen und ich bin erst von Einer und dann von Zehner gesprungen. (2)
Und ich habe eine Arschbombe (3) gemacht. Als ich aus den Wasser gekommen bin, da war meine Schwimmhose geplatzt. (4)
und jest hengt sie in der Klasse 4a an der Leine.

Korrekturen der Lehrerin

(1) Wo?

(2) Wie fühlst du dich, wenn du auf dem Zehn-Meter-Turm stehst?

(3) Als du von deinem Erlebnis erzählt hast, hast du einen Fachausdruck benutzt, den wir alle nicht kannten. Den solltest du auch aufschreiben.

(4) Schreibe auf, wie das wohl ausgesehen hat. Was hast du getan, als du merktest, was los war? Wie hast du dich gefühlt? Warum?

Endfassung

* Meine Badehosen-Geschichte

Ich gehe jeden Freitag in die Alsterschwimmhalle weil freitags der Zehn-Meter-Turm frei zum Springen ist.

Und an dem Freitag bin ich wieder zur Alsterschwimmhalle gegangen. Erst bin ich von Einer gesprungen und dann von Zehner. Ich hate ein kribbeln im Bauch obwohl ich öfters von Zehner springe. Ich habe eine Trampe gemacht (dazu kann man auch Arschbombe sagen). Und als ich aus den Wasser gekommen bin da war meine Schwimmhose geplatzt. Und es war hinten alles frei und ich habe meine Badehose hochgezogen und ich habe mich geschämt. Ich habe gedacht, das alle auf mich gucken.

und jest hengt die Badehose in der Klasse 4a an der Leine.

Die Kinder fordern Alex auf, sein Erlebnis aufzuschreiben. Und er tut es. Für Alex hat dieser erste eigene Text (in Klasse 4!) vor allem eine soziale Funktion. Alex tut das, was den anderen selbstverständlich ist. Zudem dient dies Schreiben seiner Selbstvergewisserung und der Anerkennung in der Gruppe. Er verschriftet, was er mündlich mitgeteilt hat. Die Textelemente sind gereiht, die Verknüpfung mit *und* (*und da, und dann*) behält Alex auch dort bei, wo er – wie im vorletzten Satz – eigentlich das temporale Verhältnis der Gleichzeitigkeit herausstellt. Die Einleitung, die eine Kausalbeziehung enthält, ist die einzige Ausnahme davon. Die Unmittelbarkeit der Darstellung wird durch den Satzbruch *'da wa meine Schwimmhose ist geblast* noch verstärkt.

Diese Kladdeversion wird im Sitzkreis besprochen. Alex überarbeitet seinen Text: Er glättet manche grammatisch falschen Elemente, korrigiert die syntaktische Struktur des vorletzten Satzes und verbessert einige Rechtschreibfehler. Merkmale des mündlichen Erzählens bleiben erhalten. Und Alex beschränkt sich weiterhin auf die Darstellung des Faktischen, das – wie schon der Erzählkern – das Emotionale als geteilte Erfahrung einschließt. Alex hat bisher kaum Erfahrung mit dem Schreiben.

Was bedeutet die zweifache Überarbeitung für seine Lernbereitschaft? Was bedeutet eine Beschränkung auf orthografische und grammatische Korrekturen? Was kann und soll Alex an seinem Text lernen?

Die Lehrerin kritisiert nichts Einzelnes, sondern schreibt ihm zu seiner ersten Überarbeitung konkrete Nachfragen auf. Sie beziehen sich auf größere Genauigkeit und fordern Alex auf, Gefühle zu beschreiben. Alex berücksichtigt alle diese Fragen bei der Endfassung, die er zusammen mit einer Mitschülerin erarbeitet. Das Ergebnis dieser zweiten Überarbeitung ist eine Mischung mündlicher und typisch schriftsprachlicher Ausdruckformen (*frei zum Springen; dazu kann man auch A. sagen – öfters; von Zehner; erst bin ich*) und eine Mischung von Gefühls- und Ereignisdarstellungen, die für die Textaussage, die Schreibidee eigentlich keine Funktion hat. Deutlich spürbar ist eine Diskrepanz zwischen dem, was Alex an Ausdruck möglich ist, und dem, was von ihm verlangt wird (vgl. den Satz *obwohl ich öfters von Zehner springe*). Die Pointe von der aufgehängten Badehose wirkt in der Endfassung wie angehängt.

Kann man die Endfassung, wenn man sie wortwörtlich nimmt und mit der ersten Überarbeitung vergleicht, als Verbesserung ansehen? Indem Alex die Fragen der Lehrerin beantwortet, scheint sich dem Schreiber die Geschichte zu entfremden – und damit wird sie auch für den Leser fremd. Hat Alex im Vorgang des erneuten Überarbeitens dennoch etwas gelernt, das ihm bei seinen weiteren Texten hilft? Diese Frage wird man bejahen, wenn man auf die Effektivität direkter Vermittlung von Textnormen baut. Was dieses Beispiel in jedem Fall zu erkennen gibt, ist die Umsicht und das Interesse der Lerngruppe und der Lehrerin an dem Text des Schreibanfängers in Klasse 4.

3.6 Heterogenität: Entwicklung der Textkompetenz im Unterricht

In diesem Kapitel geht es um die Beziehung von *Lernen* und *Lehren* beim Textschreiben. Inwiefern und auf welche Weise kann die *Entwicklung* der Textkompetenz im *Unterricht* befördert werden, bei großer *Heterogenität,* ganz unterschiedlichen Lernvoraussetzungen und -ergebnissen?

Wenn hier von Lernprozessen beim Textschreiben die Rede ist, ist dreierlei gemeint:

▸ Zum einen sind zurückliegende Lernprozesse gemeint, die im Schreiben ihren Niederschlag finden; sie erscheinen als Verdichtung früherer Erfahrungen mit Texten, Bildern und anderen Zeichenstrukturen und als sprachlich mediale Formulierung von Lebensmomenten. Sie sind vorstellbar als Ergebnis von Wahrnehmung, von Erfahrung und Erinnerung und als Ergebnis literarischer Sozialisation; beobachtbar in den Produkten als Nachahmung, Adaption und Variation literarischer Muster.

▸ Zum anderen sind Prozesse gemeint, die sich im Akt des Schreibens vollziehen: in der Notwendigkeit zu thematisieren und zu ordnen, eine Struktur für die Schreibidee zu finden, Beziehungen zu formulieren. Dazu gehören Prozesse der Anwendung und Etablierung von Literalität. „Schreiben lernt man durch Schreiben." Paul Portmann gibt ein Argument für diese These: „[I]n der regelmäßigen Schreibarbeit [findet] eine Art Selbstorganisation der Schreibkompetenz statt" (1993, S. 103).

▸ Und schließlich sind Lernprozesse im Verlauf der Grundschulzeit gemeint, also die Entwicklung der Textkompetenz, ihre Erweiterung im Unterricht.

Bisher standen die beiden ersten Perspektiven im Vordergrund, es ging darum zu zeigen, wie durch Texte und Bilder als Kontexte (also das Schreiben zu Vorgaben) und bestimmte Kontexte für Texte (also die Haltung gegenüber dem Text, die Formen von Überarbeiten, Präsentieren und Besprechen) Lernprozesse beim Textschreiben in actu angeregt und verstärkt werden können.

Im Folgenden geht es um die Entwicklung der Textkompetenz – als Langzeitvorgang im Unterricht. Die bisherigen Befunde und Beobachtungen lassen vermuten, dass einer großen Verdichtung zu Beginn allmählich eine lineare Vereinfachung und dann eine Entfaltung folgt. Es kann hier nur darum gehen, diese These auszuführen und an Beispielen zu erweisen; eine breitere empirische Studie dazu steht noch aus.

Portmann (1993, S. 114) betont die Komplexität des Schreibens: „Komplexe Fertigkeiten wie das Schreiben entwickeln sich nicht so sehr dadurch weiter, dass den Lernenden Neues vermittelt wird. Vielmehr verfügen diese auf jeder Stufe der Kompetenz bereits über vielfältiges Wissen und differenzierte Fähigkeiten. Weiterentwicklung geschieht so, dass nur passiv Bekanntes bzw. aktiv erst beschränkt verfügbares Wissen in zielgerichteter Arbeit aktiviert, reorganisiert und in die bestehenden Kompetenzen besser integriert wird." Dabei geht es um vielfältige Aspekte des Wissens, das thematische Wissen, das textuelle Wissen, es geht um Textmuster und Textnormen und schließlich um das metakognitive Wissen als Selbsteinschätzung der eigenen Kompetenz (ebd., S. 98ff.). Davon ist in unserem Konzept vieles aufgenommen; mit dem Schreiben zu Vorgaben ist das thematische Wissen jeweils gegeben. Die Schüler müssen eben nicht – wie häufig beim schulischen Schreiben – „gleichzeitig mit dem Text auch die Inhaltselemente erzeugen" (ebd., S. 107).

Schreiben in Klasse 2

Wie Unterricht die Entwicklung von Textkompetenz befördern kann

1. Die Haltung:

Es gibt viele verschiedene Wege, viele verschiedene Lösungen, zu einer Aufgabe einen Text zu schreiben; das bedeutet die Haltung aufzugeben, dass alle etwas Bestimmtes erbringen beim Lösen von Aufgaben – und dann auf die Abweichungen von dieser Erwartung lobend oder enttäuscht zu reagieren.

2. Eine Aufgabe für alle:

Die Aufgabe muss einen *hohen Anspruch* haben, sodass ein breites Spektrum an Differenzierung beim Lösen entsteht. Es gibt nach oben und unten keine Grenze. Mit der einen gemeinsamen Aufgabe haben alle einen *Orientierungsrahmen* für den Austausch über die *verschiedenen individuellen Lösungen.*

3. Schreiben zu einer Vorgabe:

Schreiben zu einer *Geschichte, einem Bilderbuch, einem Bild, einer Beobachtung* gibt den Kindern Inhalt und (sprachliche) Form vor. Es geht aber nicht um eine Nacherzählung oder Bildbeschreibung, sondern um eine sprachliche „Antwort", eine Transformation. Wichtig ist, dass mit der Vorgabe Erinnerungen, Impressionen, Erfahrungen virulent werden, die auf eine sprachliche Gestaltung drängen. Aber die einfache Deskription muss auch möglich sein.
Aufgabe der Kinder ist, aus der Fülle und Komplexität der Vorgabe etwas für sich auszuwählen, in den Fokus zu stellen, zu thematisieren, zu formulieren. Also (einen) Gedanken aufs Papier zu bringen und sich mit anderen in der Lerngruppe darüber auszutauschen, ihn zu verändern, zu präzisieren oder auch zu verwerfen.

4. Ergebnisoffen – ergebnisorientiert:

Schreibaufgaben sollten *„ergebnisoffen" in der konkreten Lernsituation* sein, aber *„ergebnisorientiert" in der didaktischen Konzeptionierung*; Pohl und Steinhoff formulieren das so in Bezug auf Textformen (2010, S. 22).

Möglichkeiten zur Beförderung der Textkompetenz (Quelle: Christensen/Dehn 2010, S. 5)

Gegenüber der Forderung, Wissen über Schemata von Anfang an, also auch bereits in der Grundschule, zu vermitteln, wird hier die These vertreten, dass das deklarative Wissen über Strukturen bei einer kulturellen Tätigkeit wie dem Schreiben (und auch dem Sprechen) das operative Verfügen, also das Können im Vollzug voraussetzt, ihm folgen und es begleiten sollte. Die Entwicklung des operativen Verfügens über Formen ist impliziter Unterweisung im Unterricht durchaus zugänglich. Das sollen die folgenden Abschnitte zeigen (vgl. auch S. 145 ff.): Auch in einem Unterricht, der mit strukturierten Vorgaben Lernprozesse nachdrücklich und implizit anregt, erfolgt die Ausbildung kognitiver Prozesse, wie sie für die Darstellung von Sequenzen und Zusammenhängen notwendig sind, also für das „Erschreiben" von Textsorten.

Am Beispiel einer Schülerin, die Schwierigkeiten im Zugang zur Schrift hatte, stellen wir den unterrichtlichen Rahmen für die Entwicklung der Textkompetenz dar und schließen mit einer knapp kommentierten Dokumentation, mit Schriftstücken von zwei Mitschülern aus derselben Klasse; die Texte der drei Kinder ermöglichen Einblicke in die Heterogenität der Entwicklung von Textkompetenz.

Zum unterrichtlichen Rahmen für die Entwicklung von Textkompetenz. Anna gehört zu den Kindern, denen es nicht leichtfällt, einen Zugang zur Schrift und zum Schreiben zu finden. Als im Januar in Klasse 1 die Lehrerin (Gisela Welge) den Anstoß dafür gibt, Geschichten zu schreiben und in den ersten 14 Tagen 10 Kinder diese Möglichkeit realisieren (siehe S. 21 ff.), gehört Anna nicht dazu. Sie weiß auch im Februar mit der anschließenden Aufgabe zunächst nichts anzufangen, dass nun alle Schülerinnen und Schüler der Klasse etwas zu den *Eichhörnchen* schreiben sollen; sie beginnt damit, die Buchstaben der Nachbarin zu kopieren, und findet ihre Schreibidee erst, als die Lehrerin die Aufgabe noch einmal erklärt hat: „Es geht darum, was *du* zu dem Bild schreiben willst." Der erste Text von ihr ist eine komprimierte Interpretation zu dem Bild (siehe S. 66 f.):

> Die mögen sich nicht.
> **Anna (Januar Klasse 1)**

Die Lehrerin bietet also *als Erstes Spielräume zum Schreiben* – die Kinder können sie nutzen, aber sie müssen es nicht. Etliche machen erste Erfahrungen mit dem Schreiben, andere mit dem Beobachten und Zuhören.

Im zweiten Schritt gibt die Lehrerin *eine verbindliche Aufgabe für alle* (Schreiben zum Bild von Dürer). Die Lehrerin greift ein, als sie bemerkt, dass ein Kind die Aufgabe mechanisch durch Abschreiben lösen will. Und sie gibt eine konkrete Hilfestellung für das Finden einer eigenen Schreibidee (siehe S. 66).

Weil kein Ziel fixiert ist, weder sprachlich noch inhaltlich, enthält diese eine Aufgabe *große Differenzierungsmöglichkeiten* – und zwar für die Texte der Kinder und für den Umgang damit. Es gibt nicht richtig und falsch, sondern es geht darum, dass die Schreibanfänger mit ihrem Text zufrieden sein können.

Im Verlauf des Schuljahrs setzt die Lehrerin jeweils *thematische Unterrichtsschwerpunkte*, im Hinblick auf Textschreiben und Rechtschreiben, aber auch zwischen den Lernbereichen. In den Zwischenzeiten geht es um das Textschreiben also nur am Rande:

▸ So nimmt das Projekt zum Textschreiben im Januar und Februar von Klasse 1 mehrere Wochen in Anspruch – mit Spielräumen zum Schreiben und einer verbindlichen Aufgabe (siehe S. 21 ff. und 65 ff.).

▸ Erst im April gibt es wieder ein Schreibprojekt, diesmal geht es um „Übersetzungen" von Texten, die die Kinder auf Türkisch bzw. auf Deutsch verfasst haben (siehe S. 191).

▸ Der nächste Schreibanlass ist die Klassenreise zu Beginn von Klasse 2. Diesmal ist die Aufgabenstellung nicht frei, sondern die Schüler sollen sich zwischen verschiedenen Themen entscheiden, unter anderem: Im Wald – Tieren auf der Spur – Im Schwimmbad – An der Elbe. Die Kinder müssen also aus ihren Vorstellungen und Erinnerungen etwas Spezifisches auswählen – das erscheint als gute Voraussetzung für das Textschreiben. Alle Kinder der Klasse schreiben dazu, zum Teil mehrere Texte.

▸ Danach entstehen Texte im Sachunterricht: Im Oktober kommen einige sieben Tage alte Mäusebabys vom Zentrum für Schulbiologie in die Klasse. Immer vier Kinder versorgen sie. Sie bleiben bis Dezember. Zu den Beobachtungen wird eine Dokumentation erstellt, zu der wiederum alle beitragen.

▸ Von November an stehen literale Aspekte des Schriftspracherwerbs im Vordergrund: Hatten bis dahin die Kinder in Druckschrift geschrieben, so wird nun die „Schulausgangsschrift" eingeführt. Außerdem stehen wieder Rechtschreibübungen im Vordergrund.

▸ Bereits in Klasse 1 wurde ein Grundwortschatz angelegt, der ständig erweitert wird.

Auf diese Weise kann erreicht werden, dass das Textschreiben von den Schülerinnen und Schülern als funktional und immer wieder attraktiv erfahren wird und nicht zur lästigen Routine verkommt.

Zum Schreiben zu einer (literarischen) Vorgabe, zu *Rosalind das Katzenkind*, ist im Februar von Klasse 2 wieder Gelegenheit.

Rosalind ist traurig, weil sie keine schwarze Katze ist. Darum geht sie weg. Sie zieht zu einem Hund. Da spielen sie mit einem Ball. Nächsten Tag geht sie Essen holen. Sie verlief sich. Sie hatte immer weitergesucht. Sie suchte ihn und eines Tages hatte sie ihn gefunden. Sie lebten glücklich.

Anna (Februar Klasse 2)

In dem Text nimmt die Darstellung der Ausgangssituation einen breiten Raum ein. Rosalind zieht zu einem Freund, einem Hund. Diese Situation steht im Präsens. Zur Komplikation kommt es erst, als Rosalind ihr Ziel gefunden zu haben scheint: *sie verlief sich*, als sie Nahrung besorgen will. Präteritum herrscht nun vor. Der Vorgang der Suche ist vom Ende her *(sie lebten glücklich)* erzählt, im Plusquamperfekt; man kann darauf zurückblicken. Schwierig für das Verständnis ist der pronominale Bezug *(ihn)*, aber aus dem Kontext ist deutlich, dass nur der Hund gemeint sein kann. Das Traurig-Sein des Anfangs wird erst am Ende durch das Glücklich-Leben aufgehoben; vielleicht muss Rosalind den Freund zweimal „finden".

Später nimmt die Lehrerin noch einmal ein Bild als Schreibvorgabe auf. Im April werden die *Hirschkäfer* (Dürer) Thema – nach mancherlei Information über ihre besondere Lebensweise. Auch dies also eine Aufgabe, die ausdrücklich Vorstellung, Erfahrung und Wissen verbindet. Die Lehrerin hat die Grafik kopiert und jeweils zwei Hirschkäfer auf dem Schreibblatt angeordnet: einmal laufen sie hintereinander her, einmal stehen sie einander gegenüber, einmal sind sie an ganz verschiedenen Stellen.

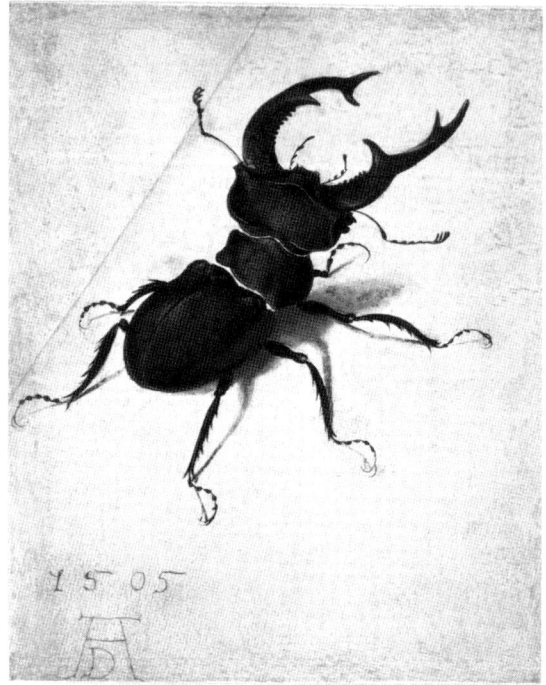

Albrecht Dürer, Hirschkäfer, 1505

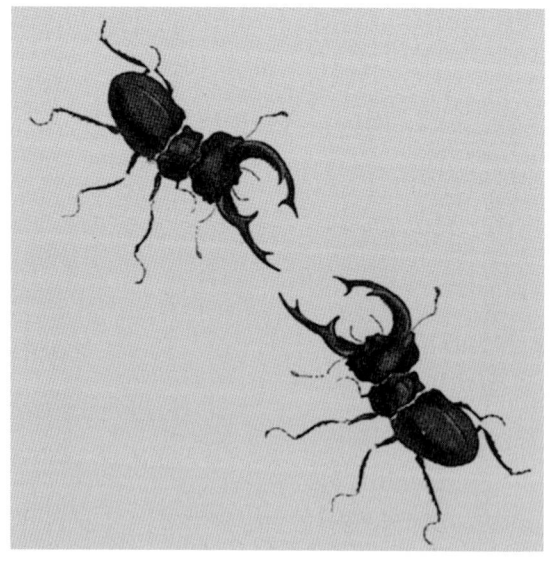

Die Hirschkäfer kämpfen oft, weil sie sich um ein Weibchen streiten, weil einen von den Jungs will sie haben. Sie kann sie nicht unterscheiden. Deswegen will sie keinen von den Jungs. Sie kann für sich selbst sorgen. So lebt sie glücklich.

Anna (April Klasse 2)

Der Text enthält einen zweifachen Perspektivenwechsel: Geht es zunächst um das Bild der kämpfenden Hirschkäfer, wird mit dem zweiten *weil* die Perspektive des Weibchens gewählt. Von dieser Stelle an ist das Weibchen Subjekt, die Hirschkäfer sind Objekt. Man weiß nicht genau, was Anna meint. Kämpfen die Hirschkäfer, weil auch das Weibchen Interesse hat? Oder ändert Anna beim Schreiben ihre Haltung gegenüber den Figuren? Der zweite Perspektivenwechsel ist inhaltlich motiviert. Das Weibchen kann sein Ziel nicht erreichen, weil es die *Jungs* nicht unterscheiden kann. Aber es braucht sie eigentlich auch nicht, denn *sie kann für sich selbst sorgen.*

Das Besondere dieses Unterrichts besteht in der *klaren Rahmung:* Es wird jeweils ein Schwerpunkt gesetzt, zum Beispiel beim Geschichtenschreiben im Januar von Klasse 1. Die Schüler haben eine Vorgabe für ihre Orientierung (die Geschichten älterer Kinder aus der Schulzeitung) und zugleich Spielräume, Erfahrungen mit dem Schreiben zu sammeln; das gilt sowohl für die Schreibenden selbst wie auch für die, die vorerst als Zuhörende diese Texte kennenlernen. Erst nach einigen Wochen wird daraus eine Aufgabe für alle – diesmal verbindlich. In Annas Lernprozess greift die Lehrerin hier sehr nachhaltig und grundsätzlich ein, indem sie ihr zu der Erfahrung verhilft, dass Schreiben bedeutet, einen Gedanken aufs Papier zu bringen.

Andere Aspekte des Schreibens werden zu anderen Zeitpunkten Unterrichtsgegenstand: die Schreibschrift als Handwerkszeug; das Richtigschreiben; Sachthemen, die (wie bei den Mäusen) auf Erfahrung im Umgang mit den Tieren und auf Wissen über sie gründen. Später werden Ahornblatt, Kohlweißling und Schnecken behandelt. Annas Text zu Schnecken – für das „Klassenbuch" überarbeitet – sieht als Präsentation so aus:

Ich habe eine Schnirkelschnecke
bei meinem Vater gesehen.
Es waren auch andere
Schnecken da. Sie sahen alle
verschieden aus.

Anna (September Klasse 3)

Hinzu kommt im Unterricht die *Wiederholung und Variation von Vorgaben und Aufgaben:* im Januar von Klasse 1 die *Eichhörnchen*, im April von Klasse 2 die Hirschkäfer. Das gibt den Schülern *Sicherheit im schon Bekannten.*

Entwurf

Orthografische Überarbeitung mithilfe einer Umschrift durch die Lehrerin

Es <u>war</u> einmal ein Kaninchen. Das wurde

von der Mutter geklaut.

Es hatte Angst. Endlich sind sie angekommen.

Aber der Fuchs, der kleine Fuchs, hat ihn wieder

frei gelassen.

Und sie wurden Freunde.

Anna (November Klasse 3)

Zunehmend wird im Verlauf von Klasse 2 das *Richtigschreiben behandelt und einge-fordert.* Bei Annas Text zu *Nickel, der mit dem Fuchs tanzt* von Claude Boujon (Mün-chen 1994) praktiziert die Lehrerin ein Verfahren, das sich auch bei anderen Schü-lern, die damit große Schwierigkeiten haben, bewährt hat: Sie schreibt den Text der Schülerin ab und diese hat die Aufgabe, auf der korrekten Umschrift der Lehrerin alle die Buchstaben zu markieren, die sie im Entwurf bereits notiert hatte. Das erfordert Akribie und Selbstkontrolle: eine für Anna anspruchsvolle Aufgabe. Einerseits bestätigt die Aufgabe das Können und zugleich macht sie aufmerksam auf das Fehlende; die Aufgabe ist also eine Basis für Verabredungen über das, was Anna als Nächstes lernen soll und will.

Annas Lernentwicklung von Januar Klasse 1 bis November Klasse 3 ist, soweit sich das an den Schriftstücken erkennen lässt, erheblich, was die Möglichkeit zur Entfaltung von Komplexität betrifft – auf dem Weg über *Linearität* der Darstellung. Die „Schnirkelschnecke" ist *ein* Beispiel für Linearität. Offenbar ist das Interesse von Anna durchgängig auf die Klärung und Darstellung von Beziehungen gerichtet. Sowohl bei Rosalind wie bei den Hirschkäfern und dem Kaninchen geht es um Verlust, Angst, Suche und schließlich um einen versöhnlichen Schluss. Beim Text vom Kaninchen vom November Klasse 3 bleibt etwas ungeklärt: So weiß man nicht, jedenfalls wenn man das Buch nicht kennt, auf was sich Anna bezieht, welche Mutter das Kaninchen *klaut*, warum sie das tut und in welchem Verhältnis die Mutter zu *dem Fuchs, dem kleinen Fuchs*, steht. Die starke Betonung durch die Apposition kann als Erklärung gelesen werden (nicht die Mutter als Erwachsene, sondern der kleine Fuchs) oder auch – und zugleich – als Bekräftigung und Ausdruck von Parteinahme für diese Figur. Die Darstellung der zeitlichen Abfolge (*endlich …*) enthält die Präsupposition, dass die Mutter mit dem Kaninchen zunächst zu sich nach Hause geht, dass dies für das Kaninchen schrecklich ist. Mit *aber* wird die Wende zum Guten eingeleitet.

Als Dokumente für die Entwicklung von Annas Textkompetenz in den letzten Grundschuljahren hier noch drei weitere Texte (vgl. zur genauen Aufgabenstellung für die Medienfiguren und die literarischen Figuren in Klasse 3 und 4 – bei Anna und den anderen Kindern – S. 109 f.).

Während Anna am Ende von Klasse 3 – linear – die Hauptfiguren des Films beziehungsweise des Musicals vorstellt, formuliert sie ein Jahr später die Komplexität der Figurenkonstellation und die Gründe für den Konflikt zwischen den Verwandten. Die ersten Sätze sind zusammengefasst: *die ganze Familie*; zugleich wird der weitere Handlungsablauf vorbereitet: *zuerst – aber*; *glücklich – böse*. Der Grund für den Konflikt wird auch genannt: *weil Simba der König wird*; sogar durch Wiederholung hervorgehoben: *wenn Mufasa stirbt, dann wird Simba der König*. Dann allerdings gibt es – in Bezug auf den Film – eine Auslassung: Der Onkel hat nur Aussicht auf die Thronfolge, solange Simba noch zu jung dafür ist. Deshalb lässt er die Gnus los, die Simba in Gefahr bringen und zum Tod des Vaters führen. Anna bleibt hier in der Perspektive von Simba und seinem Vater: *weil da ganz viele Gnus (waren)*. Dass der böse Onkel am Ende *glücklich* ist, weil er sein Ziel (vorerst) erreicht hat, sollte doch gesagt sein – so verwirrt den Leser die für die Elternfamilie und den „bösen Onkel" gleiche Attribuierung.

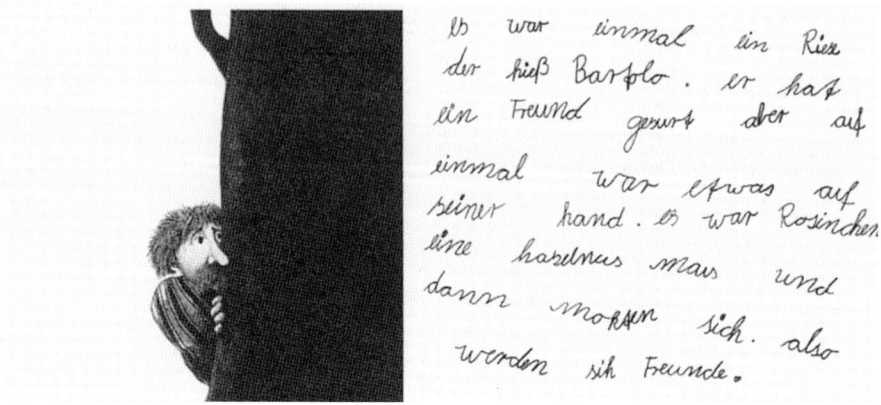

es war einmal ein Rise
der hieß Barflo. er hat
ein Freund gesur aber auf
einmal war etwas auf
seiner hand. es war Rosinchen
eine haselnus mais und
dann moßßen sich. also
werden sich Freunde.

Anna (Oktober Klasse 3; zu *Mausemärchen – Riesengeschichte*)

Es waren einmal 2 Löwen der Vater
war der König und der Son hieß
Simba. Simba war noch klein und
Sarabi war die Mutter und
nana war die Mutter und
die freundin. Ende.

Anna (Juni Klasse 3; zu *König der Löwen*)

Es war einmal ein ~~König~~ König
der hatte einen Sohn der hieß
~~Siml~~ Simba. Und der Vater von
Simba hieß Mufasa. Und die Mutter
von Simba hieß Sarabe. Die ganze
Familie war zuerst glücklich aber
der ~~Scar~~ Onkel Scar war Böse
er hatte ~~Simba~~ ~~eing~~ ~~ders~~
~~König~~ ~~klein~~ ~~gesag~~ Simba nich gern
wall Simba der König werd wenn

Es war einmal ein König, der hatte
einen Sohn, der hieß Simba. Und
der Vater von Simba hieß Mufasa.
Und die Mutter von Simba hieß Sarabi. Die ganze Familie war zuerst
glücklich, aber der Onkel Scar war
böse. Er hatte Simba nicht gern, weil
Simba der König wird, wenn Mufasa
stirbt, dann wird Simba der König.
Eines Tages musste Mufasa Simba
retten, weil da ganz viele Gnus (waren) und dabei war der Vater gestorben. Und der Onkel war glücklich.
**Anna (Mai Klasse 4; zu *König der
Löwen*)**

Anna (Juni Klasse 3; zu *König der Löwen*)

Anna gehört zu den leistungsschwächsten Schülern der Klasse. Verglichen mit dem ersten Text in Klasse 1 ist der Zuwachs an Textkompetenz bis zum Ende der Grundschule hoch. Anna kann einen komplizierten Zusammenhang so aufschreiben, dass Leser im Großen und Ganzen verstehen können, was sie meint. Anna gehört auch im Rechtschreiben zu den leistungsschwächsten Schülern: im DRT 2 (Diagnostischen Rechtschreibtest Klasse 2) erreicht sie einen Prozentrang von 12, im DRT 3 einen Prozentrang von 4; das heißt, sie gehört zu den schwächsten 5 %. Annas Rechtschreibentwicklung ist insofern durchaus typisch, als sie von Anfang an leistungsschwach ist und es im Vergleich mit der Klasse und der Stichprobe, an der der Rechtschreibtest geeicht ist, auch bleibt. Weinert und Helmke zeigen, wie dennoch der Leistungszuwachs bei schwachen Rechtschreibern im Vergleich zu „normalen" sehr viel größer ist, als Kurve dargestellt, also deutlich steiler (1997, S. 121).

An den Texten von Anna kann man die Abfolge von großer Verdichtung am Anfang zu einer Linearität der Darstellung und schließlich zur Entfaltung von Komplexität gut beobachten.

Einblicke in die Heterogenität der Entwicklung von Textkompetenz. Zum Einblick in die Heterogenität der Lernentwicklung und der Leistung stellen wir hier Texte von zwei anderen Kindern aus derselben Klasse zusammen und skizzieren ihre Entwicklung: Till und Özlem gehören zu denen, die gleich zu Beginn, also schon im Januar von Klasse 1, von sich aus die Anregung der Lehrerin zum Textschreiben aufgenommen haben (siehe ihre ersten Texte S. 21 f.; zum Vergleich der Rechtschreibleistung: Till erreicht im DRT 3 einen Prozentrang von 47; Özlem erreicht einen Prozentrang von 67).

Bei ihren Texten ist Linearität als Hauptmerkmal der Darstellung – jedenfalls in den vorliegenden Texten – kaum zu erkennen, eher Entfaltung von Komplexität in jeweils individueller Ausprägung (vgl. zu Özlem auch S. 181).

Rosalind ist eine komische Katze.

Sie ist andas als andere Katzen.
Sie vertragt sich mit Mäuser und schläft mit Hunden.
Und Sie get früh vom irer Dermilie wek.
Sie war nicht Schwarz wie ire geschwista.

Till (Februar Klasse 2; zu *Rosalind*)

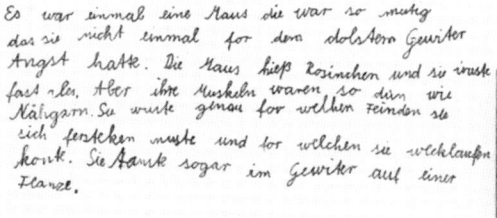

Till (Oktober Klasse 3; zu *Mausemärchen – Riesengeschichte*)

Till kommentiert im Februar von Klasse 2 die Geschichte von Rosalind: *Rosalind ist eine komische Katze.* Er begründet sein Urteil, zeigt Indizien dafür und nennt die Ursache: *Sie war nicht schwarz wie ihre Geschwister.* Sein Text vom Oktober Klasse 3 ist eine pointierte Charakteristik der Figur von Rosinchen; er verknüpft, dass *sie genau wusste, vor welchen Feinden sie sich verstecken musste und vor welchen sie weglaufen konnte,* mit einer Interpretation der Abbildung aus dem Buch: *Sie tanzte sogar im Gewitter auf einer Pflanze.* Bei Till besteht hier die Gefahr, dass die Qualität seines

Textes wegen der Schwierigkeiten bei der Aneignung der Orthografie nicht wahrgenommen wird.

Wie bei Anna so ist auch bei Till eine deutliche Differenz zu sehen zwischen dem Text zu Mario Ende Klasse 3 und Ende Klasse 4 – hier als Entfaltung von Komplexität. Seine Aufgabe ist insofern besonders schwierig, als das Spiel von Mario wohl Handlungssequenzen und Musik, aber keine Sprache enthält (*Super Mario Land* von Nintendo). Wie viele Kinder hat Till offenbar eine Lieblingsfigur, die er sich auch nach Jahresabstand wieder auswählt. Er stellt sogar dieselbe Episode von der Befreiung der Prinzessin dar, aber er integriert viel mehr wichtige Details.

Eines Tages stig Mario mit seinen
Freunden auf einen Berg. Plötzlich
taucht tauchte for inen ein Palast
auf. Und eine schar Super Kupers
kamen aus dem Palast. Doch da
sah Marr Mario eine Feuerblume.
Und er lief hin und berürte er sie.
Dan warf er Feuer Bälle. Dan Und dan
liefen sie weck.

Till (Juni Klasse 3; zu *Super Mario*)

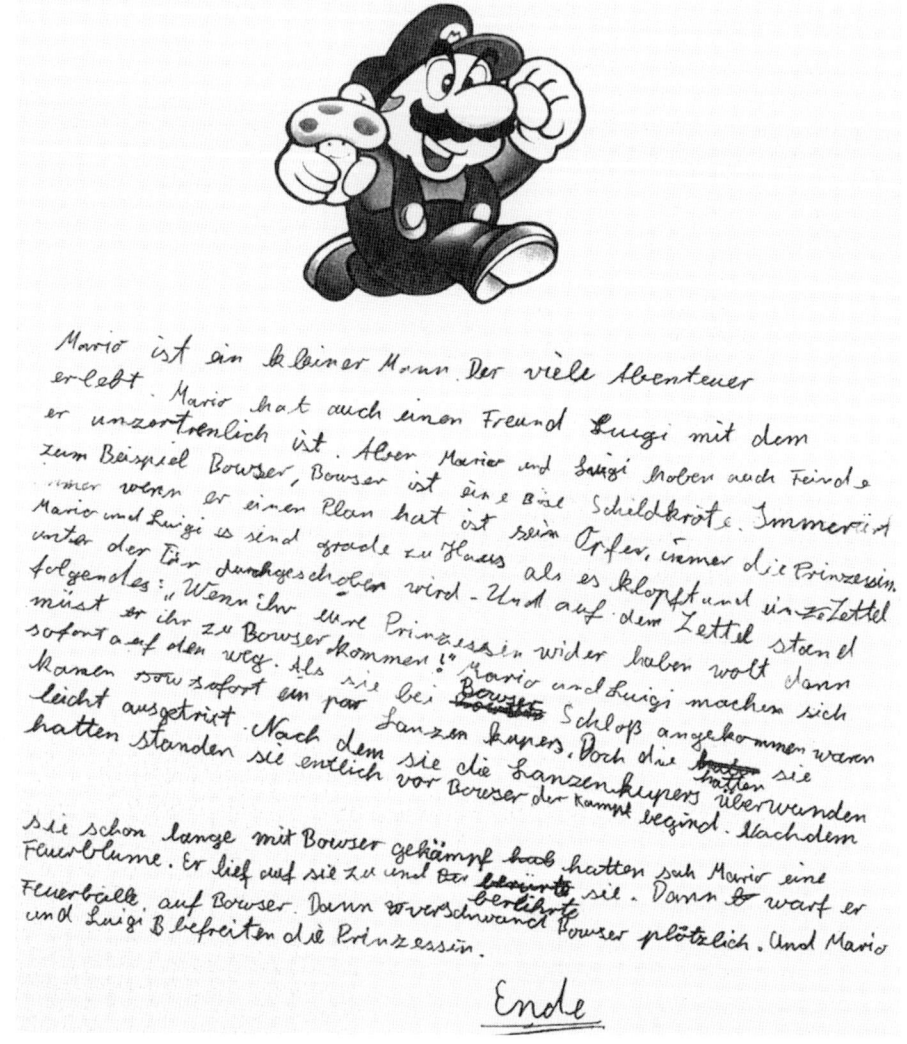

Wie Till schreibt auch Özlem zu *Rosalind* einen Kommentar (das ist allerdings eine Aufzählung) und zu Rosinchen eine Charakteristik, in der sie die Gegensätzlichkeit der Figur (mutig sein – nicht stark sein) herausstellt, markant durch die Inversion: *Stark war sie nicht.* Das *aber* bleibt so aufgespart für das die Handlung auslösende Moment *aber Freunde hatte sie nicht.* Özlem kann die beiden Aspekte des Schreibens, die Literalität und die Literarität, schon zu diesem Zeitpunkt integrieren. Sie ist, auch was die Orthografie betrifft, fortgeschritten.

ich fande gut als Rosalind
bei Punki geschlafen hat
und ich fande das
Bild gut wo der
Vater gesprungen ist
und wo Rosalind
mitt den Mäusen getanst hat
und wo die Verwandten
aus dem Bildern
geguckt haben.

Özlem (Februar Klasse 2; zu *Rosalind*)

Es war einmal eine Maus die war so mutig
das sie nicht einmal for dem dolstem Gewitter
Angst hatte. Die Maus hieß Rosinchen und sie iruste
fast alle. Aber ihre Muskeln waren so dünn wie
Nähgarn. Sie wuste genau for welchen Feinden sie
sich fersteken muste und for welchen sie weklaufen
konte. Sie tanste sogar im Gewitter auf einer
Flanze.

Özlem (Oktober Klasse 3; zu *Mausemärchen – Riesengeschichte*)

141

Der kleine und *Ich mach dich gesund kleiner Tiger* Tiger ist auf Pilze suche gegangen. Als er zurück gehen wollte war er ganz schlapp. Der kleine Bär kam denn er wollte gucken warum der kleine Tiger nicht kam. Er sah den kleinen Tiger im Gras Liegen er fragte was Los ist und der Tiger antwortete er sei krank. Da frgte der Bär was tut dir den weh kleiner Tiger? Da antwortete der Tiger alles! meine Beine, meine Arme, mien Kopf alles. Da wurde er vom kleinen Bär, von der Tante Gans und fielen anderen Freunden ins Krankenhaus gebracht.

→

Dort wurde er geröntgt. Es wurde festgestellt das ein Streifen ferutsecht ist. Im Krankenhaus musste er eine Nacht schlafen aber der Bär durfte bei dem Tiger bleiben. Am anderen morgen sagte die Krankenschwester du bist wider gesund. Als sie zu hause waren sagte der Tiger zum Bär wenn du mal krank bist mach ich dich gesund.

Özlem (Juni Klasse 3; zu *Bär und Tiger*)

Eines Tages sagte der kleine
Tiger zum kleinen Bär:„Ich
möchte mal eine Party feiern."
Da sagte der kleine Bär:
„Das läst sich machen, nur wen
willst du einladen?"
Da fiel dem kleinen Tiger sehr
viel ein. Es waren ungefähr
20 Tiere. Der kleine Bär rief durch
die unterirdische Telefonleitung,
die von den Maulwürfen geleitet

Erste von 4 Seiten des Schülertextes

Eines Tages sagte der kleine Tiger zum kleinen Bär: „Ich möchte mal eine Party feiern." Da
sagte der kleine Bär: „Das lässt sich machen, nur wen willst du einladen?"
Da fiel dem kleinen Tiger sehr viel ein. Es waren ungefähr 20 Tiere. Der kleine Bär rief durch
die unterirdische Telefonleitung, die von den Maulwürfen geleitet wurde, die Tante Gans an.
Die Tante Gans konnte kommen. Danach schickten sie eine Brieftaube mit der Einladung
nach Afrika, wo der große, graue Elefant (zu) seiner Frau zu Besuch gekommen war.
Dann schickten sie durch die Waldpost eine Einladung an den Fuchs und eine an die Gans.
Das war die Tochter von der Tante Gans. Und dann bekam noch der Ziegenbock und der große, dicke Waldbär eine Einladung. Usw. usw. Der Frosch und seine Tigerente waren auch eingeladen. Nach einer Woche war dann der Festtag.
Als Erstes kam der große, graue Elefant und brachte 15 Schachteln Pralinen mit. Danach
kam die Tante Gans mit ihrem Bollerwagen und brachte 3 Kisten von ihrem selbst gemach-
ten Gänsewein mit. Dann kam der große, dicke Waldbär und brachte 5 Töpfe Bienenhonig
mit. Dann kam der Ziegenbock mit 4 Platten belegter Brote. Nach und nach kamen alle. Zum
Schluss kam der Frosch mit seiner Tigerente. Die Feier wurde sehr lustig. Nachher wurde es
dem Frosch zu voll. Er ging raus und legte den Gartenschlauch durchs offene Fenster ins
Haus. Er drehte den Wasserhahn auf. Das Haus wurde von oben bis unten voll mit Wasser.
Dann machte er die Haustür auf und die Gäste wurden nach Hause gespült.

…

Özlem (Juni Klasse 4; zu *Bär und Tiger*)

Nur auf den ersten Blick wirken diese Texte zu den Büchern *Ich mach dich gesund, sagte der Bär* (Zürich, 2009) und *Riesenparty für den Tiger* (Zürich, 2008) von Janosch vielleicht wie bloße Nacherzählungen. Wenn man die Bücher, auf die sich Özlem bezieht, untersucht, merkt man, dass Özlem die Figurenkonstellationen und Handlungsabfolgen übernimmt – als Komprimierung des Geschehens –, in der Formulierung auch den Ton von Janosch trifft, jedoch angepasst auf ihre eigene Weise. Bei Janosch zum Beispiel ist es dem Frosch auf der Party zu langweilig. Er „zog den Gartenschlauch durch die Hintertür durch ein Astloch und drehte den Wasserhahn auf". Die Folgen sind auf etlichen Seiten in Wort und Bild dargestellt: „Und ehe sich's einer versah, war die Bude voll gelaufen, und zwar mit Wasser." Der Ziegenbock kommt viel zu spät. Als er die Tür öffnet, „strömte (das Wasser) heraus wie ein Fluss. Auf dem Fluss schwammen die Gäste heraus, mussten nun nicht mehr zu Fuß nach Hause gehen. Manche schwammen bequem bis in ihre Wohnung, manche mussten noch ein kleines Stück selber gehen." (Janosch 2008) Özlem schreibt: *Dann machte er die Haustür auf und die Gäste wurden nach Hause gespült.*

4 Ergebnisse aus dem Unterricht: Dokumentation

4.1 Schreiben zu Vorgaben

4.1.1 *Der Grüffelo* (Scheffler/Donaldson): Diktieren eigener Texte zu Bilderbuch und Hörmedium (Schulanfang)

Auch Kinder, die noch nicht selbst schreiben können, können Autoren sein – wenn man ihnen die Gelegenheit gibt, einer erwachsenen Skriptorin eigene Texte zu diktieren. Voraussetzung dafür ist, dass für die Kinder tatsächlich eine Situation der Distanzkommunikation entsteht, denn schriftsprachliche Formulierungen unterscheiden sich von denen der gesprochenen Sprache.[30]

Die Pädagogin (Daniela Merklinger) hat im letzten Jahr vor der Schule das Bilderbuch *Der Grüffelo* vorgelesen. Ein Teil der Kinder (Lasse, Nico und Yannis) kennt nicht nur das Buch, sondern hat darüber hinaus mehrfach die Hörspielfassung gehört, deren Text dem gereimten Text der Bilderbuchvorlage entspricht. Der Unterricht hat in zwei Hamburger Vorschulklassen stattgefunden, die in Hamburger Grundschulen für das Jahr vor der Einschulung eingerichtet sind und von Sozialpädagoginnen geleitet werden. Das Diktieren eigener Texte ist jedoch nicht auf diese Altersgruppe

Yannis diktiert der erwachsenen Schreiberin

beschränkt, sondern es kann allen Kindern, die am Übergang zur Schriftlichkeit stehen, einen Zugang zum Schreiben eröffnen.

In der Geschichte trifft eine Maus im Wald auf ihre Todfeinde: Fuchs, Eule und Schlange. Um selbst nicht gefressen zu werden, wendet sie jedes Mal die gleiche List an. Sie gibt vor, beim Grüffelo, einem schrecklichen Monster, das gern Fuchsspieß, Eule mit Zuckerguss und Schlangenpüree verzehrt, eingeladen zu sein. So schlägt sie die Tiere in die Flucht. Doch plötzlich steht das Grüffelomonster tatsächlich vor ihr. Wieder rettet eine List ihr Leben. Sie warnt den Grüffelo davor, sie zu fressen, schließlich hätten alle Tiere im Wald Angst vor ihr. Der Grüffelo lacht sie zunächst aus, folgt ihr aber, um mit Erstaunen festzustellen, dass Fuchs, Eule und Schlange tatsächlich Reißaus nehmen, als die Maus vor ihnen steht. Dass sie tatsächlich vor ihm selbst davonlaufen, merkt der Grüffelo nicht. Und so tritt auch er die Flucht an, als die Maus schließlich droht, „Grüffelogrütze" aus ihm zu machen. Das Buch berührt somit grundlegende Themen wie Lüge und Wahrheit, Stärke und Schwäche, Angst und Mut.

Die Aufgabenstellung, zu der die Kinder diktiert haben, hieß: „Du hast die Geschichte vom Grüffelo und der Maus gehört. Jetzt kannst du auf diesem Blatt etwas aufschreiben, was *dir* wichtig ist. Ich schreibe es für dich."

Auf dem Schreibblatt im DIN-A5-Format ist ein Bild, auf dem der Grüffelo und die Maus zu sehen sind. Einige der folgenden Texte werden durch kurze Einblicke in den Prozess des Diktierens ergänzt.

Damit die Kinder beim Diktieren eine „Haltung des Schreibens" einnehmen können, ist neben der *Aufgabenstellung* und dem *Schreibmaterial* auch das *Verhalten der Skriptorin* entscheidend. Ihre Orientierung an der Schriftlichkeit kommt insbesondere dadurch zum Ausdruck, dass sie während des Aufschreibens *laut im Schreibtempo mitspricht.* Auf diese Weise können die Kinder die Langsamkeit des Schreibens nicht nur sehen, während ihr Text Buchstabe für Buchstabe auf dem Papier entsteht, sie können sie zugleich auch „hören". Verschiedene Erprobungen zum Diktieren haben dabei gezeigt, dass es die gehörte Langsamkeit als eine Bedingung des Mediums ist, die vielen Schreibanfängern den Weg zum Schreiben, indem sie diktieren, erst eröffnet.

Während des Aufschreibens artikuliert und notiert die Skriptorin immer die *schriftsprachliche Explizitform* (zum Beispiel *eine Maus,* auch wenn ein Kind im Sinne der Mündlichkeit *'ne Maus* diktiert hat). So wird für die Kinder der Unterschied zwischen gesprochener und geschriebener Sprache verdeutlicht – und sie können zugleich auf Sprache als Gegenstand aufmerksam werden.

Das bedeutet jedoch nicht, dass die Skriptorin nicht auch mündliche Formulierungen aufschreibt, wenn ein Kind sie diktiert (vgl. z. B. den Text von Niko). Inhaltlich greift sie nicht in den Text ein. Lediglich sprachliche Fehler wie falsche Artikel, Pronomina, Verbformen werden korrigiert, ansonsten notiert die Skriptorin das Diktierte immer wörtlich und in Großbuchstaben (vgl. dazu ausführlich Merklinger 2011, S. 90 ff.). Die nachfolgenden Texte sind im März des letzten Jahres vor der Einschulung entstanden.

> Es war einmal eine Maus. Die ging im Wald spazieren. Da traf sie den Wolf. Der sagte: „Komm nur her. Du brauchst keine Angst vor mir zu haben." Da war die Maus völlig verblüfft. Dann kam sie mit dem Wolf mit. Und der Wolf lud die Maus zum Essen ein. Und mit einem Hopser konnte sich die Maus vor dem Wolf retten. Weil der Wolf sie nämlich verspeisen wollte. Dann spazierte die Maus gemütlich im Wald weiter rum. Da traf sie die Eule. Die sagte: „Komm mit auf meinen Baum. Du brauchst keine Angst vor mir haben."
> **André**
>
> André diktiert den gesamten Text in Einheiten, die nie länger als 5 Wörter sind (*Die ging im Wald spazieren*), zumeist gliedert er 1 – 3 Wörter aus (*Da*; *war die Maus*; *völlig verblüfft*). In Zeile 4 ist ein Überarbeitungsprozess zu beobachten: Aus *Weil die Maus* wird *Weil der Wolf … sie nämlich verspeisen wollte.*

Der Grüffelo läuft weg. Alle haben Angst vor der Maus.

Emre

DER GRÜFFELO, DEN GIBT ES WIRKLICH. DIE MAUS ~~GL~~ HAT SICH DAS AUFGEBILDET. DEN GRÜFFELO GIBT ES IN WAHRHEIT WIRKLICH. DA TRAF SICH DIE MAUS MIT DEM FUCHS. DER FUCHS SAGTE: „KOMM ZU MEINER PARTY. DA GIBT ES PUNSCH, TORTE. DA GIBT ES ALLES MÖGLICHE. UND MAUS, DU DENKST MICH GIBT ES WIRKLICH NICHT. ABER MICH GIBT ES. ICH FRESSE DICH AUF. NICHT DARUM, DASS ICH HUNGER HAB. SONDERN WEIL DU DEN ANDEREN SAGST, MICH GIBT ES NICHT, OBWOHL ES MICH GIBT."

B9_4

Turhan

Turhan verändert seine Aussprache während des Diktierens. Er gliedert einzelne Wörter oder Sinneinheiten aus (*Der Grüffelo; den gibt es wirklich; das*); dabei spricht er zum Teil langsam und gedehnt. Er richtet seine Aufmerksamkeit auf schriftsprachliche Explizitformen (*… obwohl es mich gibt* statt des mündlichen *obwohl's mich gibt*). Dabei artikuliert Turhan manchmal auch lautliche Aspekte, die eigentlich für die Schrift irrelevant sind (*Da gibt es alles Möglige.*). In Zeile 2 f. schreibt die Skriptorin *Die Maus hat sich das aufgebildet*. Eigentlich gemeint ist „eingebildet". Turhan hat an dieser Stelle Silbe für Silbe diktiert. Die aufgeschriebene Formulierung ist bereits das Ergebnis eines Überarbeitungsprozesses: *Der Maus glaubt/hat sich das nur eingeblendet*. Eine Spur dieser Überarbeitung ist in Zeile 2 als Streichung zu erkennen. Am Ende ist Turhan zufrieden: *Cool, ich hab' ein ganz, ganz lange Geschichte gemacht.*

Der Grüffelo hat auf der Nase eine eklige Warze. Verknotete Beine. Eklige Tatzen. Augen wie Feuer. Ein ekliges Maul.
Die Maus hat Tiere angelogen. Fuchs, Eule, Schlange. Die Maus trifft den Grüffelo am Stein.
Am Schluss knackte die Maus in Ruhe Nüsse. Der Grüffelo hat die Tiere angeguckt, die von der Maus angelogen wurden.

Joyce

Die Maus ist zu der Eule gegangen. Und dann ist sie zu der Schlange gegangen. Und dann ist sie in den Wald gegangen und hat gedacht, dass es da keinen Grüffelo ~~gab~~ gibt.

Jennifer

Wo sie sich erschreckt hat. Wo der Grüffelo weggerannt ist vor der Maus. Wieso die Tiere alle vor der Maus Angst hatten. Wieso sie alle gesagt haben: „Leb wohl."

Niko

Der Grüffelo begegnet der Maus. Und die Maus begegnet dem Grüffelo. Und da hat die Maus geschrien. Und dann sagte die Maus: „Komm mit." Und die machten ein Kaffeekränzchen. Dann sagt der Grüffelo: „Ich muss jetzt nach Hause." Ende.

Yannis

Grüffelo Maus Schlange Fuchs Eule Baum Gras Boden Steine Felsen

Jonah

Die Maus ging und traf dabei den Fuchs. ~~Der~~ Die Maus sagte: „Hallo, Fuchs. Ich treffe gleich hier den Grüffelo." „Sag, was ist das für ein Tier?" „Das Grüffelomonster hat knotige Knie, feuerrote Augen und solche lange Zunge." Denn sagte der Fuchs: „Wo triffst du ihn denn gleich?" „Hier unten am See. Er isst gern Fuchsspieß." Dann ging die Maus weiter. Dann traf die Maus die Eule. Dann sagte die Maus: „Hallo, Eule." Ich treffe gleich hier unten am See das Grüffelomonster." „Sag, was ist das für ein Tier?" „Es hat ganz große Hörner zum Tiere-Essen. Es hat Hörner und hat spitze Krallen an den Pfoten."

Lasse

Lasse nimmt während des Diktierens viele Überarbeitungen vor. Davon ist einzig die Streichung in Zeile 1 (*Der*) im Schreibprodukt zu erkennen. So wird in Zeile 5–6 aus *Ich treffe gleich hier unten am See den Grüffelo … das Grüffelomonster*. Die Überarbeitung *und hat Krallen … an den Pfoten … spitze Krallen an den Pfoten* (Zeile 7), ist bereits an anderer Stelle benannt (vgl. auch S. 120). Mit Blick auf den Schreibprozess ist interessant, dass Lasse Momente der Textplanung verbalisiert: Er leitet die erste Beschreibung des Grüffelos (Zeile 2–3) mit den Worten *Dann sagt es drei Sätze hintereinander* ein; oder er sagt *Dann kommen nur die Hörner*, bevor er *Und hat Hörner* diktiert. Lasse wechselt auf die Ebene der Metasprache, wenn er verkündet: *Dann sag ich mal 'n ganz langen Satz: Denn traf die Maus die Eule*. Er stellt sich auf diese Weise auf die Bedürfnisse der erwachsenen Schreiberin ein; zugleich macht er Erfahrungen mit dem Satzbegriff.

Die Maus geht in den Wald. Sie findet ein Tier und das ist der Grüffelo. Der Grüffelo will die Maus essen. Dann hat der Grüffelo Angst vor der Maus, weil die Maus möchte den Grüffelo jetzt essen. Die Maus geht aus dem Wald raus.

Leon

Nach der Aufgabenstellung sagt Leon: *Erst mal muss ich ja überlegen*. Nach 108 (!) Sekunden hat er eine Schreibidee gefunden und beginnt, seinen Text zu diktieren.

4.1.2 *Turmbau zu Babel* (Pieter Bruegel): Schreiben zur Lehrererzählung und zum Bild (Mai Klasse 1)

Nachdem die Lehrerin (Irmtraud Schnelle) die Klasse (23 Kinder) gesammelt, einige Schüler auch ermahnt hat, kündigt sie an: „Was wir heute machen, das beschäftigt uns noch bis zum vierten Schuljahr: dieses Jahr, in der 2. Klasse, in der 3. Klasse und in der 4. Ich habe das noch nie mit einem 1. Schuljahr gemacht. Ich probier es heute aus. Ich will euch heute nämlich etwas erzählen. Ich will euch etwas über einen Turm erzählen."

Die Klasse war kurz zuvor mehrfach an der Elbe, sodass die Schüler sogleich an Leuchttürme denken, die Lehrerin bestätigt die Kommentare und beginnt dann zu erzählen.

Lehrerin: „Türme finden Menschen interessant, faszinierend. Faszinierend (Schülerin: So was wie ein Glockenturm), wenn etwas, ja, so einen Zauber hat, wenn man davon mitgerissen wird. Das ist so faszinierend, wenn da noch so ein bisschen Geheimnis bleibt. So, und heute will ich euch etwas von einem Turm erzählen, da weiß man nur, dass es ihn gegeben hat. Man hat ihn gar nicht gesehen; das ist nämlich schon so lange her, über tausend Jahre, zweitausend, dreitausend Jahre, das weiß man nicht so genau. Und darum weiß heute kein Mensch mehr, wie er ausgesehen hat. Man weiß, dass es ihn gegeben hat, und man weiß auch, wo er gestanden hat. Und die Geschichte von dem Turm, die will ich euch erzählen ... Gott hat die Erde geschaffen. Den Himmel und die Erde, das Wasser und das Land. Die Menschen, die Tiere und die Pflanzen. (Zwischenrufe der Schüler: Die Seen! Die Teiche! Die Fische! Die Häuser!)

Nein, die Häuser hat er ihnen nicht gegeben. Gott hat ihnen (Schüler: die Natur) ein Paradies gegeben, wo sie leben sollten. Und er hat ihnen gesagt: ‚So, in diesem Paradies, da lebt ihr jetzt. Werdet glücklich, vertragt euch, macht keinen Streit.‘ Zuerst ging es den Menschen auch gut. Aber wie das so ist, dann fingen sie an zu streiten. Sie wurden hässlich zueinander; jeder wollte der Beste sein. Keiner gönnte dem anderen etwas. Sie schlugen sich, sie betrogen sich, sie logen, sie schlugen sich sogar tot. Gott ermahnte sie, aber sie hörten schlecht.

Es hatten die Menschen damals alle eine Sprache. Sie redeten alle dieselben Worte. Sie konnten sich verstehen, miteinander reden. Dann zogen sie in ein fernes Land im Osten, und dort wollten sie eine riesengroße Stadt bauen. Sie wollten reich und mächtig werden. Und zum Zeichen, dass sie reich und mächtig werden wollten, bauten sie einen Turm. (Schüler: einen großen!) Einen riesigen Turm! Der sollte immer höher und höher und höher werden. Sie sagten: ‚Auf, lasst uns einen Turm bauen, wie noch nie ein Mensch ihn je gesehen hat. Er soll so hoch werden, dass er bis in den Himmel kommt.‘ Und sie bauten und bauten. Es war schwierig. Sie bauten Wochen (Schüler: Monate), sie bauten Monate, sie bauten Jahre. Sie mussten Werkzeug erfinden (Schülerin: Steine); sie mussten lernen, Steine im Ofen zu brennen, damit sie fest wurden;

sie schafften Gold heran, um den Turm zu schmücken. Und dabei geschah es, dass sie immer nur an den Turm dachten, und immer nur daran dachten, dass er viel, viel größer und riesiger werden musste. Und dabei hörten sie auf, sich selber zu bemerken. Sie merkten nicht mehr, dass vielleicht jemand krank war und nicht mehr arbeiten konnte. Sie merkten nicht mehr, dass zu Hause auch noch Frauen und Kinder warten. Sie merkten auch nicht, wenn jemand abstürzte oder sich verletzte; sie redeten gar nicht mehr miteinander. Sie lebten nicht mehr; sie bauten und bauten und bauten. Und das sah Gott, und er wurde zornig. Er kam herab und sagte zu den Menschen: ‚Wenn ihr schon nicht mehr miteinander redet und euch nicht mehr bemerkt, dann braucht ihr auch gar nicht eine Sprache.' Und er verwirrte ihre Sprache. Jeder bekam eine andere Sprache, sodass sie sich nicht mehr verstehen konnten. Und der Herr sagte: ‚Der Turm wird zerfallen!' Und so geschah es auch. Sie verstanden einander nicht; sie verließen den Turm. Oh, ich habe noch was vergessen: Gott hatte gesagt: ‚Zerstreut euch in alle Welt. Und dann ringt darum, kämpft darum, dass ihr euch wieder versteht.' Und sie zerstreuten sich in alle Welt, und der Turm zerfiel.
Die Stadt war noch eine Weile da; die Stadt bekam den Namen Babel. Babel heißt – das ist eine alte Sprache –, Babel heißt: Wirrnis, Verwirrung, Durcheinander. (Schüler: Die Sprache ist ja auch durcheinander!) Sag's mal laut. (Schüler wiederholt seine Äußerung.) Genau.
Und seit dieser Zeit damals beschäftigen sich die Menschen mit diesem Turm und mit der Geschichte. Das war die Geschichte vom Turm zu Babel.“

Nach kurzer Stille fordert die Lehrerin zwei Schülerinnen auf, *Der Turm zu Babel* an die Tafel zu schreiben. Danach bringt sie das Bild von Bruegel an der Tafel an. Sie erklärt, dass er es „vor 500 Jahren“ gemalt hat, als in seinem Land, in Holland, auch viel Streit war.
Mehrere Schülerinnen und Schüler: „Oh!“ – „Schön!“ – „Toll, der Turm.“ – „Als wenn der aus der Luft gebaut wäre.“ – „Der ist fast bis zum Himmel, weil der bis zur Wolke steht.“ Die Schüler sprechen über viele Einzelheiten, über den Kaiser und die Arbeiter, über die Goldkisten, die Schiffe. „Da ist was kaputt.“ – „Ist noch nicht fertig oder schon eingestürzt.“ Sie vergleichen diesen Turm mit dem Leuchtturm von der Elbe. Die Lehrerin klärt, dass es heute nicht um die Einzelheiten geht. „Heute sollst du dir Gedanken machen über den Turm zu Babel, deine Gedanken aufschreiben.“ Sie zeigt Schreibblätter im Hoch- und Querformat mit und ohne Linien (siehe die Schülerarbeiten auf den folgenden Seiten).
Die Schüler brauchen etwa 30 Minuten zum Schreiben; einige zeichnen auch ihre Vorstellung von dem Turm. Die Entwürfe werden an der Tafel aufgehängt (mit Magneten). In einer Abschlussrunde liest die Lehrerin die Texte vor und kommentiert ihr Verständnis.

Transkript von der Tonkassette: Steffi Schnürer

Pieter Bruegel d. Ä.: *Turmbau zu Babel*, 1563

An einem späteren Tag gestalten die Schüler ihre Vorstellung von dem Turm bildnerisch. Alle möchten gern eine Kopie des Bildes von Bruegel. Die Lehrerin schreibt die Texte der Kinder ab und klebt alle Texte und Bilder auf Karton. Am Elternabend wird das präsentiert, später noch in der Schule ausgehängt. Die Kinder fragen – nun am Ende des ersten Schuljahrs – nach, was sie wohl in einem Jahr mit dem „Turm zu Babel" machen werden.

Dies sind die Arbeiten aller Kinder der Klasse 1:

> Es war einmal ein Turm. Er heißt: Der Turm zu Babel. Die Menschen waren sehr böse.
> Sie reden nicht mehr zusammen. Da sprach Gott: Ich werde den Turm zusammenstürzen
> lassen und eure Sprache ändern. Und es geschah.
> **Solveig**

> Der Turm von Babel ist groß und dick. Und an der anderen Seite ist der Turm kaputt.
> Aber der ist ganz schön. Sehr schön.
> **Nicole**

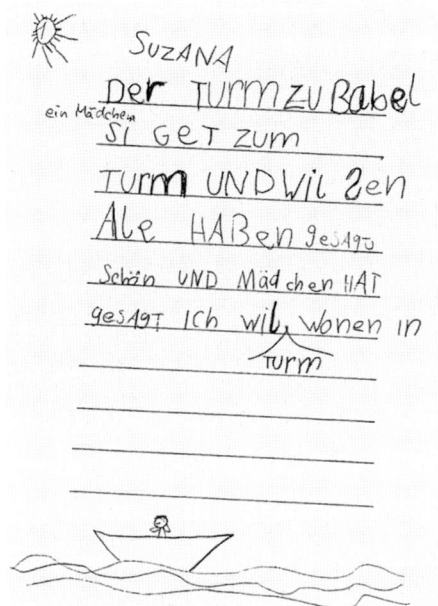

Der Turm zu Babel

Sie geht zum Turm und will ihn sehen. Alle haben gesagt: Schön.

Und das Mädchen hat gesagt: Ich will im Turm wohnen.

Suzana

Der Turm zu Babel

Der Turm wurde erbaut vor tausend Jahren oder noch länger. Der Turm sollte bis in den Himmel gehen. Aber die Leute, die den Leuchtturm gebaut haben, die hatten dann nicht mehr mit sich gesprochen und sie merkten nicht mehr, dass viele Familien krank wurden.

Laura

Der Turm zu Babel war ein mächtiger Turm. Die Arbeiter denken nicht an ihre Frauen und Kinder. Gott wurde zornig, als er das sagte: Entweder ihr geht zu euren Frauen oder ich mache den Turm kaputt.

Malia

Der Turm zu Babel

Weil alle einen Streit hatten. Aber sie haben sich nicht verstanden.

Jeanette

MARCO Der Turm zu Babel

Die men schen HABen sich nur Ge
schtröten DAmalz wan die Menschen sich
nicht einich si Retrükten sich Dan
wolTen si mechTich werden si BAuten
ein torm si naNanten in Der Turmzu Babel
aBA si Denkten nur an sich seLPst
Dan Sa Das Got DA waer sauA und MAHtealen
eine anDere SPrache und saGte noch Der

Der Turm zu Babel

Die Menschen haben sich nur gestritten. Damals waren die Menschen sich nicht einig. Sie betrogen sich. Dann wollten sie mächtig werden. Sie bauten einen Turm. Sie nannten ihn: Der Turm zu Babel. Aber sie dachten nur an sich selbst. Dann sah das Gott. Da war er sauer und machte allen eine andere Sprache und sagte noch: Der Turm wird zerbrechen. Und das geschah.

Marco

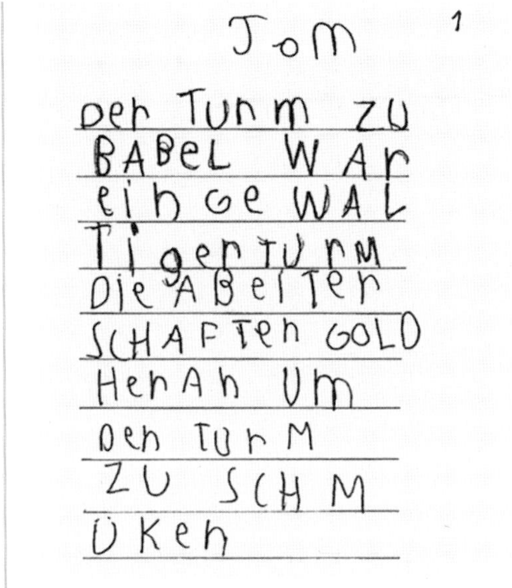

JoM   1

Der Turm zu
Babel war
eine gewal
Tigerturm
Die Abeiter
Schaften Gold
heran um
den Turm
zu schm
üken

Die ersten 3 Seiten des Schülertextes

Der Turm zu Babel war ein gewaltiger
Turm. Die Arbeiter schafften Gold heran,
um den Turm zu schmücken. Werkzeug
mussten sie erfinden und einen Ofen
mussten sie erfinden, wo sie die Steine
in die Form gekriegt haben. …

Tom

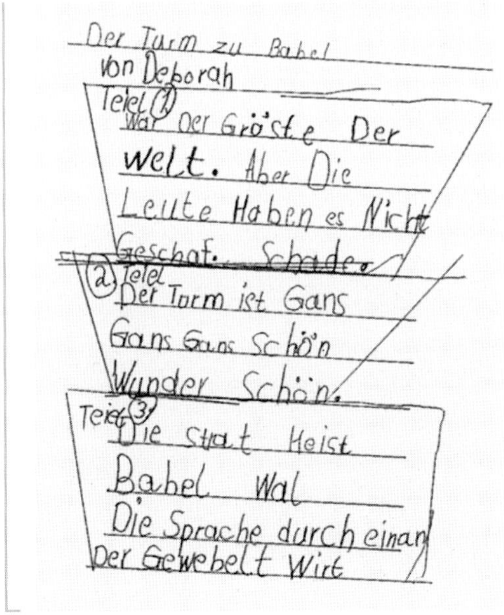

Der Turm zu Babel
von Deborah
Teil 1
War der Größte Der
welt. Aber Die
Leute Haben es Nicht
Geschaf. Schade.
Teil 2
Der Turm ist Gans
Gans Gans Schön
Wunder Schön.
Teil 3
Die Stat Heist
Babel Wal
Die Sprache durch einan
Der Gewebelt Wirt

Der Turm zu Babel von Deborah
Teil 1
war der größte der Welt.
Aber die Leute haben es nicht geschafft.
Schade.
Teil 2
Der Turm ist ganz ganz ganz schön.
Wunderschön.
Teil 3
Die Stadt heißt Babel, weil die Sprache
durcheinander gewirbelt wird.

Deborah

Der Turm ist ein bisschen kaputt und er ist schön, der Turm. Und der ist schwer, der Turm. Das ist ein großes Land. Der Turm geht bis in den Himmel. Der Turm ist ganz groß. Der Himmel ist blau. Da sind Boote. Piratenschiffe. Da ist Gold. Das ist schön, ganz groß.
Da sind Kisten, viele Kisten.

Sobeir

Ich schreibe deine Geschichte vom Turm zu Babel. Warum machen die Streit? Das ist nicht schön.

Serpil

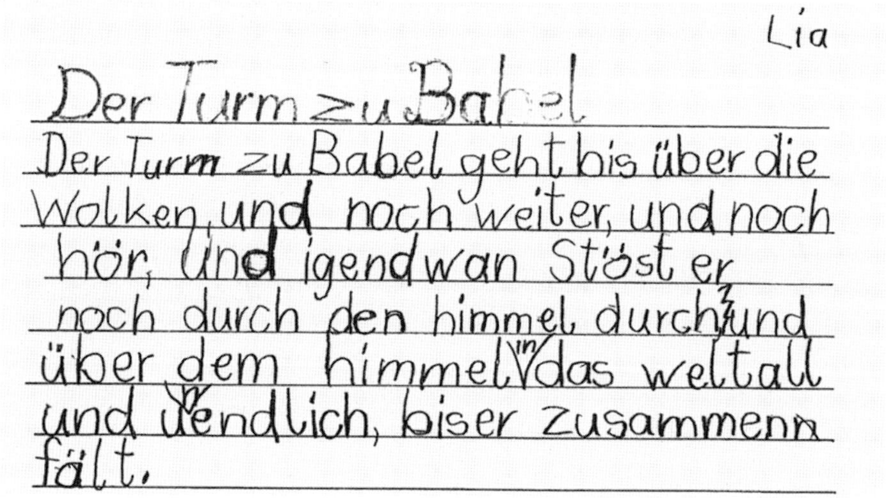

Lia

Der Turm zu Babel

Der Turm zu Babel geht bis über die Wolken, und noch weiter, und noch hör, und igendwan Stöst er noch durch den himmel durch und über dem himmel in das weltall und uendlich, biser zusammenn fält.

Der Turm zu Babel

Der Turm zu Babel geht bis über die Wolken, und noch weiter und noch höher, und irgendwann stößt er noch durch den Himmel durch und über dem Himmel in das Weltall und unendlich, bis er zusammenfällt.

Lia

Der Turm zu Babel ist kaputt und ihn muss man reparieren. Dann wird er schön aussehen im ganzen Land. Und er glitzert und er ist groß bis zu den Wolken. – Der Turm zu Babel.

Denni

Die Männer bauen einen Turm und haben ihre Kinder vergessen und Frauen vergessen.

Rojhat

Der Turm zu Babel
Er ist groß und dick. Der Turm ist noch nicht fertig. Die Menschen sahen die Menschen.
Jana

Die Leute verstehen sich nicht mehr. Schade. Die Leute sind weggezogen. Der Turm geht bald kaputt. Ende. Der Seehund ist krank. Die Leute können sich nicht um die Seerobbe kümmern; weil sie sich nicht verstehen, können sie nicht helfen. Ende
Sven

Der Turm ist schon ein bisschen kaputt. Aber der Kaiser ist nett und er erlaubt vieles. Aber die Menschen verhungerten ein bisschen. Aber das ist nicht so schlimm.
Julian

Der Turm ist ziemlich groß bis in den Himmel. Ein bisschen ist der Turm kaputt.
Belma

Der Turm ist ziemlich groß bis zu den Wolken. Fast ist der Turm runtergefallen.
Zamanah

Ich freue mich, wenn das Leuchtturmfenster nicht kaputtgeht. Wenn was kaputtgeht, dann bin ich böse. Ich will, dass der Leuchtturm ganz schön bleibt. Ich liebe den Leuchtturm.
Gülin

Warum ist das so groß? Weil das im Himmel ankommen will. Warum ist der Turm so groß? Bis zum Himmel!
Mohamed

Der Turm zu Babel
Ich denke mir in meinem Kopf, dass er genauso aussieht. Nur ich denke mir, dass er eine Goldmine hat im Turm.
Charlyn

Der Turm zu Babel
Er sieht schön aus und er ist so kaputt.
Marcus

4.1.3 *Mädchen am Meer* (Edward Munch): Schreiben vor dem Original (Januar Klasse 3)

Die Lehrerin (Irmtraud Schnelle) ist zum ersten Mal mit der Klasse in der Kunsthalle in Hamburg.[31] Es geht um das Bild von Edvard Munch: *Mädchen am Meer.*

Die Kinder suchen verschiedene Standpunkte zu dem Bild: sie gehen ganz nah heran oder möglichst weit weg; sie erfahren, was sich ändert, wenn sie es von unten und von der Seite ansehen. Sie sollen sich vorstellen, in das Bild hineinzugehen: „Die Methode geht jetzt so: Ihr müsst ziemlich eng zusammenrutschen und dann kann man etwas mit Fantasie machen – die Augen zumachen und in Gedanken in das Bild hineinspringen. Und wenn man mit den Gedanken im Bild ist, kann man mehr sehen. (Schüler: Was die dort reden.) Oder spazieren gehen. Wollen wir das jetzt machen? Augen zumachen und ins Bild gehen?" Sie schließt selbst die Augen. Die Schülerinnen und Schüler sind sehr konzentriert: „Ich habe richtig das Wasser rauschen gehört." – „Ich war eins von den Mädchen." – „Ich bin da rumgegangen, dann war ich in der Mitte von dem Kreis." – „Ich hab' einen Stein angefasst, der war ganz glatt ..."

Die Aufgabenstellung für das Schreiben lautet: „So, jetzt haben wir lange gesprochen. Ich möchte euch bitten aufzuschreiben, was euch dazu einfällt. Was ihr seht, riecht, hört, schmeckt und was euch noch dazu einfällt." Später haben die Schüler noch ihre Vorstellung bildnerisch gestaltet (siehe dazu Jonas' Bild, S. 161) und die Texte in der Schule orthografisch überarbeitet (siehe S. 161).

Transkription von Christoph Jantzen

Im Land der Bilder

Dass es da nach Fischen riecht. Der grüne Stein ist aus Glas. Das Bild ist verwischt. Eine Frau ist traurig, weil die anderen Frauen tanzen und sie darf nicht mittanzen. Da hinten schwimmt ein Boot. Da drinnen sind Leute, die angeln.

David

* Ich war in einem Bild.

Auf dem Bild waren ~~vieleit~~ viele Mädchen, eine hatte ein rotes Kleid an und die anderen hatten weiße Kleider an. Entweder sie haben geflüstert, oder sie haben getanzt. Die mit dem roten Kleid hatte ihre Hände zusammengefaltet, sie hatte vielleicht ~~Kumer~~ Kummer um ihren Mann. Denn die anderen glaubten, ihr Mann war nicht auf dem Schiff.

An dieser Stelle hat Sabine eine Wellenlinie quer über das Papier gezeichnet. Rund um den Text läuft auch eine Wellenlinie.

Und ich hatte einen glatten Stein in der Hand. Er fühlte sich wie Glas an. Aber er war runtergefallen, aber er war nicht kaputtgegangen. Aber ich dachte, es wäre eine Qualle, denn es war oben so grünlich. Und die Farben waren aus Steinen, und die Steine waren bunt.

Sabine

Edvard Munch: Mädchen am Meer, 1903

Wir haben über ein Bild gesprochen. Und dann haben wir es uns von allen Seiten angeguckt. Und irgendwie veränderte sich auch was, zum Beispiel wurde das Meer, was auf dem Bild war, wenn man es von hinten anguckte, etwas heller und von vorne etwas dunkler. Und von hinten sah man gar nicht, dass es auf Stoff gemalt war.

Mario

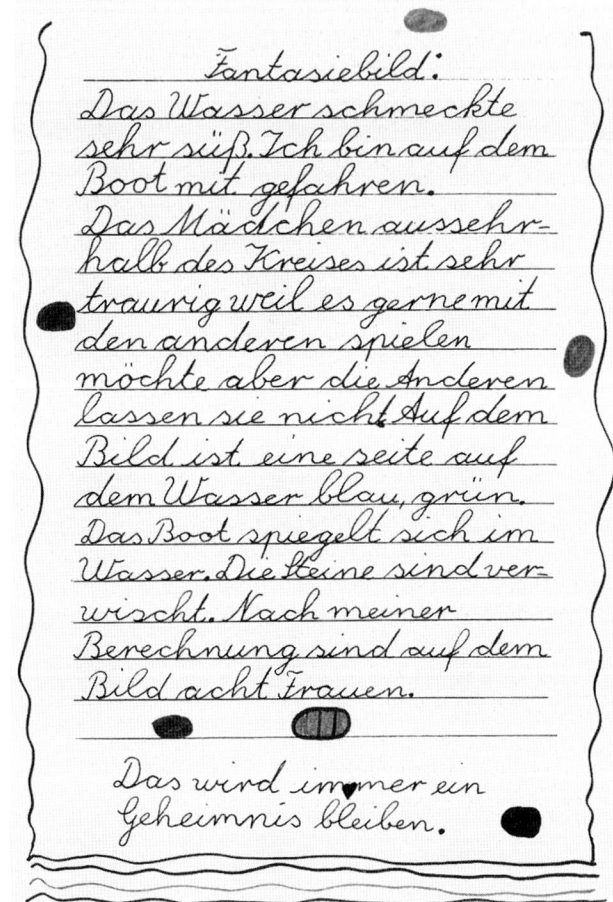

Fantasiebild:
Das Wasser schmeckte sehr süß. Ich bin auf dem Boot mit gefahren.
Das Mädchen ausserhalb des Kreises ist sehr traurig weil es gerne mit den anderen spielen möchte aber die Anderen lassen sie nicht. Auf dem Bild ist eine seite auf dem Wasser blau, grün.
Das Boot spiegelt sich im Wasser. Die Steine sind verwischt. Nach meiner Berechnung sind auf dem Bild acht Frauen.

Das wird immer ein Geheimnis bleiben.

Julia

Entwurf

Und das bild ist Miet
fil Mühe gemalt
Worden. und Wunder-
fol gemal. & Was
Waß sind die Sterne an
der pallme. leleicht die
Kokosnüss. ich Were
gerne ins Hauß Ren
gegangn. das blaue
sied so Aus wie ein
Wassenfal. und Sid will
Sfolg Knigen uohd
Schpanung Knigen.
Wal das schön Aus
siet.

Überarbeitung

Und das Bild ist mit viel Mühe gemalt
worden und wundervoll gemalt. Was
sind die Sterne an der Palme? Vielleicht
die Kokosnüsse. Ich wäre gern ins Haus
reingegangen. Das Blaue sieht so aus
wie ein Wasserfall. Und ich will Erfolg
kriegen und Spannung kriegen. Weil das
schön aussieht.

Mehmet

Mehmet hat zu *Der Wald* von Schmidt-Rottluff
geschrieben. Weitere Texte von Mehmet vgl.
S. 31.

Wenn ich weiter weggehe, sehe ich, dass das Wasser von da hinten heller ist. Am Strand liegen sehr glatte Steine. Von diesen Leuten am Strand hat einer oder eine einen roten Anzug
(Kleid). Ein Schiff fährt auch im Wasser, es spiegelt sich. Die Leute am Wasser haben sich im
Kreis aufgestellt, bloß nicht die oder der mit (dem) roten Anzug (Kleid). Es liegen ein weißer
und ein grüner Stein nebeneinander. Am Schluss des Strandes ist alles dunkler als woanders. Eine oder einer von diesen Leuten hat rotes Haar. Sie oder der mit dem roten Anzug
(Kleid) wendet den Rücken weg. Was sie jetzt macht, weiß ich nicht

Jonas

Jonas hat zu dem Bild von Schmidt-Rottluff geschrieben. Weitere Texte von Jonas vgl. S. 30.

4.1.4 *Der Tigerprinz* (Chen Jianghong): Schreiben zum Bilderbuch (Juni Klasse 3 und 4)

Im Juni von Klasse 3 und 4 lesen die Lehrerinnen (Alexandra Müller, Susanne Lohstöter) das Bilderbuch *Der Tigerprinz* vor. Die 3. Klasse stammt aus einer bildungsnahen Wohngegend, die Schule der 4. Klasse liegt in einem gemischten Umfeld. Das Buch erzählt ein traditionelles chinesisches Volksmärchen: Der König des Landes schickt auf Rat einer Wahrsagerin seinen kleinen Sohn Wen in das Tigerreich. So möchte er den Zorn einer wilden Tigermutter besänftigen, deren Junge von Jägern getötet wurden, und die seitdem Dörfer verwüstet und Menschen tötet. Die Wahrsagerin prophezeit, dass Wen nichts geschehen wird. Als die Tigerin Wen entdeckt, will sie ihn töten, doch die Angst und Hilflosigkeit in seinen Augen lassen sie an ihre eigenen Jungen denken. Ihr Mutterinstinkt ist geweckt und sie bringt ihm alles bei, was kleine Tiger können und wissen müssen. Eines Tages – viele Jahre später – schickt der König, von Ungewissheit geplagt, seine Truppen aus, um nach Wen zu suchen. Als diese die Tigerin finden und angreifen wollen, stellt Wen sich schützend vor seine „Tigermutter". Die Soldaten lassen von der Tigerin ab und Wen kehrt mit seiner leiblichen Mutter zu den Menschen zurück, besucht die Tigerin aber regelmäßig. Als erwachsener Mann gibt er schließlich seinen eigenen Sohn in die Obhut seiner „Tigermutter", damit er genauso wie Wen von ihr lernen kann, was er braucht, um ein guter König zu sein.

Das Bilderbuch weist komplexe sprachliche Strukturen auf: „Eines Tages, als er [Wen] die Tigerin streichelt, entdeckt er in ihrem Fell eine Pfeilspitze. Bei dieser Berührung zuckt sie zusammen und brüllt vor Schmerz auf. So sehr weckt die Erinnerung ihren Hass, dass sie sich auf Wen stürzen will. Aber in seinen Augen steht dieselbe Angst, wie in denen ihrer Kinder. Ihre Mutterliebe siegt. Vorsichtig und liebevoll nimmt sie Wen ins Maul" (Jianghong 2005, S. 26–29). Die ausdrucksstarken Bilder unterstützen das Textverständnis und eröffnen zugleich zusätzliche Bedeutungsebenen.

Zu Beginn sehen die Kinder beider Klassen im Sitzkreis das Bild auf dem Titel des Buches – die Schrift ist dabei mit schwarzer Pappe abgeklebt. Sie stellen Vermutungen über den Titel an („Heißt das vielleicht ‚Der Tiger und das Kind'?"; „Heißt das ‚Der Tiger und der Junge'?"). Zu der Frage „Was hast du für Gedanken, wenn du das Bild siehst?" äußern sie persönliche Eindrücke („Dass der Tiger das Kind beschützt." – „Dass der Tiger den Jungen fressen will." – „Dass das Kind sich wohlfühlt, weil das sich da so eingekuschelt hat." – „Dass der Tiger und der Junge Freunde sind." – „Könnte es sein, dass das vielleicht das Kind davon ist?" – „Dass der kleine Junge eigentlich nicht in so einer Normalgröße ist, weil ein Mensch passt eigentlich gar nicht in so ein Maul …"). Während des Vorlesens werden Nachfragen und spontane Kommentare der Kinder zugelassen, aber nicht im Gespräch vertieft.

Nach dem Vorlesen leiten die Lehrerinnen direkt zum Schreiben über: „Heute werden wir nicht über das Buch sprechen. Heute sollt ihr zu dem Buch schreiben." Die

Aufgabe: „Schreibe auf, was du denkst – was dir wichtig ist." Zur Auswahl stehen fünf verschiedene Schreibblätter, auf denen zentrale Momente der Geschichte abgebildet sind (zur Gestaltung und Auswahl der Schreibblätter sowie zur Analyse einzelner Texte vgl. Merklinger/Schüler 2011).

Zu dieser Aufgabenstellung sind folgende Texte entstanden:

Die Tigerin mit Wen im Maul

Die Tigerin hatte den kleinen Jungen im Maul. Für Wen war es dort gemütlich. Die Tigerin war traurig, weil sie an ihre Jungen dachte. Wen fand es im Urwald toll. Er vermisste die Königin, seine Mama, und den König, seinen Vater. Die Kleinen von ihr wurden erschossen. Darüber war sie sehr traurig. Sie lauschte leise in den Urwald. Sie fand es schön mit Wen im Maul. Ihr gefällt es. Sie dachte sehr, sehr, sehr doll an ihre Kleinen. Es war fast so, als wäre er einer ihrer Jungen.

Charlotte (Klasse 3)

Die Stärke der Liebe

Ich finde wichtig an der Geschichte, dass man jetzt weiß, dass Liebe stärker als Hass ist.

Elias (Klasse 3)

Die Tränen

Die Tigerin beschützt ihre Kinder. Das Weibchen beschützt Wen. Sie kann ihn nicht fressen, da ist die Mutterliebe viel zu groß. Wen klammert sich an die Zähne und weint. Und seitdem sind sie zusammen.

Saskia (Klasse 4)

Das Kind will die Tigermutter beschützen und hat Angst um seine 2. Mutter und will nicht, dass sie stirbt. In beiden Gesichtern erkenne ich Wut und Angst.
Die Tigermutter hat Angst um ihr Junges (Aber es ist eigentlich nicht ihr Junges, aber eigentlich doch.)
Felix (Klasse 4)

Der Tigerprinz
Ich denke, dass der Junge die Tigerin beschützen möchte. Dass der Junge die Tigerin von irgendetwas abhalten möchte. Und dass der Junge sich bei der Tigerin sicher fühlt.
Fabian (Klasse 4)

Als die Soldaten ihren Bogen spannten, stellte Wen sich erschrocken vor die Tigermutter. In ihren Augen glühte der frühe Hass auf. Sie hatte Angst. Fürchterliche Angst, auch um Wen. „Nein! Nicht schießen!", schrie Wen außer sich. Da drängelte sich eine Frau nach vorne. Es war seine Mutter, die Königin. „Komm wieder in den Palast", bat sie. So geschah es. Wen besuchte die Tigerin oft. Eines Tages brachte er seinen ersten Sohn und sagte zu der Tigerin: „Mach aus ihm einen guten König."
Sophie (Klasse 4)

Wen ist gerade auf dem Reinweg in den Wald und geht. Er sucht auch die Tigermutter, weil sie immer die Dörfer angegriffen hat! Er soll die Rolle übernehmen von den Tigerkindern.
Pascal (Klasse 4)

Nachdem die Kinder ihre Texte in der Klasse präsentiert haben, gibt es eine weitere Schreibaufgabe: „Wie hat der Vater/die Mutter/Wen/die Tigerin erlebt, was passiert ist? Schreibe aus der Sicht des Vaters/der Mutter/von Wen/der Tigerin." Die Kinder konnten zwischen 4 Schreibblättern auswählen. Der Anspruch besteht darin, dass die

Kinder sich für eine Figur entscheiden und sich in deren Perspektive hineinversetzen. Dabei müssen sie entscheiden, was diese Figur weiß und erlebt hat – und was aus ihrer Sicht relevant ist.

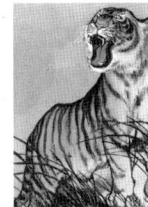

Die Tigerin hat so viel Hass
Sie hatte so viel Hass auf die Menschen, weil die ihre Kinder getötet haben. Und sie griff ein Dorf nach dem anderen an. Sie riss Menschen, Tiere und zerfleischte Häuser. Aber ihr Hass wurde damit auch nicht kleiner.
Rodrigo (Klasse 3)

Wen
Ich hatte Angst, als ich zu der Tigerin musste. Ich war ganz ruhig und ging in den Urwald. Ich hatte keine Angst, als die Tigerin mich geweckt hat. Ich war glücklich bei der Tigerin. Ich hatte nie Angst. Sondern war und bin glücklich. Ich habe mich auf die Tigerin verlassen und ihr die Verantwortung von meinem Leben und dem Leben meines Sohnes geschenkt.
Nils (Klasse 3)

Der König. Vater von Wen.
Unser Dorf wurde von einer Tigerin überfallen. Ich wollte meine Soldaten losschicken. Aber vorher habe ich die Wahrsagerin gerufen. Sie hat gesagt, Wen soll in den Urwald gehen, dann wird die Tigerin wieder ruhig. Ich war verzweifelt, meine Frau auch. Also gut, habe ich gedacht. Ich habe ihn bis zur Felsbrücke gebracht. Ich habe ihm gesagt: „Auf der anderen Seite der Felsbrücke beginnt das Tigerreich." Er hat gesagt, er hat keine Angst. Wir haben uns verabschiedet. Und er ist gegangen. Ich ging traurig nach Hause. Es war schrecklich ohne Wen. Irgendwann konnte ich es nicht mehr aushalten. Ich schickte meine Soldaten los. Ich sagte, sie sollen den Urwald mit Feuer umzingeln. Das wurde auch gemacht. Als ich erfuhr, dass sie Wen mit der Tigerin hatten, bin ich sofort hin. Wen stand vor der Tigerin und streckte seine Hände aus und schrie: „Nicht schießen! Nicht schießen! Lasst es sofort." Da drängelte sich meine Frau durch die Soldaten und die beiden fielen sich in die Arme. Da sagte Wen: „Das ist meine Mutter aus dem Palast." Dann sagte er: „Und das ist meine Mutter aus dem Urwald." Ich war froh, Wen wieder zu haben. Wir lebten sehr schön und jedes Jahr besuchte Wen die Tigerin, die immer schon gespannt wartete. Und wenn sie nicht gestorben sind, dann leben sie noch heute.
Jonas (Klasse 3)

Die Trauer der Mutter
Die Mutter muss sich von ihrem Sohn trennen, deshalb ist sie sehr betrübt. Sie wollte ihren Sohn einfach wiederhaben, denn sie macht sich Sorgen um ihren Sohn. Sie denkt, dass ihr Sohn vielleicht nicht überlebt hat. Und deswegen ist die Mutter traurig.
Yana (Klasse 4)

4.1.5 *Torins Passage:* Schreiben zum Adventure Game (Klasse 4)

Im Rahmen des BLK-Programms „Kulturelle Bildung im Medienzeitalter" haben wir unter anderem das Adventure Game *Torins Passage* als Vorgabe erprobt, in 9 Klassen des Modellversuchs und weiteren 10 Klassen im Rahmen eines Schulpraktikums (vgl. Dehn u. a. 2004; Hoffmann/Lüth 2007). Das Unterrichtsprojekt zum Adventure Game umfasste etwa 6–10 Stunden – mit mindestens 2 intensiven Spielphasen. Die folgenden Schülertexte zu drei Aufgaben aus diesem Projekt können insbesondere im Hinblick auf die Perspektive betrachtet werden. Das ist so auch mit den Kindern im Unterricht erfolgt (vgl. oben S. 62f.). Bei Aufgabe 2 geht es um die Beobachtung und Darstellung von Details – aus der Erinnerung von Spielerfahrungen.

Wir haben dieses Adventure Game ausgewählt, weil es durch die Einstiegsgeschichte eine Problemstellung enthält, die Grundschulkindern zugänglich ist: Entführung der Eltern. Sie kann als Film oder auch als mündlich vorgetragene Erzählung vorgestellt werden (vgl. Dehn u. a. 2004, S. 57). Anschließend können die Schülerinnen und Schüler etwa 20 Minuten lang, am besten zu zweit, erste Erfahrungen mit dem Spiel machen. Unmittelbar im Anschluss daran – also ohne dass in der gesamten Lerngruppe darüber gesprochen wird – erhalten sie die erste Schreibaufgabe. Der Anspruch ist, die vielfältigen Erfahrungen als Spieler – das Vor und Zurück beim Lösen der Aufgaben und beim Beschreiten der Wege – und die Erzählung von Torin in einen linearen Text zu bringen. Oder aber sich entweder auf das Spiel oder die Erzählung zu beschränken.

Die Texte sind orthografisch, aber nicht grammatisch korrigiert. Zusätze sind in Klammern notiert. Überschriften, die wir als Ausschnitt aus dem Schülertext hinzugefügt haben, stehen in Anführungszeichen.

Du hast viel gesehen, gehört und erlebt, ordne deine Gedanken und schreibe auf, was dir wichtig ist.

„Ich bin Torin, das Herrchen von Boogle"

Ich habe ein Seil gefunden und bin damit über einen Baum gegangen. Ich habe auf dem Tisch im Haus ein Täschchen gefunden. Boogle ist immer ganz langsam. Wir kommen kaum vorwärts. Boogle ist außerdem ein Hund. Ich bin Torin, das Herrchen von Boogle. Eine böse Hexe hat meine Eltern gefangen genommen. Ich sollte Werkzeug holen. Ich ging los, da kam die Hexe. Sie hat mein(en) Vater und meine Mutter unter die Erde versteckt. Ich habe gesagt: Ich suche meine Eltern. Wenn ich sie gefunden habe, dann nehme ich sie mit.

Tommy (Klasse 4; Hoffmann/Lüth 2007, S. 246)

„Aber Torin sprang darüber, als wäre es nichts"

Torin und seine Familie waren eine sehr arme Familie, aber sie waren sehr glücklich. Eines Tages sollte Torin einige Sachen holen, aber er hatte keine Lust dazu. Dann hat sein Vater ihn überredet, dass er doch noch die Sachen holt. Er wollte gerade losgehen, da kam ein Sturm oder so eine Art Fluch und der Sturm hätte die Eltern verzaubert. Torin machte sich auf die Suche, um den Täter zu finden, der das angerichtet hatte. Er ging zu einem Haus. Auf dem Weg musste er über einen Baum springen, unter dem Baum war ein Sumpf. Aber Torin sprang darüber, als wäre es nichts. Dann fasste er eine Dorne an, aber sie aber sie (!) war sehr spitz. Torin tat das natürlich sehr weh. Aber er ging weiter. Aber die Tür von dem Haus ging nicht auf. Er dachte, es gäbe einen Schlüssel und der Schlüssel wäre versteckt. Torin sah einen großen Stein. Er wollte den Stein hochheben, doch es ging nicht. Dann ging er wieder zurück, dann sah er ein Seil an der Scheune.

Richard (Klasse 4; Hoffmann/Lüth 2007, S. 248)

„Ich finde es sehr wichtig"

Ich finde es sehr wichtig, dass man bei diesem Spiel gründlich nachdenkt. Das Spiel muss man richtig im Kopf haben, damit man das Spiel auch gründlich bearbeiten kann. Aber ich finde es nicht so gut, dass man bei diesem Tor nicht so gut weiter kommt. Ich finde es gut, dass man vor dem Haus, wo der Wächter ist, dass man da mit der Axt erst mal den Stein zerschlagen muss. Der Wächter ist zwar etwas doof, aber trotzdem gut. Und wo der Wurm im Korb immer hin und her wackelt, ist auch lustig. Aber irgendwie ist es doof, dass seine Eltern in der Unterwelt sind. Aber man kann es ja nicht ändern. Die CD-ROM an sich ist gut. Sie ist gut entwickelt worden.

Sabrina (Klasse 4; Hoffmann/Lüth 2007, S. 250)

„Torins Abenteuer ist sehr, sehr toll – Torin findet zu Hause ein Seil und eine Axt"

Torins Passage

Torins Abenteuer ist sehr, sehr toll. Torin findet zu Hause ein Seil und eine Axt. Neben einer alten und zerbröckelten Hütte findet Torin ein(en) durchsichtigen und blauen Kristall. Boogle, der Hund von Torin, kommt bei seinen Abenteuer(n) mit und hilft manchmal. In seinem Haus findet Torin den Sessel von seinen Eltern. Im Wollknäuelkorb findet er eine Raupe, die ein Blatt haben möchte. Er bringt die Raupe zu ganz vielen Blättern. Torins Aufgabe ist es, in die Unterwelt zu dringen.

Kevin (Klasse 4; Hoffmann/Lüth 2007, S. 257)

Spielszene aus *Torins Passage* (Die Spielszene dient hier der Orientierung der Leser. Die Kinder haben die Aufgabe ohne Bild bearbeitet, sie mussten sich auf ihre Spielerfahrung beziehen.)

Was hat der Kapuzenmann gesehen?

Ich find den Kapuzenmann sehr verdächtig. Weil er gesagt hat, ich habe alles gesehen. Und wie er gelacht hat, wenn Mann (man?) weggegangen ist. Ich glaub mal, er ist ein Kumpane von der Hexe aus der Unterwelt. Der Kapuzenmann hatte einen grünen Ring, der sah sehr verdächtig aus. Er hatte sehr schmutzige Finger, deswegen glaub ich, dass er aus der Unterwelt kommt. Und außerdem kam er von dem Weg, nicht, wie er gesagt hat, dass er hinter der Scheune war. Deswegen find ich den Kapuzenmann verdächtig.

Florian (Klasse 4; Dehn u. a. 2004, S. 65 f.)

Der Kapuzenmann hat vieles gesehen. Er hat auch gesehen, wie Torins Eltern grün eingeeist wurden. Und auch, wie sie auf einmal in der Erde verschwunden sind. Als die Eltern in der Erde verschwunden sind, hat der Kapuzenmann mit Torin gesprochen. Als Torin sich auf den Weg gemacht hat, hat der Kapuzenmann gesagt: Das glaube ich nicht. Er hatte auch einen grünen verdächtigen Ring.

Julia (Klasse 4)

Der Kapuzenmann hat alles gesehen und gehört. Der Kapuzenmann hat die Eltern vereist und, ich glaube, auch Lycencia. Ich habe nämlich auch Beweise. Er hatte nämlich einen hellgrünen Ring. Der Ring hatte Zauberkraft. Und die Eltern wurden in der hellgrünen Farbe vereist. Vielleicht war Lycencia böse und vielleicht ist sie ja auch am Schluss lieb geworden.

Mirco, Richard, Steven (Klasse 4)

Vier Monate später nimmt die Lehrerin das Thema noch einmal auf: Es geht um „etwas, das ihr schon kennt". Sie schreibt „Torin" an die Tafel. Die Schülerinnen und Schüler sind interessiert und aufgeschlossen. Die Lehrerin stellt die Aufgabe vor und verteilt das folgende Schreibblatt. Die Aufgabenstellung (ohne weitere Erläuterung) fällt den Kindern schwer. Einige überlegen lange, bevor sie zu schreiben beginnen (vgl. Dehn u. a. 2004, S. 76).

Torin steht vor dem nächsten Kristalltor. Er merkt, dass er nicht genug Zauberpulver dabei hat. Er überlegt, ob er es trotzdem versuchen soll.

> Er denkt soll
> ich es wirklich
> machen denn wenn
> ich es mache habe ich kein
> Zauberpulver mehr und wenn ich
> es nicht mach komm ich nicht
> weiter. Das ist so verzwigt aber ich
> muss mich entscheiden. Nach ein
> Paar minuten öffnet er den Beutel
> und wirft den rest Zauberpulver.
> und das Tor öffnet sich.
>
> Paula gk

Paula (Klasse 4; Dehn u. a. 2004, S. 78)

Er denkt, soll ich es wirklich machen. Denn wenn ich es mache, habe ich kein Zauberpulver mehr und wenn ich es nicht mach, komm ich nicht weiter. Das ist so verzwickt, aber ich muss mich entscheiden. Nach ein paar Minuten öffnet er den Beutel und wirft den Rest Zauberpulver und das Tor öffnet sich.

Paula (Klasse 4; Dehn u. a. 2004, S. 77 f.)

„Torin dachte wie ich"

Wenn ich Torin wäre, würde ich nicht zurückgehen, denn vielleicht wäre dann an dem Platz, wo das Zauberpulver liegt, dann kein Zauberpulver mehr. Vielleicht ging(e) es sogar auch anders, weiterzukommen! Torin dachte wie ich und versuchte es einfach mit dem Pulver. Und – es staubte nur. Doch als der Staub sich gelegt hat, war nichts mehr da, man fühlte nur etwas, als wenn man abheben würde. Es gab sogar keine Decke, gegen die man stoßen könnte. Ich hörte Stimmen, dann sah ich was aufleuchten, es kam immer näher, bis man ein Tor sah, wo ein dickes Monstrum drauf saß und sich mit einem anderen Monstrum unterhielt, was man leider nicht verstehen konnte. Es klang ähnlich wie Chinesisch-Lateinisch. Dann sagte eine andere Stimme was; man dachte, dass hatte ein(en) Walkman im Ohr hatte. Ein Übersetzer von dem Zauberpulver. Dann hörte man gar nichts mehr und war wieder auf einem Boden vor dem Kristall. Jetzt wusst ich's. Das Pulver hatte nur die Augen in die Richtung meiner Eltern (…?), um mir was zu sagen! Der Übersetzer.

Jakob (Klasse 4; Dehn u. a. 2004, S. 79 f.)

4.1.6 Schreiben als Leseempfehlung (November bis März Klasse 3)

Vom ersten Schuljahr an hat die Lehrerin (Gisela Welge) regelmäßig Kinderliteratur vorgelesen. Seit die Schülerinnen und Schüler selber lesen können, lesen sie nun auch vor. Von Klasse 3 an gibt es das Ritual der „Buchvorstellung". Die Lehrerin hat für die Vorbereitung dazu ein Arbeitsblatt ausgelegt.

Aufgabe an alle:

Suche ein Buch, das du sehr gern gelesen hast, aus den Lesekisten aus oder bringe es von zu Hause mit.

Titel: _____

Autor: _____

Schreibe über das Buch.
Überlege dir, welche Seite oder welchen Abschnitt du uns vorlesen möchtest.

Seite: _____

Name: _____

Arbeitsblatt (November Klasse 3)

Das doppelte Lottchen (Erich Kästner)
Mein Buch handelt von zwei Mädchen, die sich gar nicht kennen und doch sich gleich im ersten Blick hassen, als die beiden sich treffen. Sie treffen sich in einem Ferienheim Seebühl am Bühlsee. Warum die beiden sich hassen? Sie hassen sich, weil sie sich ähnlich sehen und das ist sehr seltsam. Sie sind sogar gleichzeitig geboren, obwohl sie sich nicht kennen und nicht Geschwister sind. Doch sie kriegen es noch raus.
Diana (Februar Klasse 3)

Das Vamperl (Renate Welsh)
Frau Lizzi, eine etwas dickere Frau, ist zu einer Kur gefahren. Als sie wieder nach Hause kam, musste sie erst mal sauber machen. Sie krempelt die Ärmel hoch und legt los. Nach einer Zeit findet sie unter einem Spinnennetz einen kleinen Vampir. Sie legte ihn in eine Schmuckschachtel und gab ihm Milch zu trinken. Frau Lizzi dachte, wenn man den Vampir von vorne an mit Milch füttert, dann mag er bestimmt kein Blut. Aber ob das stimmt, das weiß ich nicht.
Thomas (Januar Klasse 3)

Liebe Leser und Leserin, dieses Buch, über das ich schreibe, handelt von einem kleinen Jungen und seinem besten Freund. Dieser Junge ist Jim Knopf und sein Freund Lukas, der Lokomotivführer. Die beiden erleben Abenteuer, und die Abenteuer sind auch nicht die leichtesten: Zum Beispiel, als sie gegen den Drachen Malzahn gekämpft haben. Aber haben sie gewonnen, ja oder nein? Na seid ihr neugierig?

Fabian (Januar Klasse 3)

4.1.7 Lüge und Wahrheit: Schreiben als Begriffsklärung (September Klasse 3 und 4)

Der Unterricht in Klasse 3 (Lehrerin: Heidi Hübner-Clausnitzer; unterrichtet hat Mechthild Dehn) und in Klasse 4 (Lehrerin: Angela Andersen; unterrichtet hat Lis Schüler) ist gleich strukturiert. An der Tafel stehen die beiden Begriffe, um die es beim Schreiben gehen soll: „Lüge" und „Wahrheit". Wir lesen sie vor. Machen eine Pause. Die Kinder wollen etwas dazu sagen. Aber diesmal soll nicht gesprochen werden. „Welche Vorstellungen habt ihr von Lüge, von Wahrheit? Das sollt ihr heute als Geschichte aufschreiben, für eines der Wörter, für Lüge oder für Wahrheit. Lis Schüler und ich haben auch Geschichten aufgeschrieben. Die lesen wir euch jetzt vor als Beispiel. Aber ihr findet bestimmt noch viele andere Möglichkeiten. Und nachher wollen wir sehen, welche Vorstellungen von Lüge, von Wahrheit ihr aufgeschrieben habt." Ich erkläre, dass wir die Texte, wenn die Kinder dazu bereit sind, in die 4. Klasse der anderen Schule mitnehmen können. „Und nächste Woche bekommt ihr die Geschichten zu lesen, die die andere Klasse geschrieben hat. Alles über Lüge und Wahrheit." In jeder Klasse lesen wir die ersten beiden Texte vor; der dritte Text ist unterschiedlich. (Zur Unterrichtsplanung und -realisierung im Einzelnen siehe Dehn/Schüler 1998).

Lüge (für Klasse 3 und 4)

Es war einmal ein Mann, der konnte nie die Wahrheit sagen. Das wusste jeder und dachte sich bei allem, was der Mann sagte, sein Teil. Der Mann sagte zum Beispiel: „Es regnet." Und jeder wusste Bescheid: Es regnet nicht. Er sagte zum Beispiel: „Ich will jetzt ins Bett gehen." Da wusste man: Er bleibt noch auf. Einmal sagte der Mann: „Ich lüge." Was nun? Sagt er nun die Wahrheit? Aber er kann das doch gar nicht. Aber wenn er nicht lügt diesmal? Aber er sagt ja: „Ich lüge." Das konnte niemand verstehen.

Wahrheit (für Klasse 3 und 4)

Gabi hatte Streit mit ihrem kleinen Bruder. Das war im Garten. Er hat Gabi angespuckt; da hat sie ihn geschubst, ja gestoßen. Er ist die Mauer runtergefallen. Schrecklich gebrüllt hat er. Gabi ist fast das Herz stehengeblieben. Sie will ihm wieder auf die Beine helfen. Aber er kann seinen rechten Fuß nicht hinstellen. Da kommt der Vater: „Was ist passiert?" Gabi sagt: „Ich weiß nicht, auf einmal ist er die Mauer runtergefallen." Der kleine Bruder brüllt. Sie fahren zum Arzt. Der fragt: „Was ist passiert?" Gabi sagt: „Ich weiß nicht; auf einmal ist er die Mauer runtergefallen." Der kleine Bruder brüllt immer noch. Das Bein ist gebrochen. Der kleine Bruder kriegt eine Gipsschale. Der Arm wird verbunden. Der Vater sagt: „Wie das bloß passieren konnte." – Gabi ist ganz schlecht. Am Abend sagt Gabi zu ihrem Vater: „Ich war's. Ich hab' ihn geschubst. Wir hatten uns gestritten. Er hat mich angespuckt. Das wollte ich nicht." Der Vater nimmt Gabi in den Arm.

Wahrheit (für Klasse 3)

„Ich suche die Wahrheit", sagt die Ente mit der weißen Feder. „Kannst du mir sagen, wo ich sie finden kann?"

Die Diamantschildkröte überlegt einen Moment und deutet dann mit dem Kopf nach links. „In dieser Richtung liegt die Wahrheit, aber es ist ein gewaltiger Marsch dorthin. Ich habe von Schildkröten gehört, die länger als ein Leben wanderten und noch nicht am Ziel waren."

„Wenn es so weit weg ist, dann werde ich wohl besser fliegen", denkt sich die Ente mit der weißen Feder, bedankt sich für den Rat und fliegt los.

Nach einer Weile wird sie von einem Schwarm Zugvögel überholt. „Ich suche die Wahrheit", ruft sie ihm zu. Ein freundlicher Vogel aus der letzten Reihe wendet den Kopf und sagt: „Die Wahrheit liegt im Süden, aber man muss rechtzeitig da sein, sonst ist sie schon wieder woanders. Du kannst dich uns anschließen: Im Schwarm fliegt man schneller." Dankbar reiht sich die Ente mit der weißen Feder ein und wird mitgerissen von der Kraft des gemeinsamen Flügelschlagens. Die Ente mit der weißen Feder ist ganz berauscht von der Geschwindigkeit. Doch nach einer Weile werden ihre Flügel schwerer und schwerer. Sie sehnt sich nach der kühlen Erfrischung im Wasser. Als sie das dritte Mal etwas hinter die Gruppe zurückfällt, erspäht sie unter sich einen großen See. Sie gleitet hinunter und landet auf der Wasseroberfläche. Das weiche, kühle Wasser umschließt ihren Bauch und sie schaut den Zugvögeln nach, die gen Süden fliegen.

Ein Sonnenbarsch taucht vor ihr auf und die Ente mit der weißen Feder steckt den Kopf ins Wasser. „Kannst du mir sagen, wo ich die Wahrheit finde?" „Die Wahrheit liegt auf dem Grund des Sees, aber das ist so tief, dass kaum ein Fisch jemals bis dorthin gelangte. Man erzählt von einem alten Hecht, der ganz tief unten war und die Wahrheit berühren konnte – gesehen hat er sie aber nicht, denn es ist stockdunkel dort." Mit einem schnellen Flossenschlag entfernt sich der Sonnenbarsch und jagt einem kleinen Fisch nach.

Enttäuscht taucht die Ente mit der weißen Feder wieder auf und schwimmt ans Ufer. Dort lässt sich ein roter Krebs von der Sonne den Panzer wärmen. „Warum siehst du so betrübt aus?", fragt er, als die Ente mit der weißen Feder nahe bei ihm ist. „Ich bin auf der Suche nach der Wahrheit, aber es ist unmöglich, sie zu finden. Sie soll ganz weit weg, im Süden, auf dem Grund des Sees liegen." Als der Krebs das hört, lacht er, dass sein Panzer zittert und sagt schließlich: „Das ist aber nur ein sehr kleiner Teil der Wahrheit und noch dazu ein so unpraktisch weit entfernter. Schau dich um: Das ist die Wahrheit!"

Die Ente mit der weißen Feder schaut sich verwundert um und erblickt das klare Blau des Wassers und die Grashalme, die in der Sonne glitzern. Da schiebt sich eine Wolke vor die Sonne, die Grashalme wirken matt, das Wasser wird dunkel und die Ente mit der weißen Feder denkt: „Wenn die Wahrheit sich so schnell verändert, ist es kein Wunder, dass es so schwer ist sie zu finden."

Lüge (für Klasse 4)

Noch drei vor mir, dann muss ich in das Zimmer und er wird mich fragen, ob ich das Portmonee genommen habe. Die anderen sagen, er sage nicht „gestohlen" oder „geklaut", sondern „genommen". Sie haben darüber gelacht und nicht gewusst, dass es wirklich nur „genommen" war. Ich wollte nicht klauen, ich wollte nur mal gucken, wie viel Geld drin ist.

Die Tür geht auf – noch zwei vor mir!

Dass es allerdings so viel ist, hätte ich nicht gedacht. Wie kann man nur so blöd sein und so viel Geld mit sich rumschleppen? Selber schuld. Ich würde das nicht so rumliegen lassen. Aber ich hätte es auch nicht genommen, wenn nicht genau in dem Moment Herr Balke reingekommen wäre. Hätte ich's da noch zurückgelegt, hätten ja alle sofort gedacht, ich würde klauen.

Es kommt schon wieder einer raus – ach so, Christoph, den würde nie jemand beschuldigen – also – nur noch Anna vor mir!

Ich sage einfach, dass ich nichts weiß, dass ich nichts mitbekommen habe. Ich war total in Gedanken, weil – weil … irgendwas Schlimmes müsste passiert sein … vielleicht zu Hause? Nee, nachher ruft er da an. Auf'm Weg … ein Unfall. Ja: Ich habe heute Morgen einen Unfall gesehen. Ich musste die ganze Zeit dran denken. Ich habe gar nichts mehr mitgekriegt.

Anna steht vor mir und stößt mich an: „Los, du bist dran!"

Ich stehe ihm gegenüber und er sagt: „Du hast das Portmonee geklaut." Ich sage: „Das stimmt nicht."

Die Texte werden zwischen den Klassen ausgetauscht (siehe S. 220); sie finden auch das Interesse der Eltern auf einem Elternabend (vgl. auch den Text, den Sebastian geschrieben hat, S. 93).

> Lüge
>
> Es war einmal ein Junge, der hatte sich mit seiner Schwester gestritten. Der Junge hat seine Schwester geschubst und die Schwester hat den Bruder angespuckt. Der Vater ist von der Arbeit zurückgekommen. Da hat der Vater gefragt. „Was macht ihr denn?" Der Bruder sagt: „Wir spielen nur." Er hat seinen Vater angelogen, weil er keinen Ärger wollte.
>
> **Christoph (Klasse 4)**

> Die Lüge
>
> Lüge ist zum Beispiel, wenn man sagt: „Die Sonne scheint." Und in echt regnet es. Oder man sagt: „Ich habe mir ein Eis gekauft." Und in echt war man bei einem Laden und hat das Eis geklaut. Darum wird es sich auch in unserer Geschichte handeln. Lügen ist gar nicht gut, weil wenn du aufhörst zu lügen, glauben dir die anderen Leute nicht mehr. Also versuche fast niemals zu lügen.
>
> **Annik und Maren (Klasse 4)**

Lüge

Es war Dienstag. Maria kam um drei Uhr nach Hause. Die Mutter fragt: „Wo warst du?" Maria sagte: „Ich, ich war bei Freunden." Es stimmte aber nicht, weil Maria und ihre Freundin Lissi waren im Laden und hatten was geklaut. Die Mutter von Maria ahnte es aber nicht, weil Maria nicht rot geworden war. Beim Mittag kam Lissi zu Besuch. Lissi und Maria waren ganz leise. „Macht jetzt bitte die Hausaufgaben", sagte die Mutter. „Ja", antworteten sie. Aber sie machten sie aber nicht, sondern sie guckten Video. Ende.

Annik und Maren (Klasse 4)

Wahrheit

Es war einmal ein Pferdekind. Das fragte seine Mutter: „Mami, was ist die Wahrheit und was ist die Lüge?" „Wenn ich zu dir sage: ‚Morgen hast du Geburtstag', aber das hast du nicht, das ist eine Lüge. Und die Wahrheit ist, wenn ich sage: ‚Du hast am 13. Dezember Geburtstag.'"

Ricarda (Klasse 3)

Wahrheit

Meine Mutter hat mir zehn Mark versprochen für ein Spiel für mein „Sega" und ich hab's nach zwei Tagen bekommen.

Mahmud (Klasse 3)

Wahrheit

Die Ente fragt die Schwäne: „Wo liegt die Wahrheit?" „Die liegt im Süden", sagen die Schwäne, „aber das ist ganz weit weg. Möchtest du mit uns fliegen?" „Ja, gerne." Und die Schwäne rissen sie mit.

Nina (Klasse 3)

4.2 Komplexität und Reihung

4.2.1 *Mausemärchen – Riesengeschichte* (Annegert Fuchshuber) und Erlebtes (Juni Klasse 1)

Im Mai und Juni von Klasse 1 hat die Lehrerin (Helga Grust) unterschiedliche Schreibaufgaben gestellt und die Texte gesammelt: einmal hatten die Kinder Gelegenheit, aus ihren Ferien etwas aufzuschreiben, das andere Mal haben sie zu Bilderbüchern, die die Lehrerin vorgelesen hat, geschrieben; unter anderen zu *Die kleine Hexe*, zu *Petterson und Findus*, zu *Der kleine Drachen* und zu *Mausemärchen – Riesengeschichte*. Wir stellen hier die Texte von 8 Kindern jeweils nebeneinander vor, links Texte zum Buch von Annegert Fuchshuber (Thienemann Verlag Stuttgart, 1983 u. ö.), rechts zu Erlebtem.

Die Maus

Es war einmal eine Haselmaus. Die Maus war sehr klug und sehr schnell und vor allem war sie mutig. Aber sie hatte keine Freunde. Eines Tages beschloss sie wegzugehen. Sie ging und ging davon. Eines Tages traf sie einen Riesen und der Riese und die Maus waren sehr gute Freunde.

Isabel

Im Zirkus

Ich bin am Samstag in den Zirkus gegangen und mit meinen Eltern.

* Der Riese
Der Riese heist Bartolo. er hat vor allem und jedem Angst. Vor alem hate vor Löwen und Drachen Angst. Eines Tages ....

Enrico

* Die gfar Brigt feund
Die muttige Maus lebt geferhlich. Sie will in Den Wald sie ziht frölich in Den Wald sie weis Ja nicht wie geferlich es im Wald ist wie ihr feind Die Kreuzotter sie ferfolgt Die Schnele und Muttige Maus fürchtet sich aber noch nicht mal for Der und lauert schon die Kreuzotter lauert hinter Der Pflazte und will ihr früstück ferspeisen →
es get weiter Die Maus aber sit Die gefar nich Da ruft – grad als Die Schlane ihr Maul aufreist Beun! Klotter! Scheper! ziht Die Schlane sich zuruk Da ruft Die Stimme komm mein freund und Die Maus sagt klar und Dake.

Stephan

> Die Überschrift ist auf den Baumstamm auf der Abbildung geschrieben. Hinter den Baumstamm ist eine Schlange gezeichnet, *die Kreuzotter* ist vermutlich eine Beschriftung dieser Zeichnung. Der Pfeil markiert das Seitenende und verweist auf die Fortsetzung auf der zweiten Seite.

* Die Maus
sie hat kein Maushaus und sie frut sich wen sie Freunde hat. Die Maus hat kein zuhaus und sie wünscht sich einen Freund.

Martin

* Die Maus
Der Maus läuft eine Träne über die Bake, die Maus läuft und läuft, die Maus heist Rosinchen, sie sakt: Mögen ist Ja auch noch ein tag. am Morgen get sie weiter. Da findet sie einen Riese. dan sucht sie sich ein Plätzchen.

Yana

* Ich war segeln.
Wir sind drei Stunden gesegelt. auf der Elbe

* auf Opas Schiff ist is schön
Aheu, es Hat mir Vill spas auf Dem Schiff gemacht und Den 1 tag sind wir am Strand zum spilplaz geganen am 2 tag waren wir Seegeln kurzt Vor Dem Hafen Hat PaPa gesagt Ich Soll Das fordere Seegel ruter Hollen am 3tag mussten wir einpacken wir sind essen gefaren

* Ich war zelte
Ich war zelte mit mein Papa und haben was gfunden.

* Ich hbe bis hlpzen (Halbzehn) gewatet bis meine Freunden gekomen ist.
das ist mein wonwagen.

177

∗ Die Maus
Es war einmal eine Hasel-Maus Die His Ro-
sinchen. Sie war ser schlau. und die anderin
Hasel-Mäuse Die tuschelten sie Sakten Bis-
timt Hat sie zauberakrefte.
Ann-Christin

∗ Der Riese und Maus.
Rosinchen kuschelte sich ein und auf einmal fülte sie etwas Streicheln Sie machte
die Augen auf und der Riese machte auch
gleich zeitig die Augen auf und sahen sich
erschoken an und der Riese fragte wollen wir
Freunde sei ja sagte Rosinchen und wenn
sie nicht gestoben sind so leben sie noch
heute
Steffi

∗ Ich bin am Sonabent mit meiner Mama zu
meiner Oma Gefaren.

∗ Ich war im Zirkus.
im Zirkus war es schön und lustig und außerdem ….

∗ Die Maus!
Die Maus hatte vor nix und nimand Angst,
denn sie war nicht dum sie wuste einFach
alles sie sucht einen Freund! ich denke das
die Maus auch einen findet!
Johann

∗ im Wald
ich war im wald und Habe 2 umgekipte Bäume gesehen! und Habe Rakete gespielt!

4.2.2 Rotkäppchen – „Übersetzungen" (Juni Klasse 4 – April Klasse 1)

Die Studentin (Claudia Dyroff) führt die Untersuchung über literarische Figuren und Medienfiguren durch. Die Lehrerin macht sie darauf aufmerksam, dass Maryam nicht mitschreiben könne und auch nicht mitschreiben solle; sie komme aus dem Iran; sie ist erst seit einem Jahr in Deutschland. Sie ist 11 Jahre alt.

Die Studentin ermuntert das Mädchen; Maryam beginnt nach einigem Zögern – wie alle – zu schreiben. Auf Vorschlag der Studentin dreht sie das Blatt um und schreibt nun in arabischer Schrift. Eliza aus einer anderen Klasse 4 kann das lesen; sie nimmt Maryams Text mit nach Hause. Ihre Mutter, die als 18-Jährige aus Afghanistan in die damalige DDR gekommen ist, übersetzt den Text. Eliza weist darauf hin, dass die Wörter *Kekse* (persisch: *biquits*) und *Saft* (persisch: *obmise*; *ob* heißt „Wasser", *mise* heißt „Obst") auf Deutsch in arabischer Schrift notiert sind. Als Lehrerin könnten wir einmal unsere eigenen Sprachkenntnisse und Übersetzungsfähigkeiten bewerten und Maryams Leistung dazu in ein Verhältnis setzen – auch zu der Einschätzung ihrer „sprachlichen Fähigkeiten", wie sie im Allgemeinen in unserer Schule erfolgt.

Rotkäppchen auf Deutsch *Rotkäppchen auf Persisch*

Übersetzung des persischen Textes

Rotkäppchen

Es war einmal ein Mädchen namens Rotkäppchen. Eines Tages sagte Rotkäppchens Mutter zu ihrer Tochter: „Deine Großmutter ist krank, geh sie besuchen und bring ihr ein wenig Saft und Kekse. Und sprich mit niemandem auf dem Wege." „Ist gut, liebe Mami, auf Wiedersehen", sagte Rotkäppchen und machte sich auf den Weg. Auf einmal kam ihr ein böse aussehender Wolf entgegen und fragte Rotkäppchen: „Wohin so eilig?" Rotkäppchen sagte: „Ich gehe zu meiner Großmutter." Als der Wolf das hörte, ging er seinen eigenen Weg zu Rotkäppchens Großmutter. Da fraß er sie auf und zog sich die Kleidung der Großmutter an. Auf einmal hörte man die schöne Stimme von Rotkäppchen. Sie klopfte an die Tür. Der Wolf sagte mit einer weichen Stimme: „Bitte schön." Rotkäppchen kam rein und sagte: „Hallo, Großmutter, ich habe für dich Saft und Kekse mitgebracht." Plötzlich sagte sie: „Großmutter, warum hast du so einen großen Mund?" „Damit ich dich besser fressen kann." Als sie das hörte, schrie sie ganz laut, aber der Wolf hatte sie schon gefressen. Ihr Geschrei war so laut, dass der Jäger es im Wald gehört hat. Er kam in ihr Haus hinein und zerriss den Bauch des Wolfes. Dann nahm er Rotkäppchen und die Oma aus dem Bauch heraus. Sie füllten den Bauch des Wolfes mit Steinen. Der Wolf wollte vom Brunnen Wasser trinken, fiel hinein und ist gestorben. Tschau Kinder! Ende

Maryam (Juni Klasse 4)

Hamid Azadi hat die deutsche Übersetzung mit Maryams persischen Text verglichen: Maryam schreibt in der Überschrift, wie es in persischen Märchen heißt: „Rotumhängchen", das Mädchen hat also ein großes Kopftuch; die Übersetzung gleicht das ebenso dem deutschen Märchen an wie die Anfangsformel: „Es war eine, es war eine nicht." Weitere Angleichungen:

– Im Persischen sagt Rotkäppchen „Schalom/Guten Tag" – in der deutschen Übersetzung sagt Rotkäppchen, hier der Umgangssprache angeglichen, „Hallo".
– Im Persischen redet Rotkäppchen die Großmutter mit „Sie" an: „Was für einen großen Mund haben Sie." Das ist in der Übersetzung der deutschen Version angeglichen.
– Im Persischen sagt die Großmutter zum Jäger „Merci"; das lässt die Übersetzung weg.
– Im Persischen gebraucht Maryam zweimal lautmalende Wörter. „Tak, tak" (für das Anklopfen und für das Schnarchen des Wolfes). Auch das gleicht die Übersetzung der deutschen Version an.
– Maryam erwähnt nicht, dass der Jäger auch Rotkäppchen befreit; das ist in der Übersetzung ergänzt. Wörtlich schreibt Maryam: „Ein listig aussehender Wolf ging ihr entgegen. ‚Wohin mit dieser Eile?'" Übersetzung: „Auf einmal kam ihr ein böse aussehender Wolf entgegen und fragte Rotkäppchen: ‚Wohin so eilig?'" Wörtlich schreibt Maryam: „Er zog sich eins von den Kleidern an"; Übersetzung: „… zog sich die Kleidung der Großmutter an" usw.
– Im Persischen macht Maryam wenig Fehler; sie können als Adaptionen des Deutschen verstanden werden:
    • Zweimal verwendet sie eine Präposition (zu), die im Persischen differenziert gebraucht wird, je nachdem, ob sie sich auf Menschen oder Tiere richtet. Maryam verwendet die Präposition, die eigentlich für den Bezug auf Tiere gebraucht wird, für den Menschen.
    • Im Persischen kann man nicht sagen: „zu ihrer/seiner Großmutter", sondern nur „zu Großmutter". Das macht Maryam hier „falsch". (Zur Analyse der beiden Texte vgl. Dehn 1999).

An der Schule Rothestraße werden die türkischen Kinder türkisch alphabetisiert. Diese Fähigkeiten bringt die Lehrerin (Gisela Welge) in ihrem Unterricht zur Geltung: „Deutsch-türkische Geschichten von Kindern für Kinder" entstehen. Zu dem Bilderbuch *Mein Esel Benjamin* (Hans Limmer/Lennart Osbeck, Luzern 1988) schreibt Özlem den folgenden Text (zur Textkompetenz in ihrer Zweitsprache vgl. Özlems Schriftstück von Januar Klasse 1, S. 21; zur Entwicklung ihrer Textkompetenz vgl. S. 141 ff.):

> Bir varmış, bir yokmuş. Birgün ben bir yalnız eşek gördüm. Koşa koşa yanına geldim. Onu eve götürdüm. O şimdi benim arkadaşım. Her gün onunla oynuyorum. Birgün eşeğim kaçmış, ve ben ağladım. Babam pazara gitti. Ben de annemle pazarda ne göreyim? Eşeğimi. Babam eşeği mi aldı. Ben eve götürdüm. Babamla annem eşeğim için pazardan yiye cek aldılar.
>
> **Özlem (April Klasse 1)**

Die Lehrerin bittet türkische Eltern um die Übersetzung:

> Es war einmal, es war keinmal. Eines Tages sah ich einen einsamen Esel. Eilig bin ich zu ihm gelaufen. Ich habe ihn nach Hause gebracht. Jetzt ist er mein Freund. Jeden Tag spiele ich mit ihm. Eines Tages ist mein Esel weggelaufen und ich habe geweint. Mein Papi ist zum Markt gefahren. Und was sah ich mit meiner Mami plötzlich auf dem Markt? Meinen Esel! Mein Papi hat meinen Esel gekauft. Ich habe ihn nach Hause gebracht. Meine Mami und mein Papi haben auf dem Markt für meinen Esel was zu fressen gekauft.

Ann-Kathrin schreibt ihren Text auf Deutsch; auch er wird übersetzt – als Lektürestoff für die Kinder (vgl. Ann-Kathrins Texte von Januar Klasse 1, S. 21 f.):

> Es war einmal, es war keinmal. Es war einmal eine kleine Katze, die war ganz traurig, weil sie kein Zuhause hatte. Eines Tages starb sie und man hatte nie wieder von ihr gehört.
>
> **Ann-Kathrin (April Klasse 1)**

Übersetzung:

> Bir varmış, bir yokmuş. Bir küçük kedi varmış. Evi olmadığı için çok üzgünmüş. Günün birinde ölmüş ve bir daha da kimse bu kediden bir şey duymamış.

4.3 Akzentuieren und Thematisieren

4.3.1 Klassenreise (Mai Klasse 1)

Die Lehrerin (Ingeborg Wolf-Weber) ist mit dem 1. Schuljahr vier Tage auf Klassenreise in der unmittelbaren Umgebung von Hamburg gewesen. Nach der Rückkehr wird vieles ausgetauscht, und dabei gibt es auch eine Zeit zum Schreiben. Das Thema ist hier nicht festgelegt, die Schüler sollen aufschreiben, woran sie als Erstes denken, wenn sie an die Klassenreise denken.

Der Verlaufsweg. Wir sind vom Ökohof in den Wald gegangen, vom Wald auf die Straße und dann wieder zurück. Dann wollten wir wieder in den Wald zu Hansi, aber wir haben es nicht ganz geschafft. Wir haben uns verlaufen.
Janne

Wir waren im Wald und haben eine Höhle gebaut, und ich war fast immer auf dem Dach und habe da die Lücken ausgefüllt.
Jens

Wir waren im Wald. Wir haben einen Fuchsbau gesehen. Eisdiele war toll. Ich habe eine Mark ausgegeben.
Jan

Die Pferde
Herr Linau hat Pferde. Als wir in den Wald gehen wollten, da kamen die Pferde angetrabt. Herr Linau kam hinterher mit dem Hund Ronja. Erst war da ein Pferd da. Wir hatten Ausblick zu den Pferden.
Janina

Die Schweine haben mir gut gefallen, und sie waren so lustig. Das eine Schwein hat sich unter den Zaun gegraben. Aber er konnte nicht unter dem Stein durch.

Anton

Die Schweine haben sich gestritten. Wir waren in der Eisdiele. Wir waren in Zeven. Die Busfahrt war schön. Es war heiß.

Volkan

Wir haben eine Höhle gebaut und ich habe mich geschnitten. Ich habe einen Fuchsbau entdeckt und einen Käfig für den Fuchs. Und ich habe einen Stier gesehen.

Henrik

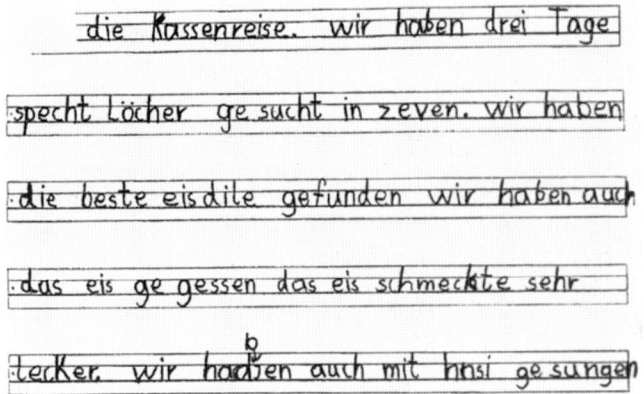

Die Klassenreise. Wir haben drei Tage Spechtlöcher gesucht in Zeven. Wir haben die beste Eisdiele gefunden. Wir haben auch das Eis gegessen. Das Eis schmeckte sehr lecker. Wir haben auch mit Hansi gesungen.

Thomas

Die Pferde
Ich habe Pferdehaare gefunden. Zwei Mädchen haben zwei Pferde geholt. Sie haben die Pferde aufgehalftert und an das Halfter Zügel gemacht, und dann (sind sie) raufgesprungen. Im Wald haben wir die Pferde mit Sattel und Trense gehen sehen.

Vera

Die Klassenreise von Zeven
Wir haben (einen) Fuchsbau gesehen und Fallen im Wald. Und Spechtlöcher haben wir auch gesehen. Und wir haben auch noch eine Höhle gebaut. Das war die Geschichte von Zeven.

Derja

4.3.2 *Wusstest du das?* (März Klasse 3)

In Zeiten, in denen im Sachunterricht keine Projekte durchgeführt werden, sollen die Schüler anhand von Arbeitsblättern selbst kleine Versuche ausprobieren und sie aufschreiben. Diese sind für die Schulzeitung bestimmt, sie müssen also so geschrieben sein, dass Leser neugierig werden. Die Lehrerin (Hannelore Schröder) fordert dazu auf, die Beschreibung und Erklärung im Kreis vorzulesen. Die meisten Zuhörenden kennen den jeweiligen Versuch ja noch nicht. „Da gab es zum Beispiel einen Versuch, da musste man auf eine bestimmte Weise durch eine Papierrolle gucken und sah dann ein Loch in seiner Hand. […] Und wenn [die Kinder den Versuch] dann beim Vorlesen mitmachten, dann zeigte sich, ob das schreibende Kind den Versuch richtig und vollständig aufgeschrieben hatte." (Behörde für Schule, Jugend und Berufsbildung 1998, S. 20)

Versuch: Guck durch die Hand
Du brauchst: Ein Blatt Papier

Rolle ein Blatt Papier zu einer Röhre.
Schau durch die Röhre auf einen entfernten Gegenstand.
Verdecke das andere Auge mit der Hand, aber halte es offen.
Entferne jetzt langsam die Hand vom Auge,
und zwar immer der Röhre entlang.

- Was siehst du?
- Wie kannst du dir das erklären?

Erklärung: Guck durch die Hand
Wenn du den Versuch machst, sieht es aus, als ob du ein Loch in der Hand hättest.
Das liegt daran, dass unsere beiden Augen etwas Verschiedenes sehen.
Das Gehirn macht jedoch aus diesen zwei Bildern ein Bild.

Arbeitskarten zu „Wusstest du das?"

Wußtst Du das?
Ich habe einen interessanten Versuch
gemacht und der ging so: Ich habe
ein Stück Papier zu einer Röhre gerollt.
Und dann habe ich mit dem einen Auge
durch sie geguckt und habe das andere
Auge mit der Hand zugehalten, aber ich
mußte das Auge aufhalten. Und jetzt
habe ich die Hand langsam an der
Röhre von dem Auge entfernt. Und
plötzlich war in meiner Hand am Rand
ein Loch.
Möchtest du wissen, wie das geht?
Das ist so, weil unsere beiden Augen
verschidene Bilder sehen. Das eine
Auge sieht das Bild durch die Röhre und
das andere die Hand die sich an der
Röhre   entlang bewegt. Das
Gehirn macht aus den beiten Bildern ein
einziges Bild. Und so kommt das Loch in
die Hand.

Maike

Wusstest du das?

Kannst du deinen Bleistift springen lassen? Wenn du ihn ganz stillhältst? Willst du wissen, wie das geht? So: Halte deinen Bleistift mit ausgestrecktem Arm von Weitem vor eine Türkante oder woanders vor. Der Bleistift soll genau vor der Kante stehen, wenn du beide Augen offen hast. Dann musst du deine Augen abwechselnd zu- und aufmachen. Nun müsstest du den Bleistift springen sehen, immer hin und her, nach links und rechts. Du kannst damit prüfen, welches deiner Augen besser ist, und zwar so: Bei welchem Auge der Bleistift weniger springt, das ist das bessere Auge.

Inken

Wusstest du das?

Du brauchst für den Versuch nur eine Uhr. Und dann laufe um den Schulhof, bis du außer Atem bist. Dann zähle, wie viel Mal du einatmest und ausatmest. Dann setz dich hin und ruhe dich aus. Zähle danach noch einmal, wie viele Atemzüge du jetzt machst. Das Zählen der Atemzüge geht am besten mit einem Partner. Ich habe, als ich um den Schulhof gelaufen bin, in einer Minute zweiundsiebzigmal eingeatmet und zweiundsiebzigmal ausgeatmet. Als ich mich ruhig hingesetzt (habe), habe ich in einer Minute nur vierundzwanzigmal ein- und vierundzwanzigmal ausgeatmet. Ich kann dir auch erklären, warum das so ist. Alle Organe brauchen Sauerstoff, damit sie arbeiten können. Darum musst du atmen. Und wenn du dich anstrengst, müssen deine Organe mehr arbeiten. Sie brauchen mehr Sauerstoff und darum musst du öfter atmen. Wie viele Atemzüge machst du?

Benni

4.4 Formulierungen: Spielräume für Spracharbeit

4.4.1 Zu Bildern von Franz Marc, Paula Modersohn-Becker, Caspar David Friedrich (September Klasse 4)

Einführung durch die Lehrerin: „Jetzt schreibt ihr ja schon viel längere Texte. Heute möchte ich euch eine Aufgabe geben, wo es auf das Wort ankommt. Diesmal geht es nicht um einen Text als Ganzen, sondern um einzelne ‚Formulierungen', einen Satz oder zwei. Ich zeige euch ein Bild. Ihr sollt überlegen, was euch einfällt; überlegen, wozu ihr etwas formulieren möchtet. – Es gibt viele verschiedene Möglichkeiten, etwas zu formulieren und aufzuschreiben. Das können auch nur ein paar Worte sein. Aber: Genau das, was ihr sagen wollt. Dann wählt ihr aus, was euch von euren Sätzen am besten gefällt. Das tragt ihr zusammen (heftet ihr an die Tafel); da könnt ihr lesen, was die anderen geschrieben haben, und dabei fällt euch wieder etwas ein vielleicht. Und so geht das immer weiter – sodass ihr am Schluss – jeder und jede – richtig zufrieden seid mit dem, was er, was sie geschrieben hat."

Franz Marc: Der Tiger, 1912

Der Tiger von Franz Marc wird an der Tafel als große Kopie präsentiert (Lehrerin ist Sigrid Andersen; unterrichtet hat Mechthild Dehn). Die Schüler äußern sich kurz darüber, was sie für ihre Formulierungen auswählen, einige Formulierungen werden „erprobt", bis jeder weiß, was gemeint ist. Es liegen kleine Zettel (ca. 9 × 9 cm) und schmale Papierstreifen bereit; außerdem jeweils in etwa 10 Exemplaren Postkarten (bzw. Farbkopien) von *Der Tiger* sowie von drei weiteren Bildern zur Auswahl. Die Schüler schreiben in dieser Stunde insgesamt 63 Formulierungen auf, jeder mindestens 2. Wünschenswert ist, die Formulierungen der Kinder später in einem Heft für alle zusammenzustellen. Und zwar soll jeder Schüler auswählen, welche seiner Formulierungen in das Heft aufgenommen werden. Damit muss er also eine Entscheidung über die Qualität seiner Ergebnisse treffen. Wenn er dann in dem Heft liest, kann er sein Vermögen erweitern durch die Lektüre der Formulierungen der anderen.

Der Tiger sieht so aus, als ob er in einer Höhle sitzen würde und auf irgendetwas aufpasst. Außerdem sieht dieser Tiger auch sehr böse aus. Das sieht man an den Augen des Tigers.
Marina

Der Tiger sieht so aus, als wenn er im Gebüsch lauert und auf seine Beute wartet. Oder er sitzt in einer Höhle und bewacht was.
Rudi

Der Tiger! Man denkt, dass der Tiger was gesehen oder gehört hat, weil er so aufgeregt guckt und seine Ohren nach hinten macht.
Sabine

Das Bild ist ein besonderes Bild. Der Tiger, kann man sagen, dass er eingerollt ist. Aber das Schönste sind die Farben, die bunten Farben.
Jessica

Der Tiger hat einen geheimnisvollen Blick. Er guckt, als ob er ein Geräusch gehört hat.
Anna

Der Tiger guckt so bösartig. Er richtet seine Augen auf das Ziel.
Er guckt so grimmig, als wolle er mich auffressen.
David

Der Blick des Tigers ist so, als ob er ein Tier anguckt oder hinter einem Tier her ist.
Seda

Der Tiger guckt, als ob er beobachtet wird und gleich gejagt wird. Und sein Fell wird verkauft und er wird zurückgelassen, aber tot.
Simon

Caspar David Friedrich: Das Eismeer, 1823

> Ich sehe auf dem Bild das Schiff. Ich frage mich, vielleicht sind da Menschen drinnen?
> **Sebastian**

> Ein Schiff verunglückt im Eis. Es ist dabei unterzugehen. Nur noch das Ruder ist zu sehen.
> **Ines**

> Es sieht aus, als ob das Schiff so ins Eis geraten ist, dass die Eisdecken zerbrochen sind. Und jetzt aus dem Wasser rausragen.
> **Alexander**

> Aus dem Eis ragen ganz viele Eiszacken raus. Zwischen den Eiszacken guckt ein Schiff raus, das sich im Eis verfangen hat und eingefroren ist.
> **Ahmet**

> An diesem Bild kann man erkennen, dass ein Schiff vom Eis zerschellt wurde. Große Eisbrocken sind zusammengestoßen.
> **Arne**

> Da ist, glaube ich, mal ein Schiff versunken, vor langer Zeit.
> **Zarah**

> Das Schiff auf dem Bild sieht wie fotografiert aus, nicht wie gemalt.
> **Rebekka**

Paula Modersohn-Becker: Mädchen mit verschränkten Armen, 1903

Das Mädchen. Das kleine Mädchen sieht aus, als würde es traurig sein oder krank sein, wegen der Nase und den Händen.
Sabine

Dieses Mädchen sieht sehr sauer aus. Und das sieht man an den Augen und am Mund und wie sie dasitzt.
Philipp

Das Mädchen ist beleidigt. Sie hat Ärger gekriegt. Sie ist ausgeschimpft worden.
Simon

Das arme Mädchen, es sieht aus, als ob sie keine Mutter hat. Und es sieht fast wie böse aus. Und es sieht fast so aus, als ob sie raus aus dem Bild (will).
Hanne

Das Mädchen sieht traurig aus. Es sieht aus wie vom Krieg das Kind. Es legt die Hände übereinander. Weil es schüchtern ist. Das Kind ist arm.
Katja

4.4.2 Zu Bildern von René Magritte und Salvador Dalí (November Klasse 4)

Die Aufgabenstellung zum Formulieren ist im Schulpraktikum mehrfach erprobt und von Steffi Habersaat und Lis Schüler (vgl. 1998) weitergeführt worden.

> Der Mann ist furchtbar unheimlich, weil er keinen Bauch hat, und wo der Kopf hin soll, ist nur ein Hut.
> Stephan

> Auf dem Bild sitzt irgendwie ein halb lebendiger toter Mensch.
> Bettina

> Es sieht aus, als ob es ein toter Mann wäre, denn er hat keinen Kopf mehr und zeigt, was er erlebt hat: Tag, Nacht, Sonne, Mond, hell, dunkel.
> Kim

> Es könnte sein, dass in dem Mann immer das Gegenteil ist, zum Beispiel wenn es in echt Nacht ist, ist es in dem Mann Tag, wenn es in echt Tag ist, ist es in dem Mann Nacht?
> Annik

> Der Mann sitzt vielleicht an einer Grenze. Dort ist einmal Nacht und einmal Morgen.
> Katrin

> Es könnte sein, dass der Wolkenherrscher gerade an was Schönes und Unheimliches denkt. Und er sagt: „Ach, wenn es schön unheimlich ist, ist es doch am schönsten."
> Katarina

> Der Mann hat den Himmel gefressen, jetzt wird es nie wieder hell.
> Kaan

René Magritte: Der Therapeut, 1962

Salvador Dalí: Drei Sphinxe, 1947

Auf dem Bild stehen zwei Bäume so dicht nebeneinander, dass sie wie ein großer Baum aussehen. Beide Bäume sind durchsichtig.
Gregor

Die Baumkrone sieht aus wie eine große Gewitterwolke.
Marico

Hinter den zwei grünen Bäumen und davor könnte ein Vulkan sein. Wenn man das Bild von weiter weg sieht, denkt man, das wären Bäume.
Annik

Der Mann sieht aus wie ein ausgebrochener Vulkan.
Aydin

Der große Baum sieht aus, als ob er ein Kopf von einem Menschen ist.
Svenja

Ich finde es toll, wie dieser riesige Kopf aus der Erde kommt – das ist unglaublich.
Jenni

Zwei Köpfe mit Schaum! Ich sehe zwei Köpfe mit Schaum. Mittendrin steht ein Baum, aber der Baum sieht aus wie eine Frau mit Locken.

Maike

Ich glaube, dass der Kopf früher ein Riesenmensch war und noch ein Riesenmensch hat ihm den Kopf abgenommen.

Ramin

Ich finde, dass der Maler für sein Bild irreführende Farben genommen hat, aber nicht nur die Farben sind irreführend, auch das Bild an sich.

Thimo

4.4.3 Formulierungen verknüpfen und komprimieren (November Klasse 4)

Eine weitere Aufgabenstellung zum Formulieren besteht darin, dass die Schüler aus mehreren Formulierungen eine machen (vgl. Schüler 1998, S. 58 f.).

Auf dem Bild erkennt man Eis.
Man sieht Eisberge.
Man sieht ein Schiff untergehen.
Man sieht ein eingefrorenes Schiff am Untergehen.

Manuela

Die Eisschollen türmen sich auf.
Man sieht auch Eissplitter (große Eissplitter).
Das Eis zerbricht zu Schollen und die Schollen türmen sich auf.

Nadja

Es kann sein, dass das Mädchen in der Nacht draußen ist. (Es ist rot.)
Das Mädchen ist rot. Es könnte auch sein, dass es noch draußen ist.
Das [Dem] Mädchen ist es wahrscheinlich kalt, weil es rot ist.
Ich glaube, dass das Mädchen draußen ist, und es ist kalt und deswegen ist es rot.

Nina

Mir ist aufgefallen, dass der Mann in der Nacht gemalt worden ist.
Mir ist auch aufgefallen, dass der Mann nur in Schwarz und Grau gekleidet ist.
Die Kleider sind schwarz und grau, aber der Himmel im Hintergrund ist auch schwarz und deswegen sehen die Kleider auch schwarz aus.

Fabian

Der Mann hat einen Himmel im Bauch.
Der Mann sitzt vielleicht in der Luft und nicht im Gras.
Der Mann ist kein Mensch, sondern eine Vogelscheuche oder ein Geist.
Der Himmelmensch ist vielleicht ein Geist.
Der Himmelmensch ist vielleicht ein Geist, weil es so aussieht, als ob er in der Luft sitzt.
Geister sitzen auch manchmal in der Luft. Aber den Geist sieht man nur in der Nacht, weil
Geister nur nachts aktiv sind.

⌐ Daniel

Nachdem viele Formulierungen zu einem Bild geschrieben worden sind, ein Austausch darüber stattgefunden hat, haben die Schülerinnen wahlweise zu einem Bild von Magritte oder Dalí einen Text geschrieben: von einer Formulierung weg, auf eine Formulierung zu oder um eine Formulierung herum. Zur Verfügung standen alle Formulierungen, die zu einem Bild in der Klasse entstanden sind (als gedruckte Abschrift).

Ich finde, dass der Maler für sein Bild irreführende Farben genommen hat, aber nicht nur die Farben sind irreführend, auch das Bild an sich. Sie sind nicht nur irreführend, sondern auch schön und sie passen zu dem Bild.
Wenn man das Bild genau anguckt, sieht man Einzelheiten, wo man verschiedene Sachen denkt: zum Beispiel kann man die Bäume als gewaschene Köpfe sehen oder als Vulkane.
Den Baum kann man als gespalten sehen oder mit hellerem Stamm. Der eine ist ein gewaschener Kopf oder ein Vulkan oder ein Baum. Auf jeden Fall quillt irgendetwas Rotes hervor: bei dem Kopf kann es Blut sein, bei dem Vulkan kann es Lava sein.
Das Bild heißt „Drei Sphinxe". Wenn man den Namen hört, kann man sich gar nicht vorstellen, dass es drei Bäume sind, weil ich die Sphinxe immer gedacht habe, dass es diese Katze aus Ägypten ist. Aber es ist ja egal, wie die Sphinx ist, auf jeden Fall finde ich das Bild schön und mir ist auch viel eingefallen.

⌐ Julia

Dieses Bild beschreibt Tag und Nacht. Der Mann ohne Kopf hat einen Stock in der Hand und er hat den klaren Tag im Bauch. Und um den Mann herum ist Nacht. Der Mann sitzt auf einem Hügel, es **sieht so aus, als ob er uns den Morgen bringen will.** Der Mann hat einen Mantel an, in dem Mantel sind Falten. **Die Hände von dem Mann sehen gruselig aus, weil sie vermodert sind.** Der Mann könnte auch ein Geist sein. Über dem Mann ist ein Halbmond.

⌐ Christopher

4.4.4 Zum Bilderbuch: *Die große Frage* (Wolf Erlbruch) (Juni Klasse 2)

Die Lehrerin (Lis Schüler) sitzt mit den Schülern im Stuhlkreis und hält das Bilderbuch *Die große Frage* von Wolf Erlbruch in der Hand (die Kinder kommen aus bildungsnahen Elternhäusern). Zu sehen ist zunächst nur der Titel „Die große Frage", der Rest ist abgedeckt. „Was denkst du dazu?" – „Was könnte eine große Frage sein?" – „Was wäre eine kleine Frage?" Um diese Fragen geht es in dem folgenden Unterrichtsgespräch.

Erste Gedanken:

„Wenn man sich was fragt."
„Wenn du die Fragen beantworten willst, musst du erst mal überlegen."
„Das ist ein Buch mit Fragen. Die müssen wir beantworten."

Die Schüler nennen Beispiele für große Fragen und für kleine Fragen:

Große Fragen:

Ein Junge oder ein Mädchen hat vielleicht Geburtstag und fragt: „Was kriege ich morgen zum Geburtstag?" Dann sagt die Mutter: „Das ist eine große Frage."
Wie baue ich mein Haus? Wie baut man 'ne Rakete? Wie baut man ein Auto?
Wie macht man die Elektrosachen?
Wie ist der Mond entstanden?
Wie ist der Urknall entstanden?
Woher stammen die Steine?
Sind wir mit jedem Menschen verwandt?
Wodurch entsteht die Erdanziehungskraft?

Kleine Fragen:

Darf ich mal ein Eis haben?
Kann ich mal reiten gehen?
Kannst du mir 'ne Schachtel Kekse aufmachen?

Emma sagt: „'ne große Frage ist, wenn man die nicht so schnell beantworten kann, und 'ne kleine Frage kann man schnell beantworten."
Danach liest die Lehrerin das Bilderbuch vor. Das Bilderbuch gibt – ohne dass die Frage explizit genannt wird – unterschiedliche Antworten auf die Frage „Warum bin ich auf der Welt?" Dabei nimmt es unterschiedliche Perspektiven ein. Die Antworten variieren auch in der sprachlichen Form.

Sagt der Bruder: „Um Geburtstag zu feiern, bist du auf der Welt."
Sagt der dicke Mann: „Zum Essen ist man auf der Welt."
Sagt die Katze: „Zum Schnurren bist du auf der Welt. – Höchstens noch zum Mäuse fangen."
Sagt der Tod: „Du bist auf der Welt, um das Leben zu lieben."
Sagt der Stein: „Du bist da, um da zu sein."
Sagt die Ente: „Ich habe überhaupt keine Ahnung."
„Du bist da, weil ich dich lieb habe", sagt die Mutter.

(Quelle: Erlbruch 2004)

Sagt der Hund: »Ich glaube, man ist zum Bellen auf der Welt – und zeitweise, um den Mond anzuheulen.«

Doppelseite aus dem Bilderbuch (Quelle: Erlbruch 2004)

Die Schüler benennen die große Frage, um die es in dem Buch geht: Warum bin ich auf der Welt? Ohne über das Buch zu sprechen, stellt die Lehrerin die Aufgabe zum Schreiben:

> Schreibe eine Antwort auf die große Frage auf, die dir wichtig ist.
> Das kann eine Antwort sein, die du selbst geben würdest oder du kannst dir dabei ausdenken, wer oder was die Antwort gibt.
> Versuche es genau so aufzuschreiben, wie du es meinst. Probiere mehrere Antworten aus.

Es stehen Schreibzettel in zwei verschiedenen Größen (in Drittel-DIN-A4- und DIN-A4-Format) zur Verfügung, auf denen das Titelbild des Bilderbuches zu sehen ist. Nach dem Schreiben wählt jeder Schüler eine Antwort aus, die er im Kreis vorlesen möchte. Es entstehen viele einzelne Antworten, aber auch Antworten, die im Zusammenhang zu lesen sind.

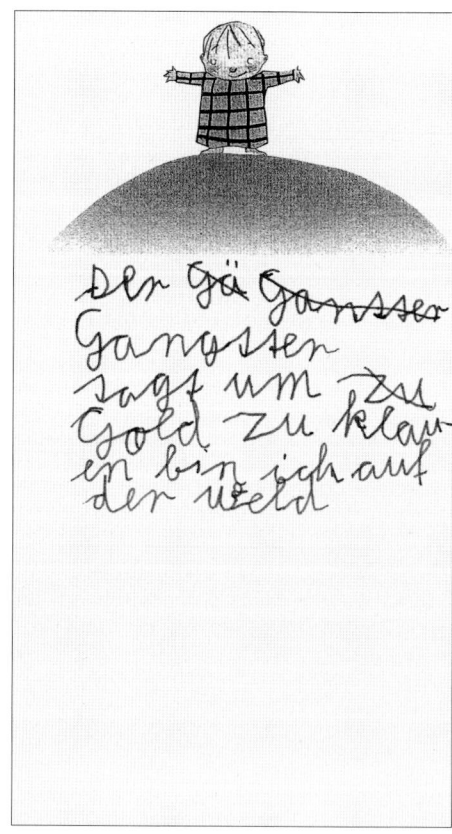

Lasse

Der Bäcker gibt die Antwort: „Du bist auf der Welt, um früh aufzustehen."
Der Boxer gibt die Antwort: „Du bist auf der Welt, um zu kämpfen."
Der dicke Mann gibt die Antwort: „Du bist auf der Welt, um zu essen."
Der Bauarbeiter gibt die Antwort: „Du bist auf der Welt, um zu bauen."
Die Lehrerin gibt die Antwort: „Du bist auf der Welt, um zu lernen."
Der Fußballspieler gibt die Antwort: „Du bist auf der Welt, um zu kicken."
Der Busfahrer gibt die Antwort: „Du bist auf der Welt, um andere Menschen zu fahren."
Die Putzfrau gibt die Antwort: „Du bist auf der Welt, um zu putzen."
Der Tiger gibt die Antwort: „Du bist auf der Welt, um zu jagen."
Das Reh gibt die Antwort: „Du bist auf der Welt, um durch die Wälder zu streifen."
Der Wolf gibt die Antwort: „Du bist auf der Welt, um zu heulen."
Mein Freund gibt die Antwort: „Du bist auf der Welt, um mit mir zu spielen."

Karim

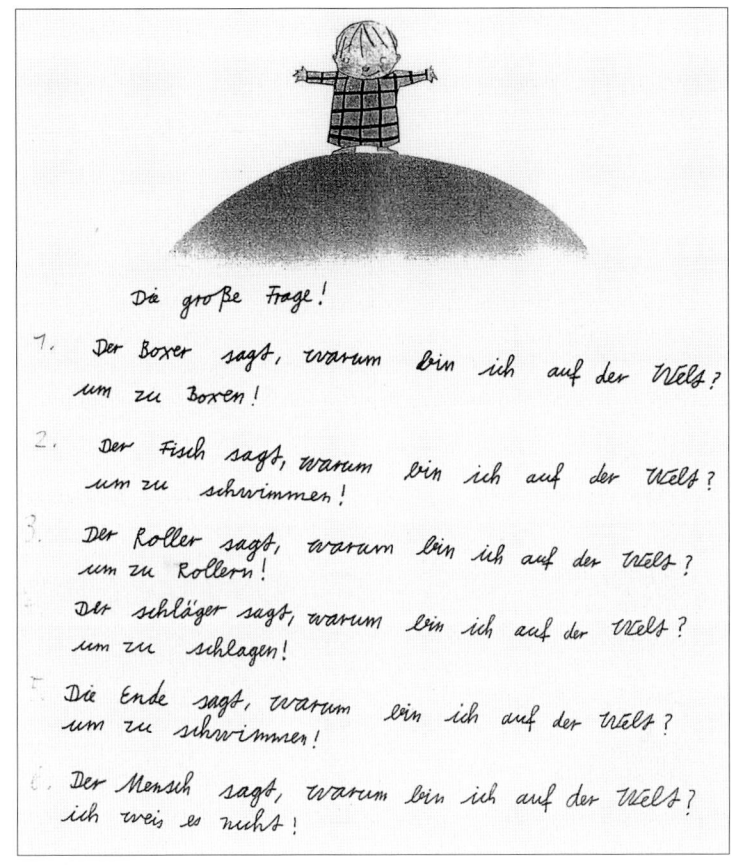

Die große Frage!

1. Der Boxer sagt, warum bin ich auf der Welt? um zu Boxen!

2. Der Fisch sagt, warum bin ich auf der Welt? um zu schwimmen!

3. Der Roller sagt, warum bin ich auf der Welt? um zu Rollern!

4. Der schläger sagt, warum bin ich auf der Welt? um zu schlagen!

5. Die Ende sagt, warum bin ich auf der Welt? um zu schwimmen!

6. Der Mensch sagt, warum bin ich auf der Welt? ich weis es nicht!

Felix

Du bist auf der Welt, weil du geboren wurdest.
Emma

Ich bin auf der Welt, um die Welt zu sehen.
Frederik

Sagt die Maus: „Um zu piepen. Piep. Piep."
Carlotta

Sagt der Baum: „Um dazustehen."
Velten

Der Feuerwehrmann sagt: „Um zu löschen."
Jonas

Der Mond sagt: „Du bist zum Schlafen da!"
Zoe

Der Hund sagt: „Um mich an der Leine zu führen!"
Zoe

Sagt der Stift: „Ich bin da, um zu schreiben."
Julia

Der dicke Mann sagt: „Du bist auf der Welt, um zu essen."
Der Soldat sagt: „Du bist da, um zu gehorchen."
Der Forscher sagt: „Man ist zum Forschen da."
Der Urknall sagt: „Man ist zum Knallen da."
Leon

Sagt Mama: „Ich finde es schön, wenn die Menschen um mich herum sind."
Sagt die Oma: „Ich finde es schön, wenn die Kinder um mich herum sind."
Sagt der Weltraum: „Ich finde es schön, wenn die Planeten um mich rum sind."
Janne

Im Anschluss hat jedes Kind aus der Vielzahl seiner Formulierungen eine ausgewählt und vor dem Hintergrund des Bilderbuches von Erlbruch ein Bild dazu gestaltet:

Der Wolf sagt: „Du bist auf der Welt, um zu heulen."

Karim

„Du bist auf der Welt, um fröhlich zu sein", sage ich.

Elisa

Du bist auf der Welt, weil du lernen musst, groß zu werden.

Virginia

Der Drache sagt: „Du bist auf der Welt, um Feuer zu spucken."

Frederick

4.5 Zusammenfassen

4.5.1 *Josef und seine Brüder:* Schreiben zur Lehrererzählung (Klasse 3 und 4)

Die Lehrerin (Irmtraud Schnelle) erzählt die Geschichte von Josef und seinen Brüdern (Januar Klasse 3; vgl. Dehn 2000). Es ist dieselbe Klasse, der sie im Mai von Klasse 1 vom Turmbau zu Babel erzählt hat (siehe S. 150 ff.). Ihre ausführliche Einleitung nimmt auch auf die Klassensituation Bezug. Fast die Hälfte der Kinder ist mehrsprachig, die meisten davon sind Muslime.

Dann schreibt die Lehrerin die Namen der Figuren an die Tafel und erläutert die Aufgabenstellung: „Heute sollt ihr eine Zusammenfassung schreiben. In einer Zusammenfassung kommt alles Wichtige vor, aber mit möglichst wenig Worten. Was dir von der Geschichte wichtig ist, musst du selbst entscheiden. Du sollst also eine Zusammenfassung schreiben, wie alles zusammenhängt, wie du den Sinn der Geschichte von Josef und seinen Brüdern verstehst." Zum Schreiben haben die Schüler DIN-A5-Formate. Einige Zusammenfassungen werden vorgelesen. Dabei werden Wendungen hervorgehoben, wie man beim Schreiben „Wörter sparen" kann: *seit er diese Träume gesagt hatte, hassten ihn die Brüder / er hatte noch einen zweiten ähnlichen Traum / sie schmissen ihn in der Wüste in die Zisterne ...*

Am ersten Tag haben einige Kinder *Ausschnitte* ausführlich dargestellt, andere haben wirklich eine *Zusammenfassung* versucht. Das soll am nächsten Tag herausgearbeitet werden. Die Anforderung der Zusammenfassung wird an die Tafel geschrieben.

Zusammenfassung:

mit wenig Worten
das Wichtigste
den Sinn
den Zusammenhang

Je zwei Schüler erhalten die schriftliche Fassung der Lehrererzählung und zwar so, dass auf einer DIN-A4-Seite jeweils nur links eine Textspalte steht, die rechte Spalte bleibt frei (siehe S. 202 f.). Der Text wird reihum zur Vergegenwärtigung vorgelesen. Die Schüler sollen eine der „Zusammenfassungen" vom Vortag auswählen, sie als Ganzes lesen und die Wörter beziehungsweise Sätze genau der entsprechenden Stelle der Lehrererzählung zuordnen, sie also ausschneiden und aufkleben. Zur Auswahl liegen Abschriften von 6 Schülerarbeiten bereit; sie sind farbig markiert, sodass sie sich beim Aufkleben gut von der weißen Fläche auf der rechten Spalte des Blattes abheben. Die Schüler kleben zunächst die Seiten der Lehrererzählung hinten zusammen. Da sie zum ersten Mal eine solche Aufgabe der Textgliederung und -zuordnung bearbeiten, haben sie erhebliche Schwierigkeiten. Aber im Tun (beim Lesen einer Passage aus der Zusammenfassung, bei der Suche nach der entsprechenden Stelle in der Lehrererzählung, beim Ausschneiden und Aufkleben mit dem Partner) klärt sich vieles. Häufig werden Revisionen vorgenommen. Die Ergebnisse für je eine der sechs „Zusammenfassungen" vom Vortag werden an der Magnettafel präsentiert.

Josef und seine Brüder

Was ich euch heute erzählen will, geschah vor fast 4000 Jahren in einem Land, das Kanaan hieß. Kanaan war da, wo heute Israel liegt. Ägypten ist nicht weit; Arabien ist nicht weit; Syrien ist nicht weit.

Seit fast 4000 Jahren erzählt man die Geschichte dort und auch bei uns: Es ist die Geschichte von Jakob und seiner Familie: Jakob hatte mehrere Frauen und 12 Söhne. Von seinen Frauen war ihm Rahel die liebste. Von seinen Söhnen war ihm Josef der liebste, weil er der Sohn von Rahel war. Josef wurde erst geboren, als Jakob schon alt war. Inzwischen lebte Rahel nicht mehr, aber Josef erinnerte den Vater in seinem Aussehen an Rahel.

Manchmal hatte der Vater nur für Josef freundliche Worte. Und Josef verriet seinem Vater oft, wenn die Brüder etwas Falsches oder etwas Unrechtes getan hatten. Deshalb waren die anderen Söhne neidisch auf Josef.

Jakob war sehr reich. Er hatte viele Schafe und Ziegen, viele Viehherden. Seine Söhne zogen mit den Herden durchs Land. Sie waren Hirten. Im Land gab es viel Wüste. Die Brüder mussten weit gehen, um genug Futter für die Tiere zu finden.

In der Wüste ist es tagsüber glühend heiß, die Sonne brennt, der Wind bläst Sand durch die Luft. Die Menschen müssen sich von Kopf bis Fuß mit weiten Tüchern schützen, mit Umhängen, die sie um sich wickeln, in die sie sich einschlagen. Nachts wärmen diese weiten Kleider sie, denn es ist bitterkalt.

Seinem Lieblingssohn Josef hatte Jakob einen Ärmelrock schneidern lassen. Der war aus einem alten Rock von der Mutter Rahel. Der Ärmelrock war bunt bestickt, er hatte weite Ärmel; die waren purpurrot. Josef war sehr stolz auf seinen Ärmelrock. Nur er hatte so ein Kleid.

Einmal hatte Josef einen Traum. Er erzählte ihn seinen Brüdern: *Hört, was ich geträumt habe,* sagte er. *Wir waren alle auf dem Felde und schnitten das Korn und banden das Korn zu Garben zusammen.* (Das machte man früher so.) *Und meine Garbe war die größte und schönste. Sie stand hoch aufgerichtet auf dem Feld. Und um meine Garbe standen eure Garben. Sie neigten sich alle vor meiner Garbe. Sie verneigten sich.*

Als die Brüder diesen Traum hörten, wurden sie böse. *Ach du, du willst nur, dass wir uns vor dir verneigen wie vor einem König. Du willst wohl den König spielen und besser sein als wir.*

Und sie begannen ihn zu hassen. Josef träumte noch einmal einen Traum. Und wieder erzählte er ihn den Brüdern. Jakob war auch dabei. Josef sagte: *Hört, was ich geträumt habe. Die Sonne, der Mond und elf Sterne kamen vom Himmel und verneigten sich vor mir. Die Sonne, der Mond und elf Sterne.* Da sagte sein Vater: *Josef, was ist das für ein Traum? Willst du etwa, dass*

(▶)

▶ *deine Mutter, dein Vater und deine elf Brüder sich vor dir verneigen?* Und seine Brüder hassten ihn noch mehr.

Einmal waren die Brüder unterwegs mit den Herden. Sie weideten die Schafe und Ziegen weit weg von zu Hause. Der Vater schickte Josef den Brüdern nach, um nach dem Rechten zu sehen, um zu schauen, ob alles in Ordnung war. Die Brüder hatten sich mit ihren Herden einen Rastplatz gesucht in der Nähe von Zisternen.

Zisternen sind so ähnlich wie Brunnen, aber es kommt kein Wasser von unten. In Brunnen bohrt man unten in der Erde nach Wasser. Da wo das Land trocken ist, findet man aber unten in der Erde kein Wasser. Darum muss man, wenn es einmal regnet, Wasser auffangen und aufbewahren, damit man genug für Vieh und Menschen hat. Und dazu baut man Schächte wie für tiefe Brunnen und fängt das Wasser darin auf.

Die Brüder machten also Rast in der Nähe von Zisternen. Einige Zisternen hatten schon gar kein Wasser mehr. Es war heiß; die Brüder waren hungrig und durstig. Sie hatten die letzte Nacht im Freien schlafen müssen. Nun saßen sie in der Mittagshitze und dösten vor sich hin.

Auf einmal sahen sie von Ferne jemanden kommen. Das war Josef. Er hatte seinen prächtigen roten Rock an. Die bunten Steine glitzerten in der Sonne. Die Farben glühten und glänzten. Er brachte Essen von zu Hause mit. Er ging hoch aufgerichtet. Und in dem Moment, als sie ihn so kommen sahen, da fassten sie einen Entschluss. Sie sagten: *Seht, da kommt er, dieser Träumer in seinem bunten Rock. Jetzt wollen wir doch mal sehen, ob das wahr ist, was er geträumt hat. Wir bringen ihn um. Wir töten ihn und werfen ihn in die Zisterne. Und dann sagen wir dem* *Vater: Ein böses Tier hat ihn getötet.* – Halt, sagte da der älteste Bruder Ruben. *Er ist unser Bruder. Töten dürfen wir ihn nicht. Werft ihn doch lebendig in die Zisterne.* Und dabei dachte sich Ruben: *Dann hole ich ihn heimlich wieder heraus.* Und Ruben ging fort.

Da begrüßte Josef seine Brüder. Aber sie fielen über ihn her. Der Hass überschwemmte sie: Sie traten ihn, sie schlugen ihn, sie rissen ihm den Rock vom Leib. Josef war fassungslos. Er suchte sich zu schützen, konnte sich nicht wehren. Die Brüder warfen ihn in die Zisterne.

Zum Glück war kein Wasser in der Zisterne. Josef lag im trockenen Staub, nackt und geschlagen.

Die Brüder setzten sich zum Essen. In der Ferne zog ein Karawane vorbei, eine Karawane mit Kaufleuten, die mit ihren Kamelen durch die Wüste ritten. Da sagte ein Bruder: *Was sollen wir unseren Bruder umbringen? Lassen wir ihn leben und verkaufen ihn an die Kaufleute.* Gesagt, getan. Sie holten ihn aus der Zisterne wieder heraus und verkauften ihn an die Kaufleute für 20 Silbertaler.

Als nun Ruben zurückkam und in die Zisterne schaute, war Josef fort. *Wo ist Josef? Was habt ihr getan? Wie sag ich's dem Vater?* Die Brüder sagten: *Wir haben ihn verkauft.*

Sie schlachteten eine Ziege, tränkten den Rock mit dem Blut und schickten einen Knecht mit dem Rock zum Vater, zu Jakob. Der Knecht sollte dem Vater den zerrissenen blutigen Ärmelrock zeigen. Das tat der Knecht. Jakob klagte: *O weh, weh, weh. Josef ist tot! Josef ist tot!* Er zerriss seine Kleider. Und niemand konnte ihn trösten.

Das war die Geschichte.

Irmtraud Schnelle

Nun gibt es manches zu sehen: Die farbig markierten Passagen aus den Schülerarbeiten häufen sich an bestimmten Stellen, besonders am Anfang. Bei zwei Arbeiten stehen die Passagen im Block: in der einen geht es ausschließlich um die Träume. Die andere Schülerarbeit hat nur die Personen vorgestellt, bezieht sich also nur auf die ersten Absätze der Erzählung, die insgesamt 5 Seiten umfasst:

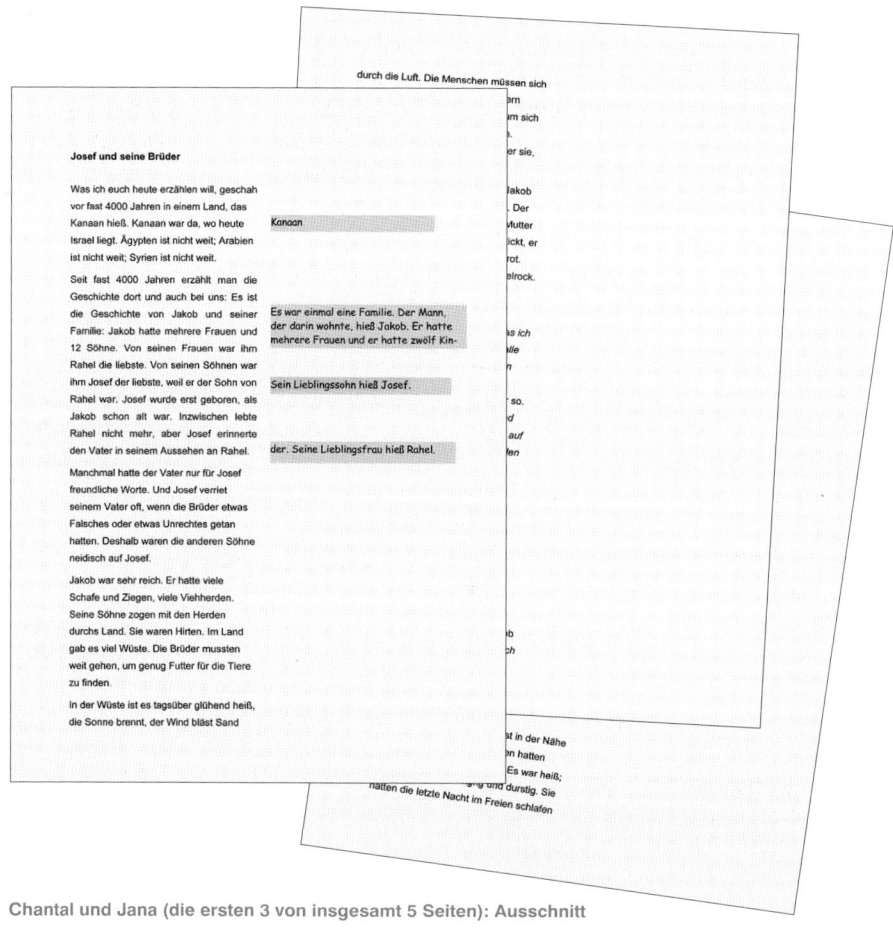

Chantal und Jana (die ersten 3 von insgesamt 5 Seiten): Ausschnitt

Bei den anderen 4 Arbeiten vom Vortag geht es um die Frage, was ist *ausgewählt* und wie ist es *zusammengesetzt*. Dabei zeigt sich Erstaunliches: *Weil der Vater ihn mehr liebte, hatten sie einen Plan* ist zerschnitten und an weit auseinanderliegenden Stellen aufgeklebt – der Satz fasst ein langes Textstück zusammen.

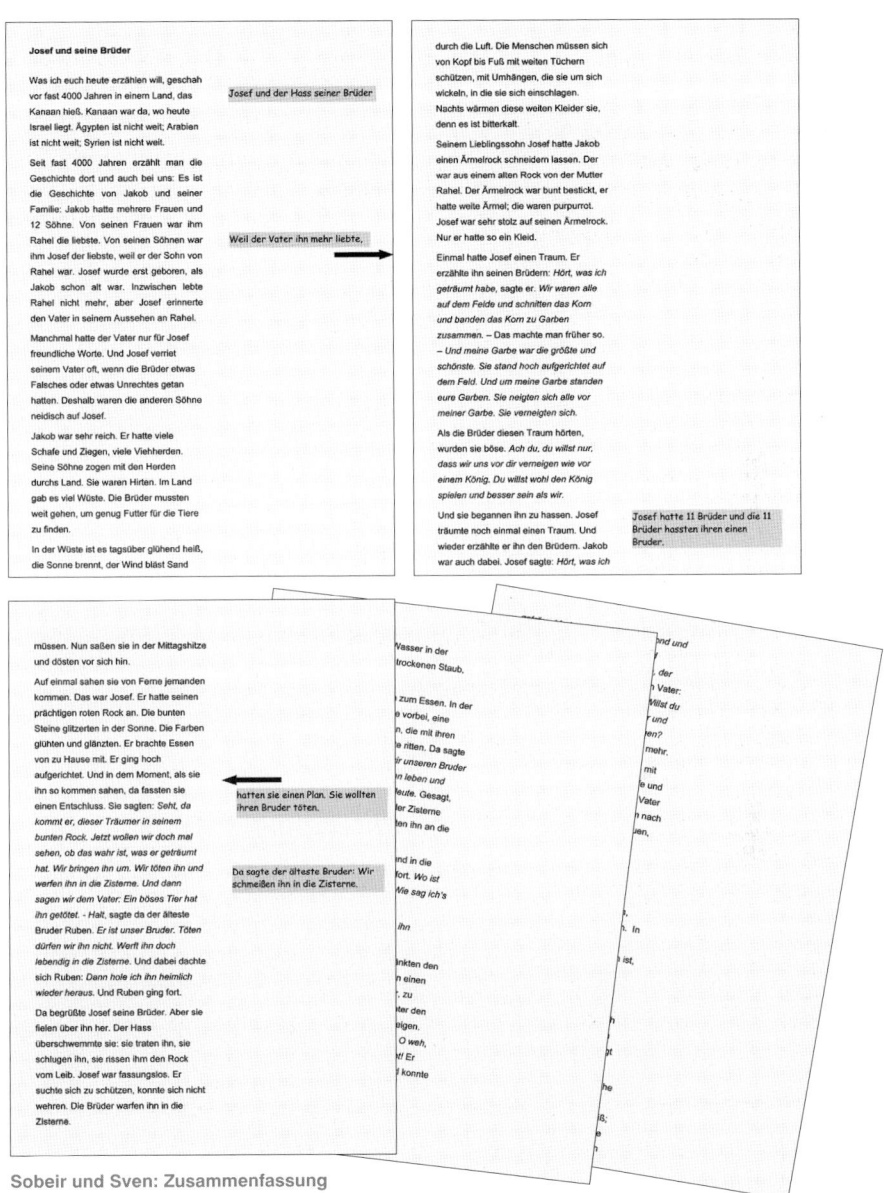

Sobeir und Sven: Zusammenfassung

Der Satz *Und Ruben wollte ihn befreien, aber da war er weg. Die Brüder hatten ihn verkauft an die Kaufleute für 20 Silbertaler* erscheint bei der Zuordnung in umgekehrter Reihenfolge. Eine Schülerin formuliert als Fazit: „Wenn man in der Geschichte zurückgeht, spart man Wörter". Schließlich werden die Schülerarbeiten gruppiert und einander gegenübergestellt – als *Zusammenfassung* und als *Ausschnitt*. Ein Ausschnitt ist noch keine Zusammenfassung. Diese textbezogenen Begriffe sind an der Tafel nun optisch fasslich. Und Sven, der nur die Personen vorgestellt hat, sagt: „Ich hab ja erst mal nur den Anfang geschrieben."

Am dritten Tag haben die Schüler und Schülerinnen die Aufgabe, ihre Zusammenfassung zu überarbeiten. Dafür stehen ihnen neben dem eigenen Entwurf die Schriftfassungen vom Vortag zur Verfügung. Sie können sie wiederum lesen. Außerdem schreibt die Lehrerin zu Beginn mehrere Sätze aus Schülerarbeiten an und bespricht beziehungsweise wiederholt mit den Kindern, inwiefern dabei etwas zusammengefasst ist:

▸ Die anderen waren neidisch und hassten ihn. Sie warfen ihn in der Wüste in die Zisterne.
▸ Weil der Vater ihn mehr liebte, hatten sie einen Plan.
▸ Sie waren so wütend, dass sie Josef in die Zisterne warfen.
▸ Der älteste Bruder, Ruben, sagte …
▸ Sie wollten ihn töten, aber sie verkauften ihn einfach.

Die Schüler schreiben ihre Überarbeitungen als Reinschrift und gestalten ihr Verständnis der Geschichte als Bild.

Dies sind die überarbeiteten Zusammenfassungen vom dritten Unterrichtstag (vgl. zur Entwicklung der Textkompetenz dieser Kinder S. 152 ff.). Von einigen Kindern sind auch die Entwürfe vom ersten Unterrichtstag hier aufgenommen:

Die Zusammenfassung von Kanaan

Es gab einmal einen Mann, er hieß Jakob. Und Jakob hatte viele Frauen und eine Lieblingsfrau. Er hatte auch einen Lieblingssohn. Und der hieß Josef. Und Josef hatte 11 Brüder. Und Josef hatte einen Traum. Und er sprach: „Wir haben zusammen Garben gemacht und meine war die größte und ihr verbeugt euch!" Und am nächsten Tag hatte er wieder einen Traum. Und seitdem hassten die Brüder ihn sehr. Und sie haben einen großen Plan erworben. Sie wollten ihn umbringen. Und als sie ihn töten wollten, hat Ruben sofort nein gesagt. Wir schmeißen ihn nur in die Zisterne rein. Und als es Nacht war, wollte Ruben ihn aus der Zisterne holen, doch da war er weg, die anderen Brüder haben ihn an Kaufleute verkauft. Und die Kaufleute sind nach Ägypten gegangen.

Charlyn

Josef und der Hass seiner Brüder

Josef hatte 11 Brüder und die Brüder hassten ihren Bruder. Weil der Vater ihn mehr liebte, hatten sie einen Plan, sie wollten ihn töten. Da sagte der älteste Bruder: Wir schmeißen ihn in die Zisterne. Das haben sie auch gemacht. Als er das gesagt hatte, dachte er, ich hol ihn da raus, als er wieder da war, war er weg!

Deborah

Das blutige Gewand

Es war einmal oder auch nicht ein Mann, der hieß Jakob. Er hatte mehrere Frauen, er hatte eine Lieblingsfrau, Rahel. Jakob hatte zwölf Söhne. Er hatte einen Lieblingssohn, Josef. Josef hatte zwei Träume, die erzählte er seinen Brüdern. Und seit diesen beiden Tagen hassten (sie) ihn noch mehr. Sie wollten ihn in der Wüste töten, aber sie verkauften ihn einfach. Aber sie wollten sich an ihrem Vater rächen. Darum schlachteten sie eine Ziege, gossen das Blut über Josefs Ärmelrock und zeigten ihn ihrem Vater, Jakob. Jakob trauerte und keiner konnte ihn trösten.

Lia

Es war einmal, da lebte ein Mann und er hieß Jakob und er hatte eine Lieblingsfrau und zwölf Söhne und er hatte einen Lieblingssohn, er hieß Josef. Er hatte immer erzählt, was seine Brüder falsch gemacht haben, weil er hatte einen Traum, und die Brüder hassten ihren Bruder und sie haben ihn in der Wüste verkauft.

Marcus

Josef hat 11 Brüder. Ein Bruder hat ihn beschützt. Josef hat 1 Traum, er hat ihn(en) es gesagt. Sein 2. Traum, hört ich hab noch ein(en) Traum. Er hat es ihn(en) gesagt. Sie hassten Josef. Josef wollte ihn töten (Sie wollten J. töten). Ruben sagt, er ist unser Bruder. Wir schmeißen ihn in die Zisterne. Dann ist Ruben weg gegangen. Wir verkaufen um 20 Silbergeld. Dann ist Ruben gekommen. Wo ist Josef. Den haben wir verkauft.

Mohamed

Es war ein Junge. Er hieß Josef. Er hatte 11 Brüder, (sie) mochten Josef gar nicht. Die Brüder (hatten) etwas ganz Gemeines vor: Sie hatten Josef in die Zisterne geschmissen und Ruben wollte ihn wieder herausholen. Die Brüder hatten ihn verkauft für 20 Silbertaler.

Nicole

Die Geschichte von Josef

Josef war der Lieblingssohn von Jakob und Rahel. Seine Brüder waren einmal sehr wütend. Sie waren so wütend, dass sie Josef in die Zisterne schmissen. Und dann haben sie ihn wieder rausgeholt und ihn verkauft.

Solveig

Es war einmal ein Mann, der hieß Jakob. Er hatte 12 Söhne. Und viele Frauen. Und Jakob hatte ein(e) Frau mehr geliebt. Und die Frau hieß (hißte) Rahel und Jakob hatte auch nur einen Sohn mehr Sorgen gemacht (sich um … gemacht?). Und eines Tages hatte Jakob nur für Josef ein Kleid gekauft. Und Josef hatte das (den) Kleid gesehen. Und hat zu Jakob gesagt: Ist das (der) Kleid für mich? Und Jakob hatte gesagt, ja, das Kleid ist für dich. Und danke. Und Josef hatte (das Kleid) ganz schnell angezogen und hat zu (es) seinem Bruder gezeigt. Und ein(em) Bruder hat gesagt, wir töten ihn. Und Ruben hat gesagt, nein, das können wir nicht tun. Es ist doch unser(e) Bruder. Aber wir können ja ihn verkaufen zu Kaufleuten. Und die haben Josef verkauft. Und nun ist Josef weg.

└ **Gülin**

Jakob hatte einen Lieblingssohn, Josef. Und seine 12 Brüder hassten ihn. Sie wollten ihn töten. Ruben hat gesagt: Nein, werft ihn nur in die Zisterne! Aber vorher haben sie ihn gehauen und dann habe(n) sie ihn in die Zisterne geworfen. Und dann haben sie ihn wieder rausgeholt und für 20 Silbertaler verkauft. Ruben wollte Josef wieder da aus der Zisterne rausholen, aber er hatte es nicht geschafft, weil sie ihn schon verkauft hatten an die Kaufleute.

└ **Jana**

Entwurf

Josef und sein Traum 1
Josef hatte ein(en) Traum, er erzählt es seinen Brüdern. Ich habe geträumt, dass wir auf dem Feld waren und wir haben Garben zusammen gebunden, meine war am allergrößten war meine, und die von euch haben sich verbeugt.

Josef und sein Traum 2
Josef hatte noch ein(en) zweiten ähnlichen Traum. Dass der Mond, die Sonne und elf Sterne runter zu Josef kamen, und sie haben sich verbeugt. Der Vater hatte zu Josef gesagt, dass wir uns vor dir verbeugen.

Überarbeitung

Josef und seine Träume
Als die Brüder diese Träume gehört haben, hassten sie den Bruder Josef. Als die Brüder mit den Ziegen und Schafen weg waren, hat der Vater zu Josef gesagt, gehe deinen Brüdern nach. Als die Brüder Josef gesehen haben, hat der große Bruder Ruben gesagt, lasst uns ihn in die Zisterne werfen. Dann ist Ruben weg gelaufen. Dann haben die Brüder Josef in die Zisterne geworfen. Und dann kamen Kaufleute, sie habe ihn verkauft. Als Ruben da war, war er weg.

└ **Jeanette**

Entwurf

Kanaan

Es war einmal eine Familie. Der Mann, der darin wohnte, hieß Jakob. Er hatte 12 Frauen, und er hatte zwölf Kinder. Seine Lieblingsfrau hieß Rahel. Sein Lieblingssohn hieß Josef.

Überarbeitung

Josef und der Hass seiner Brüder

Es war mal ein Mann, der Jakob. Er hatte zwölf Frauen, seine Lieblingsfrau hieß Rahel. Und hatte zwölf Kinder. Er hatte einen Lieblingssohn, der hieß Josef. Weil Jakob ihn mehr liebte als die anderen, hassten sie Josef. Sie hatten einen Plan, sie wollten ihn töten. Der älteste Bruder Ruben sagte: „Wir werfen ihn nur in die Zisterne." Und das taten sie. Sie warfen ihn in die Zisterne. Ruben wollte ihn befreien, aber die Brüder haben ihn verkauft.

Sven

Entwurf

Im Land Kanaan lebte(n) Jakob und seine 12 Söhne, einer hieß Josef, er war der liebste Sohn von Jakob, einmal träumte Josef, dass er die größte Garbe hatte und die anderen mussten sich verneigen, und ein anderes Mal träumte er, dass die Sonne, der Mond und 11 Sterne verneigten sich vor ihm, die Brüder hassten ihn so sehr, einmal mussten die 11 Brüder mit dem Vieh (?), Josef musste dann auch hinter her, die Geschwister (warfen ihn) in eine Zisterne und verkauften ihn an die Karawane.

Überarbeitung

Jakob war sehr reich. Er hatte 12 Söhne. Er hatte einen Lieblingssohn, er hieß Josef. Seine Brüder hassten ihn, weil er 2 Träume hatte. Als er mit seinen Brüdern in der Wüste war, verprügelten sie ihn schmissen ihn in die Zisterne und verkauften ihn. Ruben konnte nichts mehr ausrichten.

Tom

Jakob hatte viele Frauen, er hatte auch Kinder und er hat eine Lieblingsfrau, sie heißt Rahel und einen Lieblingssohn. Die Brüder waren auf Josef neidisch, weil er der Lieblingssohn ist. Die Brüder wollte(n) ihn töten, aber Ruben hat gesagt: „Wir dürfen ihn nicht töten, er ist unser Bruder." Dann ist Josef gekommen mit seinem bunten Kleid. Die Brüder haben Josef ausgezogen. Sie haben das Kleid genommen, haben ein Tier geschlachtet und das Blut auf das Kleid gemacht und das haben sie dem Vater gezeigt. Sie haben Josef nach Ägypten verkauft. Für zwanzig Silbertaler an die Kaufleute.

Zamanah

4.6 Wissen und Erfahrung

4.6.1 *Die Netzflickerinnen* (Max Liebermann) (Klasse 3 und 4)

Die Lehrerinnen (Irmtraud Schnelle, Angela Andersen, Lis Schüler) zeigen den Kindern einen Ausschnitt, auf dem die zentrale Figur des Bildes zu sehen ist. Dazu notieren die Kinder zunächst Formulierungen – einen Gedanken, einen ersten Eindruck. Diese Formulierungen werden im Anschluss vorgelesen, nach Bildaspekten geordnet, Details werden auf dem Ausschnitt gezeigt. Dabei entstehen viele Fragen. Auch solche, die Zugänge zur historischen Dimension des Bildes eröffnen. (Für einen detaillierten Ablauf des Unterrichts und zum Schulbezirk vgl. S. 23 ff.; vgl. auch Schüler/ Dehn 2010a).

Die Kinder notieren ihre eigenen Fragen auf einem DIN-A3-Blatt, auf das sie auch ihre Formulierungen aufkleben:

Julie (Klasse 4)

Formulierungen zum Bildausschnitt

Klasse 3:
Auf dem Bild sind alle irgendwie einsam. Alle gehen alleine an ihre Arbeit.
Es wirkt so traurig, das Bild. Als ob sie arbeiten muss, aber sie will nicht.
Diese Frau auf dem Bild hat ein nasses Netz in der Hand.
Dieses Bild ist unheimlich. Die Wolken sind düster.

Klasse 4:
Der Wind weht von rechts nach links.
Ich denke, es ist an der Küste.
Im Hintergrund wird eine Kutsche gezogen.
Die Frauen müssen alle arbeiten.
Wind weht, sie ist gegen den Wind gebeugt.
Sie steht im Wind und ruht sich aus.
Sie ist sehr traurig darüber, dass ihr Netz zu viele Löcher hat. Sie weint, aber hat keine Tränen.
Ich denke, dass die Frau arm ist.
Ihr könnt auch jemand gegenüberstehen.
Ich denke, dass die Frau etwas Unglaubliches sieht und alles runterhängen lässt.
Die Frau kann nicht mehr. Und es regnet oder es donnert gleich. Es ist noch nicht da, es kommt aber noch.

Fragen zum Bildausschnitt

Klasse 3:
Was ist auf dem Rest des Bildes zu sehen?
Was denkt die Frau gerade?
Warum müssen die Frauen so hart arbeiten?
Warum geht sie nicht einfach weg?
Gibt es Meer oder Wasser auf dem Bild?

Klasse 4:
Warum sieht die Frau im Vordergrund so traurig aus?
Sehnt sich die Frau nach etwas?
Warum guckt sie so leer?
Woran denkt die Frau?
Was machen die Frauen im Hintergrund?
Was sollen die Netze bedeuten?
Warum haben alle das Gleiche an?
Warum tragen die Frauen weiße Kappen?

Wie sieht der Rest aus?
Welche Zeit ist es auf dem Bild?
Warum ist alles so traurig?
Warum fährt da hinten ein Pferdewagen?
In welchem Land arbeiten die Menschen auf dem Bild?
Ist die Frau arm?
Warum arbeiten nur Frauen?
Warum müssen alle bei solchem Wetter so hart arbeiten?
Ist das da hinten Wasser?
Wie oft ging durchschnittlich ein Netz kaputt?
Warum können die Männer nicht flicken und die Frauen fischen gehen?

Schreiben vor Ort, in jedem Museum möglich

Nach zwei bis drei Tagen sitzen die Kinder vor dem Gesamtbild. Ein kurzes Gespräch findet statt: Was ist neu?

Vor dem Textschreiben haben wir den Kindern Gelegenheit gegeben, eine neue Perspektive auf das Bild zu bekommen, den Blick zu verändern oder sich in die Figur(en) hineinzuversetzen. Wir haben Verschiedenes ausprobiert, von dem man sicher nicht alles auf einmal machen sollte:

▸ Die Kinder bewegen sich vor dem Bild und untersuchen es von verschiedenen Positionen aus, von nah und weiter weg, von weiter innen oder von weiter außen.

▸ Alle Kinder sitzen vor dem Bild und gehen „in das Bild hinein" (vgl. S. 158 für die Formulierung der Aufforderung in figurative Bilder hineinzugehen).

▸ In Dreiergruppen bauen die Kinder die zentrale Figur nach. Dafür ist ein Kind das „Baumaterial", das zur Statue geformt wird, die anderen beiden sind die Baumeister. (Diese Aufgabe ist in Anlehnung an Augusto Boals Statuentheater entwickelt worden, vgl. Boal 1979, S. 214.) Dabei muss genau geschaut werden: Wie steht die Frau da im Wind? Welche Haltung hat sie? Wie ist ihr Gesichtsausdruck? Die fertigen Statuen bleiben stehen, die Baumeister gehen durch die Ausstellung. Wenn sie an einer Statue stehenbleiben, können sie durch leichtes Antippen der Schulter hören, was diese sagt. Das kann ein Satz oder auch nur ein Geräusch sein.

Danach schreiben die Kinder ihren Text zu dem Bild auf. Das findet nun statt vor dem Hintergrund von Wissen und Erfahrungen. Die Schülertexte sind orthografisch korrigiert abgeschrieben, sonst wurde nichts verändert, also auch nicht die Grammatik.

Schülertexte (Entwürfe vor dem Original) aus Klasse 3 und 4:

In dem Bild müssen alle Frauen sehr hart arbeiten. Sie müssen die Fischernetze von ihren Männern flicken. Ganz hinten fährt auch schon die Pferdekutsche mit den neuen Netzen. Es nieselt ein wenig, bald wird es gewittern. Kalter Wind weht über das Land. Es ist sehr einsam, niemand verliert auch nur ein einziges Wort. Ich finde das Bild sehr traurig.

Savannah (Klasse 3)

Die sehen traurig aus. Es sieht aus als (ob) ein Sturm aufzieht. Der Wind bläst in allen Ecken. Die müssen Netze flicken, jeden Tag. Sie sieht besorgt aus. Vielleicht ist ihr Mann Fischer.

Sinem (Klasse 3)

Die Netzflickerinnen
Wenn ich die Augen schließe, und in Gedanken die schöne Meerluft schnuppere, schreite ich langsam zu der Frau, und spüre richtig, wie sie in Gedanken versunken ihre Arbeit macht. Man fühlt, wie schwer die Arbeit ist, man fühlt, wie schwer das Netz hochzuheben ist, besonders in dem Wind, der einem um die Ohren pfeift.

Leonie (Klasse 3)

Wenn man in das Bild hineingeht, dann spürt man richtig, wie stürmisch es ist, und man riecht den etwas modrigen Geruch der nassen Netze. Wenn man zu der Frau geht, dann kann man mit ihr reden, und zu mir sagte sie, dass sie nicht gerne arbeitet, aber sie findet es auch nicht so schlimm. Wenn man durch das ganze Bild geht, dann fühlt man sich einsam, weil alle so still arbeiten und auch jeder alleine arbeitet.

Lena (Klasse 3)

Das Bild war traurig in meinen Gedanken und bisschen finster in meinen Gedanken, aber dann hatte ich die Augen aufgemacht, dann war das Bild nicht mehr so traurig und finster. Und das Bild hat Hoffnung.

Mert (Klasse 3)

Das Bild ist groß und weit gemalt. Die Frauen arbeiten alle auf dem Bild. Eine Frau auf dem Bild aber noch nicht, sie sucht noch einen Platz. Die Frau guckt, ob sie einen Platz findet. Die Frau macht sich Gedanken über die Männer?

Cüneyt (Klasse 3)

Ich sah die Frauen weinen. Sie wollten unbedingt weg von ihrer Arbeit. Ich hörte die Frau ganz vorne nachdenken. Sie weinte, war traurig und dachte an was Schönes. Die Frau wollte unbedingt weg vom Feld. Aber sie musste arbeiten. Ich konnte das trockene Feld fühlen und riechen. Das Feld war ganz trocken. So einen schrecklichen Job habe ich noch nie gesehen. Manche Frauen beteten, dass sie Freiheit bekommen würden. So ein riesiges Netz habe ich noch nie gesehen.

Marco (Klasse 4)

Das Bild sieht schön aus. Als ich meine Augen schloss und in das Bild hineinging, hatte ich das Gefühl traurig zu sein.
Oft habe ich eine Frau stöhnen gehört und manchmal wollte ich einer Frau helfen.
Als ich an die große und stehende Frau ranging, dachte ich, sie sieht aus, als würde sie an so eine Art Freiheit denken.

Saskia (Klasse 4)

Die schwere Arbeit
Ich denke es ist sehr anstrengend und sehr fummelig und das den ganzen Tag, da wird man bestimmt müde. Wahrscheinlich muss die Frau arbeiten, denn wenn sie es nicht müsste, würde sie es bestimmt nicht tun. Die Netze sind so lang und wenn dann noch viele Löcher drin sind, glaube ich, müssen sie sehr lange arbeiten. Wenn es so windig ist, wie ich denke, ist es bestimmt nicht so schön zum Arbeiten, da ist es gut, dass sie so eine Kappe aufhaben* und die Klocks sind gut, wenn es matschig ist**. Trotzdem ist es immer noch schwer zu arbeiten.
* dass die Haare nicht ins Gesicht fliegen
** dass man nicht einsinkt

Leonie (Klasse 4)

Die Texte von Henriette und Benedikt sind auf S. 25 – 27 wiedergegeben.

4.6.2 Papierschiff und Strohhalm: Beobachtungen beschreiben und erklären (Klasse 2 und 4)

Im November von Klasse 2 (ca. 50 % der Kinder haben einen Migrationshintergrund, ca. 30 % leben von Hartz-IV-Leistungen) kündigt die Lehrerin (Angela Andersen) ein Experiment an. Die Kinder sollen genau beobachten – manche von ihnen werden sich vielleicht wundern oder sogar staunen. Dann sollen sie sich überlegen, was sie da gesehen haben, und es aufschreiben: „Was hast du gesehen? Was denkst du darüber?" Bevor es losgeht, sprechen die Kinder darüber, warum es wichtig ist zu „schweigen". „Ganz leise sein – beim Schweigen kann man gut denken." Später können die Kinder in kleinen Gruppen das Experiment selbst erproben und ihre Texte vielleicht noch ergänzen – in einer anderen Farbe. Es ist nicht Ziel des Experiments, das Phänomen physikalisch zu verstehen.[32]

Die Lehrerin hat eine Schale mit Wasser vorbereitet, darauf setzt sie ein kleines Papierschiff (gefaltet aus einem Blatt in maximal DIN-A5-Größe). Einen Strohhalm reibt sie an einem Wollschal (es muss wirklich Wolle sein!), und dann kann sie das Schiff mit dem Strohhalm führen, ohne dass der Halm das Schiff (und das Wasser) berührt. Die Kinder sind gebannt, sehr aufmerksam. Eine flüstert: „elektrisch" – ein anderer „Zauber".

> * das Boot in der Schatsuche in der Schale
> in dem Schal sind kleine steine und die sind elektrisch und wenn (man) mit dem Stroheim in dem Schal zusammen macht dann gehen die kleine steine fligen sie im denn Stroheim und das papier sind auch kleine Steine und wenn das papir und das Stroheim dann werden mit dem kleinen steinen dann wird das butt (Boot) mit dem stroheim zusammen gemacht.
> In dem Schal sind kleine Steine und die sind elektrisch. Und wenn (man) mit dem Strohhalm in dem Schal zusammen macht, dann gehen die kleinen Steine, fliegen sie in den Strohhalm und (in dem) das Papier sind auch kleine Steine. Und wenn das Papier und der Strohhalm (…), dann werden mit den kleinen Steinen (…), dann wir das Boot mit dem Strohhalm zusammen gemacht.
> Eduard

Name : Derya

das blaue Boot

Derya

Ich habe gesehen das Frau Andersen
ein strohalm an ein Schal aus
~~woble sauber Gemacht~~ hat.
gerieben hat
und dan hat sie den Stro-
halm neben das boot gehalten.
dan ist das boot in die richtung
gefaren wie Frau Andersen
mit den strohalm gedret
hat. ich glaube es ist pasiert
weil ~~Es~~ in den strohalm loft drinw

Derya

Derya hat ihren Text nach dem Experiment in der Kleingruppe noch in dunkelblauer Farbe ergänzt.
Derya formuliert eine Hypothese (Luft im Strohhalm), die man prüfen kann!

Name: Kawsar

Das papier Boot kann Schwimma

Kawsar

Ich Glaube das der Stroh
halm durch das Wollschal
Strohm er setzt hat. und wenn Mann
es neben das schiff ganz zeit
bewegtl fährt der Schiff
auch in die richtung. Wenn man
den Strohhalm anßen Wollschal reibt
Kommen so klein Bender dran und
das erste Strohm und dan fährt der Schiff.

Kawsar

Kawsar hat ihren Text nach dem Experiment in der Kleingruppe noch in hellroter Farbe ergänzt.

* Hoesee

Man Reibt ein Stroeim an ein Schat und Legt eine wazer Schüzel und man Bztilt ein klein esbot da bewgt sich das esbot wiso? Strom

Orthografisch korrigiert:

Hohe See

Man reibt einen Strohhalm an einem Schal und legt (stellt) eine Wasserschüssel (hin) und
man bastelt ein kleines Boot. Da bewegt sich das Boot. Wieso? Strom.

Julienne

* Strohhalm Boot

Wenn man reibt, dann kommt Luft, weil der Strohhalm Luft saugt mit … (nicht lesbar).
Die Luft kann sie den Schiff wegluften
Von Ali
Frau Andersen kann zaubern, mit den Händen zaubern.

Ali

Im Gespräch zeigt sich, dass er mit *wegluften* „wegpusten" meint.

Das Schiff

Frau Andersen hat mit ein(em) Strohhalm ein Boot gezogen und ich glaube, dass der (an
dem) Strohhalm Fussel dran waren. (Später ergänzt in anderer Farbe: Es geht auch mit einem Formy [eine Art Filzstift]).

Cedric

* Das Schiff, das Könsla (der Künstler)

Ich denke, frau Andersen kann zaubern, weil sie den Strohhalm auf einem Schal gerieben hat
und dann ist das Boot hinter dem Strohhalm gefahren …

Laura

Das Boot

Ich denke, das ist elektrisch. Der Schal muss doch elektrisch sein. Du reibst am Schal und
dann fährt das Boot.

Alina

Das Boot geht unter

Ich glaub, dass Frau Andersen den Strohhalm aufgeladen hat an dem Schal. Ich weiß, glaube ich. Frau Andersen hat das Boot aufgeladen und den Strohhalm auch.

Nick

In Klasse 4 hat die Lehrerin (Monika Ahrens) den Kindern nach der Beobachtung des Experiments zunächst Gelegenheit gegeben, eine Formulierung zu notieren; Texte haben sie erst nach dem Experiment in der Kleingruppe geschrieben, also nachdem sie untereinander auch darüber gesprochen haben.

Ich habe gesehen, dass der Strohhalm das Boot gezogen hat und ich habe gesehen, dass das Boot nicht zu nass sein darf und man den Strohhalm erst gründlich mit Wolle verreiben muss, sonst funktioniert es nicht. Ich denke darüber, dass in Wolle irgendetwas drinnen ist, dass es im Wasser das Boot zieht mit irgendeiner geheimen Kraft.

Yannick

Das Boot wird hinter dem Strohhalm her gezogen, ohne es zu berühren, weil der Strohhalm elektrisch aufgeladen ist. Aber wenn das Boot sich mit Wasser vollgesaugt hat, bleibt das Boot stehen. Ich frage mich, warum das Boot so klein sein musste?

Frederik

Ich habe gesehen, dass man den Strohhalm an Wolle reiben muss. Und dann das Boot ins Wasser tun muss. Und den Strohhalm macht man ganz nah und wenn man weiter weg geht, kommt das Boot nach.
Ich denke, wo der Strohhalm an der Wolle gerieben wurde, wurde es elektronisch aufgeladen. Deswegen kam das Boot nach.

Anahita

4.7 Korrespondenzen

4.7.1 *Senecio* (Paul Klee): Zeichnen zur Beschreibung des Bildes (Oktober Klasse 4)

Die Schülerinnen und Schüler aus Klasse 4 haben das Bild *Senecio* von Paul Klee (1922) beschrieben: „Beschreibe, was dir an diesem Bild auffällt und was du dazu denkst."[33] Der Lehrer (Stefan Erhorn) zeigt die Texte in der Praktikumsgruppe. Zwei Lehrerinnen (Helga Grust, Heidi Hübner-Clausnitzer) nehmen die Texte mit in ihre Klassen: Die Schüler sollen zu den Beschreibungen zeichnen. Diese Zeichnungen werden wieder zurückgegeben. Die Kinder sind erstaunt und erfreut über diese Korrespondenz zu ihren Arbeiten. Sie lesen ihre eigenen Texte noch einmal mit fremden Augen.

Paul Klee: Senecio, 1922

Patrice

Von den schmalen Augen ist das rechte Auge höher als das andere Auge. Das linke Auge schielt ein bisschen. Über dem linken Auge erhebt sich eine halbkreisähnliche Augenbraue. Die Nase wirkt dünn in seinem kugelrunden Gesicht. Seine Haut ist wild und bunt durcheinander gemustert. Der Maler hat den Hintergrund rot und orange gefärbt. Die Arme streckt er von sich, als gehören sie nicht ihm. Es sieht aus, als wenn der Maler eine Gipsskulptur nachgemalt hätte. Es kommt mir so vor wegen den vielen Mustern.

Antonia

Sarah

Der Mensch hat ein kreisrundes Gesicht. Im Gesicht hat er schöne verschiedene Muster. Sein rechtes Auge ist höher als das linke Auge. Über seinem linken Auge hat er einen halbrunden Kreis.

Martin

Aneta

Sein Gesicht hat verschiedene Farben. Seine Nase ist sehr schmal. Sein Kopf ist so rund wie eine Kugel. Sein rechtes Auge ist höher als das linke. Seine Pupillen sind rot. Der Hintergrund ist rotgelb gemischt.

Peter

4.7.2 Lüge und Wahrheit: Schreiben zu Kindertexten (September Klasse 4 – Klasse 3)

Die Lehrerin (Angela Andersen) liest mit ihrer Klasse 4 die Texte, die die Kinder aus Klasse 3 zu Lüge und Wahrheit geschrieben haben (siehe S. 174 f.). Sie sprechen über Textarten, über Definitionen. Die Schüler können sich einen oder mehrere Texte aus Klasse 3 auswählen und ihr Textverständnis als „Definition" formulieren. Etliche Kinder haben sich gleich mit mehreren Vorlagen befasst.

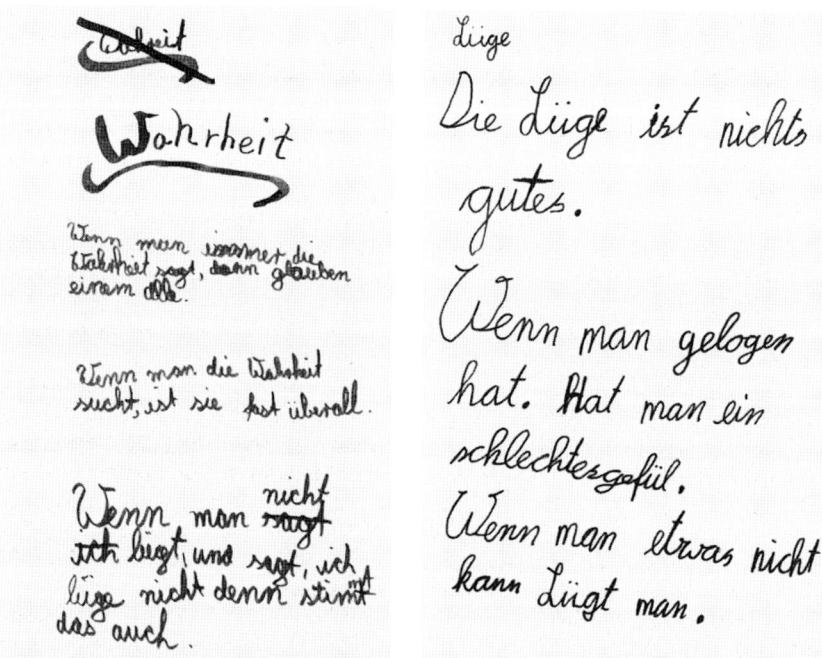

Schülertexte aus Klasse 4 zu Lüge und Wahrheit aus Klasse 3

▸ Wenn man die Wahrheit sagt, dann ist man glücklicher.
▸ Wenn man etwas nicht kann, muss man es sagen, sonst hat man ein schlechtes Gewissen.
▸ Wenn man schafft nicht zu lügen, ist man glücklich.
▸ Wenn man einmal lügt und dann nie wieder, dann ist man glücklich.
▸ Wenn man ein gutes Gewissen hat, dann lügt man nicht und sagt die Wahrheit.

Anmerkungen

1   Die Aufforderung, in figurative Bilder „hineinzugehen", haben wir von Maria Peters übernommen, siehe S. 158 ff., vgl. auch Dehn u. a. (2004), S. 125 ff.

2   In dem *geschriebenen* Text steht der Genitiv als typisch schriftsprachliche Formulierung. Beim Vorlesen des ganzen Textes hat Jonas sie hier an das Mündliche angeglichen: *von einem Hund.* Für andere Fragestellungen wäre der genaue Vergleich zwischen Schriftfassung, Lektüre und Kommentar interessant; für den Zusammenhang hier reicht der Bezug auf den Protokollausschitt aus.

3   Jonas korrigiert beim Vorlesen seine Verschreibung (k*ein*), die ihm beim Überarbeiten offenbar nicht aufgefallen ist.

4   Vgl. S. 152 ff.; siehe auch die Gegenüberstellung (von Anna, Till und Özlem) S. 129 – 144, von Jonas und Mehmet S. 29 ff. und 161; zum Leistungsbegriff vgl. Dehn (2000 und 2005).

5   W. Dehn (1984, S. 100) argumentiert hier mit Bezug auf Heinrich v. Kleists *Über die allmähliche Verfertigung der Gedanken beim Schreiben:* „Strukturen der Schrift […] lassen die Wörter unter der Hand produktiv werden: Der Sinn ist dann nicht der Urheber der Artikulation, sondern ihr Effekt."

6   Als Funktionsbereiche der Literalität können Herrschaft (als politische und religiöse Repräsentation), Überlieferung (als Archive und Verwaltung) und Wissen (als Erziehung und Ausbildung) unterschieden werden; siehe Brockmeier 1998, S. 207 f. mit Bezug auf Assmann/Assmann 1992, S. 1421.

7   Zur Erläuterung der Begrifflichkeit (Literalität, Literarizität, Literarisierung, Literarität) siehe W. Dehn (1984), S. 5 f.

8   „As the great Vl. Propp put it, a narrative structure is composed of a set of grammar-like rules for ordering characters and events sequentially in a fashion such that the events and characters […] become 'functions', of the overall plot structure." (Bruner 1996, S. 95) Wygotski hat in seiner posthum erschienenen *Psychologie der Kunst* (russ. 1965) den Ansatz umrissen, Erzählartikulationen als Lösung eines emotionalen Konflikts durch Imagination aufzufassen – Imagination verstanden als das Vermögen des Subjekts, Erfahrung in Bildern zu vergegenwärtigen; vgl. Wygotski, *Die Psychologie der Kunst,* in: W. Dehn (1974), S. 81 – 89, 141 – 149; vollständige Übersetzung Dresden 1989 (zuerst Dresden 1976).

9   Vgl. dazu in Bezug auf das Auslegen von Bildern Otto/Otto (1987), S. 29, 34: die poetische Wirkung eines Textes wie eines Bildes sei „als eine Fähigkeit zu definieren, immer neue und andere Lesarten zu erzeugen, ohne sich jemals ganz zu verbrauchen" (S. 34). Vgl. dazu in Bezug auf das Verstehen von Texten die Fähigkeit, „sich auf die Unabschließbarkeit des Sinnbildungsprozesses einzulassen" (Spinner 2006, S. 12).

10 Wir beziehen uns im Folgenden auf Dehn (2007a), zum Teil auch als Übernahme von Passagen.

11 Dass diese Beispiele hauptsächlich von Schülern verfasst sind, ist zufällig; als Gegenstand der Analyse literarischer Muster eignen sich u. a. auch die folgenden Texte von Schülerinnen; „Die Hexe Lakritze" von Anja, „Rotkäppchen" von Christina (siehe dazu Dehn 1993, S. 78 f., 83 f.); die Batman-Texte von Corinna (siehe Wolf-Weber/Dehn 1993, S. 110 ff.).

12 Das sind in der Begrifflichkeit von Karl Bühler die Koordinaten, die den Standpunkt kenntlich machen, von dem aus gesprochen wird (vgl. 1965, S. 102 ff.).

13 Dieses Beispiel ist übernommen aus Dehn u. a. (1991). Dort sind auch die unterrichtlichen Kontexte im Einzelnen dargestellt: von den großen Widerständen, die Ole gegenüber dem Schreiben zeigt, von seiner Vorliebe für den Computer und seinem Interesse an „Geisterge-

schichten" (zum Beispiel *Du siehst Gespenster, Willi Wiberg:* Ole liest das Buch vor, liest aber „Geister"). Ole schreibt über mehrere Monate immer wieder über Gespenster, nun auch mit der Hand; im März von Klasse 3 endet eine so: „Ich bin ein Geist, sagte das Gespenst. – Hilfe, sagte der Mann und rannte weg. Auf der Straße war kein Mensch mehr da. Das Gespenst ging wieder nach Hause. Und als es zu Haus war, ging es in sein Bett. Und wenn es noch nicht gestorben ist, dann schläft es noch heute. Ende." Danach wendet sich Ole anderen Themen zu. Oles Eltern bekunden von Anfang an Interesse an seiner Arbeit am Computer unter technischem Aspekt. Den Inhalt der Geschichte kommentieren sie nicht. In den Wochen danach nehmen sie den Rat der Lehrerin an, für Ole therapeutische Hilfe in Anspruch zu nehmen. Inwiefern hier von einem Aufscheinen des Imaginären gesprochen werden könnte, soll nicht ausgeführt werden. Hinweisen möchten wir auf die Schwierigkeit, nicht einer biografischen bzw. psychologisierenden Sichtweise dabei zu folgen. In diesen Zusammenhang gehören auch die Texte von Corinna (Wolf-Weber/Dehn 1993, S. 110 ff.) und von David (Welge 1996, S. 83 ff.).

14   Vgl. Dehn u. a., Heinrich, Wagner-Lueken, Weber 1991, S. 23.

15   Im Hinblick auf „das Interesse am Schreiben" kommt W. Dehn (1981) zu Thesen, die die Argumentationen hier seit Langem begleiten: „Das Individuelle ist nicht der Gegensatz des Allgemein(gültig)en, vielmehr hat es als das Besondere wesensmäßig Anteil daran. Es ist die Grundlage für Normenbildung. Und: „Gerade das als Sprache sich darstellende Individuelle ist demgemäß weniger eine Sache für sich als eine Beziehung zwischen Kräften, ein Verhältnis von Teilhabe am durchgängig Gültigen und von Abstand dazu." (ebd., S. 40)

16   Die Szene ist übernommen aus Dehn (1994), S. 115. Gedächtnisprotokoll: Gisela Welge; zur Analyse siehe S. 138 ff.

17   Die Szene ist aus Ahrens/Dehn (1995); darin geht es vor allem um das Verhältnis von Schreibkonzept und orthografischer Korrektur. Wir lassen hier die Passagen zur orthografischen Korrektur aus.

18   Almuth Grésillon macht darauf aufmerksam, dass „jeder Schreiber automatisch auch sein erster Leser ist" (1995, S. 8), und sie weist hin auf die französische Wendung von „se relire" – „so als hätte der Schreiber die erste Lektüre schon im Ausführen des Schreibaktes realisiert".

19   Wir beziehen uns im Folgenden auf die Ausgabe Wygotski (1969, russ. 1934). In der neuen Übersetzung von 2002 nehmen Lompscher und Rückriem eine Veränderung vor: Aus der Unterscheidung von innerer und äußerer Sprache (als mündliche und schriftliche Sprache) wird inneres, äußeres (oder auch mündliches) und „schriftliches Sprechen" (Wygotski 2002, S. 313 ff.). Wygotski verwendet den russischen Begriff reč = Sprechen, der den Gebrauch der Sprache durch Individuen meint, und nicht jazyk = Sprache als System. Der Begriffsgebrauch in dieser neuen Übersetzung erschwert das Verständnis, weil Schreiben eine monologische Tätigkeit ist, Sprechen aber in unserem Verständnis eine Dialogsituation voraussetzt. – Für die Wygotski-Rezeption sind die Arbeiten von James Wertsch (1991, 1996) außerordentlich aufschlussreich.

20   Wygotski entwickelt seine Vorstellung von dem Verhältnis zwischen der inneren und der äußeren Sprache aus der Beobachtung des „egozentrischen" Sprechens bei 3- bis 8-jährigen Kindern. Die Kinder sprechen besonders dann „für sich", wenn sie in ihrem Tun auf Schwierigkeiten stoßen; sie wenden sich mit den Äußerungen nicht an die in der Situation anwesenden anderen, dringen nicht auf Reaktion; gleichwohl nimmt das „egozentrische Sprechen" dann deutlich ab, wenn niemand anwesend ist; es beruht also durchaus auf der Vorstellung, verstanden zu werden (vgl. auch Wertsch 1996, S. 151 f.). Wygotski zeigt, wie das „egozentrische Sprechen" allmählich zum inneren wird.

21 In den Arbeiten zum Sprachlernen und zur Schreibforschung in der Grundschule interessiert vor allem die Entwicklung und Beförderung der Fähigkeit zur Dekontextualisierung, also auch zur Begriffsbildung. Helga Andresen (1998, 2002) hat das beim Fiktionsspiel eingehend untersucht. Sie zeigt, dass bereits 4-Jährige Zeichen-Zeichen-Beziehungen sowohl kontextualisiert wie dekontextualisiert verwenden können und auf diese Weise sich bereits Funktionen von Bildungssprache erschließen.

22 Der Begriff der Tätigkeit kann in diesem Rahmen nicht eingehend auf die kulturhistorische Schule bezogen werden (insbesondere auf A. N. Leont'ev). Nur so viel: „Tätigkeit stellt [...] ein System mit eigener Struktur, mit eigenen inneren Übergängen und Umwandlungen sowie mit eigener Entwicklung" dar; im Unterschied zur Handlung, die durch das Ziel, die Operation, die durch die Bedingungen bestimmt ist, ist die Tätigkeit durch das Motiv bestimmt (vgl. dazu Wertsch 1996, S. 252–259).

23 „Die Geschichte wurde von mir orthografisch und in einigen wenigen Formulierungen dem Regelgebrauch angeglichen" (K. Wardetzky).

24 Das hat sich auch in der Studie von Mollenhauer (1996) bestätigt: Es geht darum, die eigene „Symbolisierungsfähigkeit zu erfahren als produktiven Umgang mit den bisher erworbenen Anteilen des Selbst" – in Relation zu kulturellen Mustern (S. 254). Er untersucht, was geschieht, wenn Kinder (in einer therapeutischen Einrichtung, in einer heilpädagogischen Tagesstätte, in der Orientierungsstufe) mit „ästhetischen Ereignissen", hier mit musikalischen (Schubert, Saint-Saëns) und mit bildnerischen (Macke, Dubuffet, Klee), konfrontiert und dann aufgefordert werden, nach den Vorgaben auf Orff-Instrumenten zu improvisieren bzw. nach Vorgaben zu malen. Und für die Analyse der so entstandenen Produkte erhebt er diesen Anspruch.

25 Bisher gibt es unseres Wissens nur Beobachtungen und einzelne Befunde, noch keine systematischen Untersuchungen, die die Entwicklung der Kompetenz im Hinblick auf die gesprochene und geschriebene Sprache vergleichen, und zwar besonders unter dem Aspekt der Literalität. So hat Kristin Wardetzky bei den Märchentexten der Kinder gefunden, dass sie „zu einem Wort- und Syntaxgebrauch fähig sind, wie er in ihrer alltäglichen Sprache noch nicht zu finden ist" (1996, S. 48). Feilke kommt allerdings zu einem anderen Ergebnis: „[S]prachliche Strukturen, die Kinder im Sprechen bereits sicher beherrschen und gebrauchen, [sind] im Schreiben derselben Kinder oft erst um Jahre verzögert verfügbar" (er nennt u. a. den Gebrauch des Konjunktivs, Nebensätze 2. Grades, Infinitivkonstruktionen). „[M]it 3–4 Jahren sind Kinder in der Lage, bereits kleine Geschichten zu erzählen. Bis die entsprechenden Strukturen des Erzählens auch im Schreiben verfügbar sind, dauert es bis zu einem Alter von 9 Jahren." (1995, S. 73 f.) In der Studie von Merklinger (2011) wird gezeigt, wie sich durch die schriftsprachliche Situierung die sprachliche Formulierung und Sprechweise verändern.

26 Knapp bezieht sich auf das Erzähl-Schema von Boueke u.a. (1995); vgl. Knapp (1997), S. 66 ff. Knapp untersucht die Ausbildung der Formulierungsfähigkeit, der Textkompetenz und der Erzählkompetenz im Hinblick auf die unterschiedliche Aufenthaltsdauer in Deutschland. „Die Migrantenkinder, die in Deutschland aufgewachsen sind und durchgehend die deutsche Schule besucht haben, schneiden schlechter ab als die deutschen Kinder und nicht besser als die Migrantenkinder, die erst zwei Jahre in Deutschland leben." (ebd., S. 226) „Die Kinder, die erst kurze Zeit in Deutschland leben, bringen aus ihrer Erstsprache zumindest ansatzweise Textkompetenz und Erzählkompetenz mit. Ihnen mangelt es noch an der Formulierungsfähigkeit." (ebd., S. 227) Nur darin sind ihnen die, die bereits lange in Deutschland leben, überlegen.

27 Wir verwenden diesen Begriff von Thomas Lehnerer (1994, S. 152) in einem weiten Sinn, nicht nur als Bestimmung von Kunst.

28 Die Heimkehr zu den Eltern nach erfolgreicher Berufskarriere als Popsängerin und die Vertauschung der Fellfarben beim Nachwuchs von Rosalind im letzten Teil des Buches erscheinen eher klischeehaft. In der Schule haben wir diesen Teil – wenn überhaupt – erst vorgelesen, nachdem die Schüler ihre eigenen Texte verfasst hatten.

29 In der Studie zum Textschreiben (1992 – 1997) haben wir die Auswahl der Medienfiguren jeweils aktualisiert; so wurde Aladdin durch König der Löwen und Arielle durch Pocahontas ersetzt; bei den Figuren aus der Kinderliteratur haben wir zum Teil statt Rennschwein Rudi Rüssel die Geschichten vom kleinen Tiger und dem kleinen Bär ausgewählt. Pippi Langstrumpf, Batman, Rotkäppchen, Super Mario waren immer dabei. Die Studie haben Studierende im Beisein der Lehrer und Lehrerinnen durchgeführt.

30 Die Romanisten Koch und Oesterreicher (1994, 2007) unterscheiden in diesem Zusammenhang den medialen und den konzeptionellen Aspekt des Schreibens. Die Medialität einer Äußerung ist leicht zu bestimmen: Entweder liegt ein geschriebener Text vor oder das gesprochene Wort. Konzeptionell hingegen bilden Mündlichkeit und Schriftlichkeit die „Endpunkte eines Kontinuums" (Koch/Oesterreicher 1994, S. 587). Die geschriebene Sprache ist dabei in der Regel elaborierter, sie weist eine höhere textuelle Kohäsion auf, sie ist kompakter und abstrakter in der semantischen Information. Grund dafür ist die Situationsentbindung der geschriebenen Sprache, denn alle zum Verständnis wichtigen Informationen müssen explizit benannt werden.

31 Die Klasse ist in zwei Gruppen eingeteilt; die eine betrachtet Karl Schmidt-Rottluffs *Der Wald* (zusammen mit der Lehrerin), die andere betrachtet Edvard Munchs *Mädchen am Meer* (zusammen mit Maria Peters). Hier werden (mit Ausnahme des Textes von Mehmet) Texte aus der zweiten Gruppe vorgestellt.

Zu Grundsätzen dieses Unterrichtskonzepts, in dem es darum geht, routinierte Wahrnehmung zu verändern und im Schreiben zu materialisieren, siehe Peters (1996); es sollte hier erprobt werden, ob ein solcher Zugang zur Kunst, der in der Sekundarstufe unter anderem an Plastiken von Arp entwickelt worden ist, auch Grundschulkindern zugänglich ist; ob und wie die Aufgabenstellung mit der Sprachform der Texte korrespondiert.

Zu einem Unterrichtskonzept, das das im Bild dargestellte Geschehen in den Vordergrund stellt, vgl. Habersaat (1995).

32 Alle Körper bestehen aus Atomen, die wiederum aus einem Atomkern sowie einer Hülle aus Elektronen zusammengesetzt sind. Der Atomkern besitzt eine positive Ladung, während die Elektronen negativ geladen sind. Dabei gilt, dass ungleiche Ladungen sich anziehen. Bei manchen Stoffen sind die Elektronen besonders stark an den Atomkern gebunden wie etwa bei Gummi oder Kunststoff. Auch haben diese Stoffe die Eigenschaft, dass sie anderen gerne Elektronen „klauen". Genau dies geschieht, wenn man den Strohhalm und die Wolle zusammenbringt: Elektronen wandern von der Wolle auf den Strohhalm. Man nennt das Ladungstrennung. Schließlich ist der Strohhalm negativ geladen. Das Papierschiff bewegt sich, weil sich die Atome im Papier ausrichten – die negativen Atome im Papier sind abgestoßen bzw. die positive Ladung richtet sich in Richtung Strohhalm aus.

33 Das Bild gehört – im theoretischen Kontext der Gestaltpsychologie – auch zu den Schreibanregungen von Rabkin (1998).

Anhang

Übersicht über die Schreibanlässe

Im Folgenden werden geeignete Vorgaben für Schreibanlässe aufgeführt; die Seitenzahlen verweisen auf die Stellen in diesem Band, an denen die entsprechenden Schreibanlässe thematisiert werden.

Schreiben zu Texten: Bilderbücher, Beispieltexte, Lehrererzählung, Filme, Kassetten, Adventure-Game

▸ Texte aus der Schulzeitung (Klasse 1): S. 21 ff.

▸ *Rosalind das Katzenkind* (Piotr und Józef Wilkoń, Zürich 1989) (Klassen 1, 2, 4): S. 28 ff., 55 ff., 97, 108 f., 115, 130 f., 137 f., 141

▸ *Mausemärchen – Riesengeschichte* (Annegert Fuchshuber, Stuttgart 1996) (Klassen 1, 2, 3): S. 55 ff., 96 f., 136, 141, 176 ff.

▸ *Nisses neue Mütze* (Olof und Lena Landström, Hamburg 1991) (Klasse 2): S. 67 ff.

▸ *Nickel, der mit dem Fuchs tanzt* (Claude Boujon, München 1994; übersetzt von Tilde Michels, frz. Original 1992) (Klasse 3): S. 134 f.

▸ *Der kleine Herr Jakob* (Hans Jürgen Press): S. 101 ff.

▸ *Der Junge auf dem Flugkissen* (F. K. Waechter): S. 103 f.

▸ Lüge und Wahrheit (Klasse 4): S. 93, 172 ff., 218

▸ Gespenster (Klasse 3): S. 61 ff.

▸ *Der Grüffelo* (Axel Scheffler/Julia Donaldson, Weinheim und Basel 2002) (Schulanfang): S. 146 ff.

▸ *Josef und seine Brüder* (Klassen 3, 4): S. 199 ff.

▸ *Der Turm zu Babel* (Klasse 1): S. 150 ff.

▸ *Der Tigerprinz* (Chen Jianghong, Frankfurt/Main 2009) (Klassen 3, 4): S. 162 ff.

▸ *Torins Passage* (Videospiel, Al Lowe, 1995) (Klasse 4): S. 53 ff., 62 ff., 110 ff., 166 ff.

▸ *Die große Frage* (Wolf Erlbruch, Wuppertal 2004) (Klasse 2), S. 194 ff.

Literarische Figuren und Medienfiguren

▸ König der Löwen (Film, Walt Disney 1994) (Klassen 3, 4): S. 109 f., 136 f.

▸ Bär und Tiger (Janosch) (Klassen 3, 4): S. 142 ff.

▸ Super Mario (Videospiel, Nintendo) (Klassen 3, 4): S. 138 f.

▸ Rotkäppchen (Klassen 3, 4): S. 179 f.

▸ Schreiben als Leseempfehlung (Klasse 3): S. 170 ff.

Schreiben zu Bildern

- *Die Eichhörnchen* (Albrecht Dürer, 1512) (Klasse 1):S. 66 f., 129
- *Die Hirschkäfer* (Albrecht Dürer, 1505) (Klasse 1): S. 51 ff., 132 f.
- *Das Mädchen am Meer* (Edvard Munch, 1903/04) (Klasse 3): S. 158 ff.
- *Der Tiger* (Franz Marc, 1912) (Klasse 4): S. 113 f., 186 f.
- *Mädchen mit verschränkten Armen* (Paula Modersohn-Becker, 1903) (Klasse 4): S. 189
- *Das Eismeer* (Caspar David Friedrich, 1823/24) (Klasse 4): S. 188
- *Drei Sphinxe* (Salvador Dalí, 1947) (Klasse 4): S. 191 f.
- *Der Therapeut* (René Magritte, 1962) (Klasse 4): S. 190
- *Der Turmbau zu Babel* (Pieter Bruegel d. Ä., 1563) (Klasse 1): S. 152 ff.
- *Die Netzflickerinnen* (Max Liebermann, 1887 – 1889) (Klassen 3, 4, 5): S. 23 ff., 208 ff.
- *Senecio* (Paul Klee, 1922) (Klasse 4): S. 218 f.
- *Auf dem Segler* (Caspar David Friedrich, 1818/19) (Klasse 3): S. 234 ff.

Schreiben zu Sachthemen

- Brutpflege der Blaumeisen (Klasse 2): S. 16 ff.
- Herbst (Klassen 1, 2,3): S. 59 ff., 97 ff.
- Versuche (Klassen 3, 4): S. 92, 184 f.
- Papierschiff und Strohhalm (Klassen 2, 4): S. 213 ff.
- Schnirkelschnecke (Klasse 3): S. 133
- Erlebtes (Klassen 1, 4): S. 124 f.

Schreibideen anregen und begleiten

Schreibideen anregen

- ▸ Anspruchsvolle Inhalte zum Schreiben anbieten: spannungsreiche, fantasievolle, mehrdeutige, irritierende, deutungsoffene Inhalte.
- ▸ Auswahlmöglichkeiten bieten: in Bezug auf den Inhalt, das Schreibblatt, die Aufgabenstellung und so weiter.
- ▸ Einen „Pool" an Wissen und Ideen bereitstellen, aus dem die Kinder schöpfen können: einen Pool, der durch die Beschäftigung mit Geschichten, Erzählungen, Bildern etc. über einen längeren Zeitraum entsteht.
- ▸ Beim Schreiben Neues entstehen lassen, auf das alle anderen neugierig sein können – auch die Lehrperson!
- ▸ Die Schreibaufgabe „inszenieren", spannend gestalten oder „wichtig machen". Schreibförderlich ist, wenn Kinder merken, dass der Lehrperson der Inhalt wichtig ist.
- ▸ Das Schreibblatt schafft Bezug zum Inhalt und lässt genug Raum für die eigene Gestaltung.
- ▸ Ästhetische Präsentation des Inhalts, zu dem geschrieben werden soll: zum Beispiel Postkarten oder Bilder auf Pappen kleben, Kopien kolorieren, klar erkennbare Abbildungen verwenden, gestaltetes Erzählen und Vorlesen.
- ▸ Umfangsreduzierung zum Generieren eigener Schreibideen: zum Beispiel erste Gedanken auf kleinen Zetteln als Formulierung festhalten, einen zweiten Satz zu einer Vorgabe schreiben, Fragen notieren.
- ▸ Kreative Auseinandersetzung mit dem Inhalt: zum Beispiel Malen, Basteln, Darstellen, mit Sprache spielen.
- ▸ Gehörtes und Gesehenes mit eigenen Erfahrungen verknüpfen: in „Vorlesegesprächen", wenn Kinder Fragen stellen, wenn Kinder sich in Figuren hineinversetzen, in Rollenspielen.

Schreibideen befördern und begleiten

- ▸ Ideen und Lösungen der Kinder akzeptieren, ernst nehmen und loben.
- ▸ „Requisiten", die den Erzähl- und Schreibprozess begleiten: zum Beispiel Illustrationen, Figuren aus Krepppapier, Kamischibai, Gegenstände.
- ▸ Verschiedene Textsorten anbieten und zulassen: Offene Aufgabenstellungen provozieren meistens verschiedene Textsorten; sortieren kann man nach dem Schreiben.
- ▸ Raum für Austausch und Präsentation schaffen: Wichtige Inhalte, zu denen die Kinder geschrieben haben, sollten über einen langen Zeitraum im Klassenraum visuell präsent bleiben – ein hoher Stellenwert erhöht die Wichtigkeit des nächsten Schreibanlasses.
- ▸ Genug Zeit und Ruhe zum Schreiben einplanen bzw. eine stille, selbständige Arbeit für Kinder, die fertig sind, bereitstellen.
- ▸ Besondere Formulierungen hervorheben: betont vorlesen oder farbig markieren.
- ▸ Sternchenstellen im Text markieren, an denen etwas ergänzt oder ausformuliert werden kann, wenn Kinder dazu bereit sind.

Bei Schreib- und Erzählhemmung

▶ Schreibhemmungen – und die damit verbundenen negativen Gefühle – wahrnehmen, ernst nehmen und für die Kinder formulieren.

▶ Ermuntern, sich auf einen neuen Inhalt einzulassen: „Es kann sein, dass du keine Lust hast zu schreiben, aber heute geht es darum, es auszuprobieren, meckern darfst du morgen."

▶ Ihren Textanfang den Schreibern/Schreiberinnen betont vorlesen; oft wissen Kinder dann, wie sie weiterschreiben wollen.

▶ Den Textanfang wertschätzen und bestätigen, dass der Anfang gut ist.

▶ (Inhaltliche) Fragen stellen, Interesse zeigen.

▶ Den Text vom Kind diktieren lassen.

▶ Das Kind auffordern, die Idee (oder den Anfang einer Idee) zu erzählen. Oft erzählen Kinder dann konzeptionell schriftsprachlich. Dann kann man sagen: „Und genauso schreibst du es jetzt auf." Erzählen sie konzeptionell mündlich, kann man einen Satzanfang daraus formulieren und das Kind formuliert von da aus weiter.

▶ Andere Kinder einbeziehen.

▶ Kindern mehrere Schreibversuche zugestehen; auffordern, auch mal etwas zu „verwerfen" und wegzuwerfen.

Wenn Kinder keine Ideen haben

▶ Mit dem Schreibblatt auf- und abgehen.

▶ Texte oder Textanfänge von anderen Kindern durchlesen.

▶ Ideen mit anderen Kindern sammeln/besprechen.

▶ Schwerpunkt des Kindes herausfinden: „Was ist dir wichtig?" – „Was findest du interessant?" – „Was findest du spannend? Am schönsten?"

▶ Verschiedene inhaltliche Schwerpunkte als Auswahl anbieten. Zum Beispiel: Zu dem Gemälde *Die Netzflickerinnen* Fragen stellen wie: „Möchtest du über die Frau schreiben? Die Arbeit? Den Himmel? Die Netze?"; aber nicht: „Du könntest anfangen mit …"

▶ „Was denkst du über … ?"

▶ Beruhigen: „Das geht mir auch manchmal so."

▶ Ermuntern, erst einmal anzufangen, und die Möglichkeit des Wegwerfens anbieten.

▶ Auch als Lehrperson die Spannung aushalten, wenn ein Kind nichts schreibt.

Was man vermeiden sollte

▸ *Eine* „richtige" Lösung erwarten oder vor dem Schreiben wissen, was die Kinder schreiben sollen.

▸ Im Vorwege besprechen, was man schreiben soll.

▸ Textanfänge oder Wörter (für alle verbindlich) vorgeben.

▸ Während des Textschreibens auf Rechtschreibfehler aufmerksam machen.

▸ Einen bestimmten Textumfang vorgeben: „Ihr müsst eine Seite schreiben!"

▸ Schönschrift oder Orthografie über den Inhalt stellen – wohl aber Leserlichkeit verlangen.

▸ Mündlichkeit, das heißt ein ausführliches Gespräch über die Schreibaufgabe, vor dem Schreiben provozieren. Zum einen müssen die Kinder dann erst das Register „Schriftlichkeit" finden, zum anderen verführt es dazu, Ideen anderer einfach zu kopieren.

▸ Undeutliche, schlecht leserliche oder nachlässig gestaltete Kopiervorlagen.

▸ Leistungsvergleich: Auch wenn auf Zensuren beim Textschreiben in der Grundschule nicht verzichtet werden kann, sollte ein Teil des Textschreibens jenseits von Zensuren stattfinden.

▸ Würdigung der „drei besten Texte".

▸ Vorstellung von einem „gelungenen", einem „mittelmäßigen" und einem „misslungenen" Text vor der Klasse.

Das sollte man auf jeden Fall vermeiden!

Fragen und Denkanstöße zum theoretischen Teil

Wenn Schreiben als kulturelle Tätigkeit betrachtet wird, ist naheliegend, eigene Erfahrungen und Beobachtungen im Unterricht zu reflektieren: mit Literalität und Literarität, mit Prozessen des Formulierens, in der Auseinandersetzung mit Schreibnormen.

Perspektiven: Schreiben als kulturelle Tätigkeit (Kapitel 2)

Literalität – Literarität

▸ Marija (Oktober Klasse 3) kommt aus Serbien, lernte mit 3 Jahren sprechen und konnte sich bei ihrer Einschulung kaum verständlich machen, weder in ihrer Erstsprache noch in Deutsch: Sie hatte nicht nur Probleme mit der Phonetik, sondern auch mit Wortbildung und Syntax. In der 2. Klasse lebte sie 6 Monate im Heim und besuchte eine andere Schule, sodass sie in dieser Lerngruppe nur 5 Monate war (Christensen/Dehn 2010, S. 2 f.). Was sie schreibt, ist kaum lesbar. Bei der Schreibaufgabe zum Bild *Auf dem Segler* (C. D. Friedrich, siehe unten S. 234) hat sie zuerst selbst geschrieben, dann das Angebot ihres Lehrers angenommen, ihm zu diktieren (notiert ohne grammatische Korrekturen):

> Ich denke eine Geschichte und ich sollen ein Insel finden und die haben kein Essen. Und die haben kein Trinken. Die haben kein Brot. Ich denke mir, dass sie ein Kind haben. Und die haben kein Sachen. Und ich habe Hunger. Der Mann sagt: „Wir haben kein Essen." Und die suchen ein Haus. Die lassen das Boot auf den Wasser. Die Frau und der Mann gehen das Haus suchen und das Haus. Dann wohnen die da und dann haben die Trinken, Brot und Wasser.
> Marija

Zwei Tage später geht sie mit dem Blatt zu der zweiten Lehrerin in der Klasse: „Das ist *mein* Text. Ich hab' ihn Herrn Christensen diktiert. Aber es ist *mein* Text."

Welche Bedeutung hat das Diktieren für das Ausbilden von Literalität und Literarität? Welches könnten für Marija die nächsten Lernschritte sein (Oktober Klasse 3!)?

Literarität: Imagination und Transformation von Text und Bild

▸ Lassen sich in Marijas Text Spuren von Imagination und von ihrer Transformation in Sprache finden?
▸ Auch Johann hat zu dem Bild *Auf dem Segler* geschrieben. Er gehört zu den fortgeschrittenen Schülern und ist von Anfang an in dieser Klasse:

> Ein schönes Schiff, ein schönes Bild, eine schöne Aussicht. Das Meer ist still, ganz still, zwei Menschen sitzen irgendwie verzaubert auf dem Bug eines Schiffs. Ein Schiff, einfach ein Schiff, es segelt in die nächste Stadt, ganz langsam, so dass man mit schwimmen kann.
> Von Johann

▸ Sehen Sie Momente poetischer Sprachfunktion in den Texten von Marija und Johann?

▸ Welchen Aufschluss kann das Prozessmodell des Bildverstehens (S. 50) geben für das Verständnis der Texte von Marija und Johann und für eine Begründung des Unterrichtskonzepts zu dem Bild *Auf dem Segler* (S. 233)?

Literarische und mediale Muster in Texten von Grundschulkindern

▸ Wählen Sie aus der Dokumentation Schülertexte aus (zum Beispiel zum Bilderbuch *Der Grüffelo*, zur Lehrererzählung „Turmbau zu Babel", zum Adventure *Torins Passage*, zum Experiment mit „Papierschiff und Strohhalm" oder …) und untersuchen Sie sie im Hinblick auf literarische oder mediale Muster.

Das Formulieren der Gedanken beim Schreiben

▸ Wir haben zwei Formen für das Formulieren der Gedanken beim Schreiben dokumentiert: „Die Formulierung ist die Schreibidee" – „Die Entwicklung der Formulierung im Vollzug des Schreibens". Kennen Sie noch andere Formen?

Schreiben als kulturelle Tätigkeit – „Erschreiben" von Textsorten

▸ Welche Beobachtungen haben Sie im Unterricht zum Schreiben als kultureller Tätigkeit und zum „Erschreiben" von Textsorten gemacht?

▸ Welchen Stellenwert sollte das Schreiben als kulturelle Tätigkeit und das „Erschreiben" von Textsorten im Verlauf der Grundschule erhalten?

Perspektiven: Schreiben in der Schule (Kapitel 3)

Norm und Normierung

▸ Welche lernförderlichen Funktionen können Normen (Orthografie, Stilformen und Textsorten) haben? Welche Voraussetzungen sehen Sie dafür und welche Grenzen?

▸ Sie können sich dabei auch an der Dokumentation der orthografischen Lernentwicklung von drei Kindern von Anfang Klasse 1 bis Anfang Klasse 3 und dem Stand ihrer Textkompetenz Anfang Klasse 3 orientieren (S. 21 und 129 ff.).

Kontexte für Texte: Verstehensmodi

▸ Vergleichen Sie die Beschreibung von Manuel („Die schwimmende Nadel", S. 92) mit anderen Texten, die zu Experimenten geschrieben sind: „Das Loch in der Hand" (S. 185); „Papierschiff und Strohhalm" (S. 213 ff.). Wählen Sie einen Text aus und formulieren Sie für das Kind, wie Sie seinen Text verstehen.

▸ Erproben Sie Ihr Textverständnis an einem Schülertext. Was würden Sie dem Kind sagen? Diskutieren Sie mehrere solcher Reaktionen auf einen Text – am besten in direktem Kontakt mit Kindern.

Texte und Bilder als Kontexte: Schreiben zu Vorgaben

▶ Untersuchen Sie Vorgaben als Kontexte für Texte, zum Beispiel die Lehrererzählungen vom „Turmbau zu Babel" (Klasse 1, S. 150 ff.) und zu „Josef und seine Brüder" (Klasse 4, S. 199 ff.) sowie das Bilderbuch *Mausemärchen – Riesengeschichte*.

Schreiben zu Vorgaben: Thematisieren und Formulieren

▶ Diskutieren Sie die These von Gunter Otto:

Der Erhalt von Komplexität sowohl des ästhetischen Objekts als auch der ästhetischen Rezeptions- und Produktionsprozesse ist ebenso Kriterium für schulische ästhetische Bildung, wie jene Art von Inszenierung, die Subjektivität als produktive Kraft begreift. (G. Otto 1994, S. 156)

zum Beispiel anhand der Lehrererzählungen *Turmbau zu Babel* (Klasse 1) und *Josef und seine Brüder* (Klasse 4) und anhand des Bildes *Die Netzflickerinnen* (Klasse 3/4) und der Aufgabenstellungen dazu.

Kontexte für Texte: Überarbeiten, Präsentieren, Besprechen

Das folgende Beispiel zeigt den Versuch einer schriftlichen Verständigung mit dem Schüler über seinen Text.

In Klasse 3 haben die Kinder die *Mädchen am Meer* von Edvard Munch betrachtet (siehe S. 159) und kurz darüber gesprochen. Für die Schreibaufgabe hat die Lehrerin (Monika Ahrens) auch *Das Eismeer* von Caspar David Friedrich (siehe S. 188) zur Auswahl gestellt. (In dieser Klasse kommen 90 % der Kinder aus Haushalten, die von Hartz-IV-Leistungen leben, zum Teil in dritter Generation. Viele Kinder haben einen Migrationshintergrund.)

Aufgabe:

Schreibe auf, was dir wichtig ist.
Was du siehst und was du denkst.

Carlos hat sich für *Das Eismeer* entschieden:

∗ ich Sehe Eis und Wasser.
ich denke, das ein Boot
komt und das eis kaput macht.
was mir wichtig ist das
das Eis Heiel bleibt.
Carlos (Juni Klasse 3)

Die Studierenden haben Informationen über die Klasse und den orthografisch korrigierten Schülertext mit der Aufgabe erhalten:

Wie verstehen Sie den Text?
Was gefällt Ihnen besonders an dem Text?
Prüfen Sie anhand der Fragen „Was einen guten Text ausmacht" (S. 122), welche Qualitäten der Text aufweist.
Haben Sie echte Fragen an das Kind?
Schreiben Sie eine Rückmeldung an das Kind.

Lieber Carlos,
wenn wir deinen Text lesen, kommen uns zwei verschiedene Gedanken, wie man ihn verstehen kann:
Vielleicht war das Eis vorher heil und eine ganze Fläche. Und dann ist ein Boot gekommen und hat es kaputt gemacht. In dem Bild sieht man das zerstörte Eis.
Oder du magst das Eis so, wie es in dem Bild zu sehen ist, und möchtest nicht, dass ein Boot kommt und diesen Zustand kaputt macht.
Wir würden gerne wissen, wie du es dir gedacht hast.
Uns interessiert auch, warum du Angst um das Eis hast.
Johanna Ahrens und Inga Schlecht
(Da die Sommerferien sehr früh in Hamburg begannen, reichte die Zeit im Semester nur, die Kommentare der Studierenden an die Kinder auszugeben. Sie wurden mit großem Interesse gelesen, für eine Antwort war keine Zeit. Einige Kinder bestehen noch ein halbes Jahr später darauf, die Texte und Antworten der Studierenden in ihrer Mappe zu behalten.)

Intention eines solchen Kommentars für die Hand des Schülers ist, ihm eine inhaltliche Auseinandersetzung mit seinem Text zu geben, Verständnis und Interesse zu zeigen. Das bedeutet nicht, dass der Schüler seinen eigenen Text daraufhin verändern soll.
▸ Wie beurteilen Sie die Möglichkeit, auf diese Weise den Lernprozess für das Kind – und für die Lehrperson – ins Bewusstsein zu rücken?
▸ Welchen Stellenwert könnten solche schriftlichen Kommentare für den Lernprozess und die Selbstwahrnehmung des Schülers haben?
▸ Erproben Sie selbst, einen solchen Kommentar zu schreiben, am besten natürlich in Kontakt mit Texten aus dem aktuellen Unterricht und mit den Kindern.
▸ Vergleichen Sie diese Form eines „Kontextes für Schülertexte" mit anderen, zum Beispiel auch mit der zu der Badehosen-Geschichte von Andreas (S. 124 ff.).

Heterogenität: Entwicklung der Textkompetenz im Unterricht
▸ Anna, Till und Özlem sind vom Schulanfang bis zum Ende der Grundschule in derselben Klasse (S. 21 und 129 ff.). Arbeiten Sie die Heterogenität der Lernent-

wicklung vom Schulanfang bis zum Ende der Grundschule heraus, was die Rechtschreibentwicklung betrifft und die Entwicklung der Textkompetenz.

▸ Wie beurteilen Sie die Merkmale und Besonderheiten dieses Unterrichts?

▸ Im Folgenden finden Sie einen Querschnitt der Lernentwicklung zu Beginn von Klasse 3 am Beispiel von 5 Kindern; 4 von ihnen haben einen Migrationshintergrund. Die Kinder sind ausgewählt im Hinblick auf ihre Sprach- und Schriftsprachentwicklung und zeigen das differenzierte Leistungsspektrum dieser Lerngruppe.

▸ Die Kinder haben schon mehrfach zu Bildern geschrieben. Diesmal geht es um das Bild *Auf dem Segler*. Auch diesmal haben die Kinder zuerst eine Formulierung notiert (ohne zuvor über das Bild zu sprechen) und später einen Text.

   • Inwiefern kann man sagen: Für alle diese Kinder war diese eine Schreibaufgabe lernförderlich?

   • Kennzeichnen Sie Merkmale der Heterogenität im Hinblick auf Literarität und Literalität. Lesen Sie zuerst die rechtschriftlich korrigierte Fassung und nehmen Sie auch Bezug auf die Übersicht zur Rechtschreibentwicklung.

C. D. Friedrich: Auf dem Segler, 1818/19

Formulierungen und Texte zum Bild *Auf dem Segler* von Caspar David Friedrich (September Klasse 3)			
Name	Formulierung, orthografisch überarbeitet (nicht grammatisch!)	Formulierung, buchstabengetreue Abschrift	Text
Nicola HSP PR 94 deutsch/spanisch fortgeschrittene schriftsprachliche Lernentwicklung (literal/literarisch)	Die Frau und der Mann segeln zum Land, um Heimat zu finden und um ein besseres Leben zu führen.	Die Frau und der Mann Segeln zum Land um Heimat zu finden und um ein besseres Leben zu führen.	Es war einmal ein Ehepaar. Das in Island wohnte. Aber es ist nach Spanien gereist, um ein neues Leben anzufangen. Denn sie waren arm. Der Mann arbeitet als echter Pirat. Und die Frau als Verkäuferin. Aber die Frau hatte keine Angst, denn sie haben sich gut verstanden. Sie sind Tage lang gereist. Und dann waren sie endlich da. Die Stadt hieß Sevia. Es war tragisch heiß. Aber es war wunderschön. Es war, als wär ein Traum in Erfüllung gegangen. War es ja auch, es war alles wieder gut. Ende
Johann HSP PR 51 deutsch fortgeschrittene schriftsprachliche Lernentwicklung (literarisch)	Das Meer ist still, ganz still. Zwei Menschen sitzen irgendwie verzaubert auf dem Bug eines Schiffes.	Das Meer ist still ganz still zwei menschen sizen irenwie ferzaubert auf dem Bugein es Schiffes.	Ein schönes Schiff, ein schönes Bild, eine schöne Aussicht. Das Meer ist still, ganz still, zwei Menschen sitzen irgendwie verzaubert auf dem Bug eines Schiffs. Ein Schiff, einfach ein Schiff, es segelt in die nächste Stadt, ganz langsam, sodass man mit schwimmen kann. Von Johann

Semra HSP PR 47 türkisch deutsch als Zweisprache *Lernentwicklungsschritte:* Kasus, Flektion der Adjektive, Semantik	Und der Wasser kann man auch nicht so gut sehen. Das Wasser sieht wie ein schwarz Meer aus. Das Boot hat auch so ein Vorhang oder so was und das sieht schön aus.	Und der Wasser kamman auch Nicht so gut sehen das Wasser sid wie ein schwarz Meer aus. das Boot hat auch so ein fohrhang oder so was und das sid schön aus.	Der Mann und (die) Frau sind, glaube ich, verheiratet und der Mann ist ein Pirat und die Himmel ist grau und auch bisschen schwarz und der Boot fährt zu die Pflanzen, vielleicht möchten die Pflanzen anschaun und der Boot ist auch ein Piratenboot. Die Frau sitzt neben ihn. Vielleicht möchten die einfach spazieren mit das Boot und der Boot sieht so groß aus. Aber sieht trotzdem schön aus. Vielleicht regnet es, weil die Himmel so gruselig aussieht. Aber die haben eine so eine ich glaube eine Gardine oder so. Und die Frau sieht fröhlich aus. Eigentlich sehen die Beiden fröhlich aus, nicht nur die Frau, auch der Mann.
Musafa HSP PR 3,9 türkisch, deutsch als Zweitsprache *Lernschwierigkeiten:* u. a. Orthografie, Grafomotorik	Der Mann kuckt zum Wasser. Die Frau kuckt zum Land.	der mann kokt som wasa. die frau kokt som Lant.	Mann hat ein Hut. Die Frau kuckt zum Himmel. Der Himmel ist schwarz und gelb.
Marija HSP PR weniger 0,6 deutsch/serbisch *Lernschwierigkeiten:* Sprachentwicklung, Lernen	Die sitzen auf ein Boot und die fahren zu Hause und die kucken da Welt an und die segeln (?) wieder zu Hause und die (?)	Die sezn af en Bot ot Di faren zu Huse ont ie kuen da Welt an ot Die Feseiln wiDa zu Huse ot Di suuen	*Diktiert:* Ich denke eine Geschichte und ich sollen ein Insel finden und die haben kein Essen. Und die haben kein Trinken. Die haben kein Brot. Ich denke mir, dass sie ein Kind haben. Und die haben kein Sachen. Und ich habe Hunger. Der Mann sagt: „Wir haben kein Essen." Und die suchen ein Haus. Die lassen das Boot auf den Wasser. Die Frau und der Mann gehen das Haus suchen und das Haus. Dann wohnen die da und dann haben die Trinken, Brot und Wasser.

Quelle: Christensen/Dehn 2010, S. 2 f.; die Namen der Kinder sind verändert.

HSP: Hamburger Schreibprobe, PR: Prozentränge der Graphemtreffer Ende Klasse 2 (vgl. May/Vieluf/Malitzky 2001)

Nicola (HSP Ende Klasse 2 PR 94)			
Zielwörter	November Klasse 1	Januar Klasse 1	Mai Klasse 1
Sofa	SOFA	Sofa	Sofa
Mund	MONT	Mot	Mund
Limonade	LMMONAD	leMONad	Limonade
Turm	TOM	TuM	Turm
Reiter	RAEITA	REITa	Reiter
Kinderwagen	KNDAWAGÄN	KNdaWAGeN	Kinderwagen

Semra (HSP Ende Klasse 2 PR 47)					
Zielwörter	November Klasse 1	Januar Klasse 1	Mai Klasse 1	November Klasse 2	Oktober Klasse 3
Sofa	SOFA	SOVaR	–	Sofer	Sofa
Mund	MOT	MoNt	–	Munt	Mont
Limonade	iAD	NoLaD	–	Limonade	Limonade
Turm	TOL	toRM	–	Tor	Torm
Reiter	RTAA	RaN	–	Reiten	Reiter
Kinderwagen	TENAN	KiNaWaGN	–	Kinderwargen	Kinderwagen

Marija (HSP Ende Klasse 2 PR 0,6)					
Zielwörter	November Klasse 1	Januar Klasse 1	Mai Klasse 1	Mai Klasse 2	Oktober Klasse 3
Sofa	SFO	OA	–	SOFA	Sofa
Mund	MOR	MN	–	MOT	Mont
Limonade	LM	LAD	–	L	LimonaD
Turm	TM	OAN	–	TOM	Tom
Reiter	RTA	RTA	–	RATA	Rata
Kinderwagen	KFMO	KNAWN	–	KAWGN	KenDerwagen

Rechtschreibentwicklung anhand der „Lernbeobachtung Schreiben" (Quelle: Dehn/Hüttis-Graff 2010)
HSP: Hamburger Schreibprobe, PR: Prozentränge der Graphemtreffer Ende Klasse 2 (vgl. May/Vieluf/Malitzky 2001)

Literaturverzeichnis

Ahrens, Michael/Mechthild Dehn (1995): „... wenn man sich was durchliest, dann fällt ein' auch was ein." Schreibkonzept und orthographische Korrektur in Klasse 2? Die Grundschulzeitschrift, Heft 86, S. 12–16.

Anderegg, Johannes (1985): Sprache und Verwandlung. Zur literarischen Ästhetik. Göttingen.

Andresen, Helga (1998): Spiel, Zeichen, Kontext. Zur Ontogenese dekontextualisierten Zeichengebrauchs. In: Heinz Giese/Jakob Ossner (Hrsg.): Sprache thematisieren. Fachdidaktische und unterrichtswissenschaftliche Aspekte. Freiburg, S. 21–41.

Andresen, Helga (2002): Interaktion, Sprache und Spiel. Zur Funktion des Rollenspiels für die Sprachentwicklung im Vorschulalter. Tübingen.

Andresen, Helga (2005): Vom Sprechen zum Schreiben. Sprachentwicklung zwischen dem vierten und siebten Lebensjahr. Stuttgart.

Andresen, Helga (2009): Sprachliche Bewusstheit im Kontext von Spracherwerb und Schriftspracherwerb. In: Hofmann/Valtin (Hrsg.), S. 83–104.

Assmann, Aleida und Jan (1992): Schrift. Historisches Wörterbuch der Philosophie. Bd. 8, S. 1417–1429.

Augst, Gerhard/Mechthild Dehn ([4]2009): Rechtschreibung und Rechtschreibunterricht. Können – Lehren – Lernen. Stuttgart.

Augst, Gerhard/Katrin Disselhoff/Alexandra Henrich/Thorsten Pohl/Paul-Ludwig Völzing (2007): Text-Sorten-Kompetenz. Eine echte Longitudinalstudie zur Entwicklung der Textkompetenz im Grundschulalter. Frankfurt.

Baurmann, Jürgen/Thorsten Pohl (2009): Schreiben – Texte verfassen. In: Albert Bremerich-Vos/ Dietlinde Granzer/Ulrike Behrens/Olaf Köller (Hrsg.): Bildungsstandards für die Grundschule. Deutsch konkret. Berlin, S. 75–103.

Baurmann, Jürgen/Rüdiger Weingarten (1995): Prozesse, Prozeduren und Produkte. In: dies. (Hrsg.): Schreiben, Prozesse, Prozeduren und Produkte. Opladen, S. 7–25.

Behörde für Schule, Jugend und Berufsbildung (1998): Wie Grundschulkinder sich ans Schreiben machen, Hermann Schwarz im Gespräch mit Hannelore Schröder. Beiträge zum Projekt „Lesen und Schreiben für alle", Heft 6. Hamburg.

Beisbart, Ortwin (1989): Schreiben als Lernprozeß. Der Deutschunterricht, 41. Jg., Heft 3, S. 5 f.

Belting, Hans (2004): Echte Bilder und falsche Körper – Irrtümer über die Zukunft des Menschen. In: Christa Maar/Hubert Burda (Hrsg.): Iconic turn. Die neue Macht der Bilder. Köln, S. 350–364.

Bereiter, Carl (1980): Development in Writing. In: Lee Gregg/Erwin Steinberg (Hrsg.): Cognitive Processes in Writing. Hillsdale, S. 73–93.

Bereiter, Carl/Marlene Scardamalia (1987): The Psychology of Written Composition. Hillsdale, N. J.

Bertschi-Kaufmann, Andrea (2005): Narratives Schreiben im Nachklang von multimedialen Lektüren. In: Petra Wieler (Hrsg.): Narratives Lernen in medialen und anderen Kontexten. Freiburg, S. 135–152.

Boal, Augusto (1979): Theater der Unterdrückten. Frankfurt am Main.

Boehm, Gottfried (2004): Jenseits der Sprache? Anmerkungen zur Logik der Bilder. In: Christa Maar/Hubert Burda (Hrsg.): Iconic turn. Die neue Macht der Bilder. Köln, S. 28–43.

Bos, Wilfried/Sabine Hornberg/Karl-Heinz Arnold/Gabriele Faust/Lilian Fried/Eva-Maria Lankes/ Knut Schwippert/Renate Valtin (Hrsg.) (2007): IGLU 2006. Lesekompetenzen von Grundschulkindern in Deutschland im internationalen Vergleich. Münster. Zusammenfassung: http://www. bmbf.de/pub/IGLU_zusammenfassung.pdf (letzter Zugriff: 15.11.2010).

Bosch, Bernhard (1984): Grundlagen des Erstleseunterrichts. Neudruck Frankfurt (zuerst 1937).

Boueke, Dietrich/Frieder Schülein/Hartmut Büscher/Eva-Maria Terhorst/Dagmar Wolf (1995): Wie Kinder erzählen. Untersuchungen zur Erzähltheorie und zur Entwicklung narrativer Fähigkeiten. München.

Brockmeier, Jens (1998): Literales Bewusstsein. Schriftlichkeit und das Verhältnis von Sprache und Kultur. München.

Bruner, Jerome (1986): Actual Minds, Possible Worlds. Cambridge/Mass., London.

Bruner, Jerome (1996): The Culture of Education. Cambridge/Mass., London.

Bühler, Karl (1965): Sprachtheorie. Die Darstellungsfunktion der Sprache. Stuttgart (zuerst 1934).

Christensen, Timm (1996): Sprachliche Muster in Kindertexten. Repetition und Variation. Analyse von Kinderarbeiten aus Sprachheil- und Grundschulklassen. Staatsexamensarbeit. Universität Hamburg. Fachbereich Erziehungswissenschaft. Unveröffentlichtes Manuskript.

Christensen, Timm (1998): Schreiben im kulturellen Kontext: Spielräume für Wiederholung, Erinnerung und Transformation. In: Osburg (Hrsg.), S. 38–43.

Christensen, Timm/Mechthild Dehn (2010): Binnendifferenzierter Unterricht am Beispiel des Schriftspracherwerbs. Arbeitsgruppe bei der Tagung „Inklusion als Herausforderung schulischer Entwicklung". Universität Hamburg 22./23. 10. 2010.

Dehn, Mechthild (1991): Stil von Grundschülern? Schülertexte verstehen lernen – und die Folgen für den Unterricht. Der Deutschunterricht, 43. Jg., Heft 3, S. 37–51.

Dehn, Mechthild (1993) Lernprozesse beim Textschreiben – Prozesse ästhetischer Erfahrung? Der Deutschunterricht, 45. Jg., Heft 6, S. 78–93.

Dehn, Mechthild (1996): Zur Entwicklung der Textkompetenz in der Schule. In: Feilke/Portmann (Hrsg.), S. 172–185.

Dehn, Mechthild (1999): Sprache und Fremdverstehen – Mehrschriftigkeit. In: Helene Decke-Cornill/Maike Reichart-Wallrabenstein (Hrsg.): Sprache und Fremdverstehen. Frankfurt a. M., S. 71–88.

Dehn, Mechthild (2000): Auf Texte hin von Texten aus. Eine Erzählung zusammenfassen. Praxis Deutsch, Heft 161, S. 29–32.

Dehn, Mechthild (2005): Schreiben als Transformationsprozess. Zur Funktion von Mustern: literarisch – orthografisch-medial. In: Mechthild Dehn/Petra Hüttis-Graff (Hrsg.): Kompetenz und Leistung im Deutschunterricht. Spielraum für Muster des Lehrens und Lernens. Freiburg, S. 9–32.

Dehn, Mechthild (2007a): Unsichtbare Bilder. Überlegungen zum Verhältnis von Text und Bild. In: Didaktik Deutsch, 13. Jg., S. 25–50; vgl. auch die gekürzte Fassung in: Kinder-/Jugendliteratur und Medien in Forschung, Schule und Bibliothek, 59. Jg., Heft 3, S. 11–20.

Dehn, Mechthild (2007b): Kinder & Lesen und Schreiben. Was Erwachsene wissen sollten. Seelze-Velber.

Dehn, Mechthild (2009): Zur Funktion der Aufgabe für den Schülertext. In: Hofmann/Valtin (Hrsg.), S. 154–175.

Dehn, Mechthild (2010a): Zeit für die Schrift. Berlin (zuerst 1994).

Dehn, Mechthild (2010b): Elementare Schriftkultur und Bildungssprache. In: Mechtild Gomolla/Sara Fürstenau (Hrsg.): Mehrsprachigkeit. Wiesbaden, S. 129–150.

Dehn, Mechthild/Wilhelm Dehn (1979): Produktive Textarbeit. Reduktion und Entfaltung. Der Deutschunterricht, 31. Jg., Heft 4, S. 31–46.

Dehn, Mechthild/Wilhelm Dehn (1980): Erzählstruktur und Lernprozess. Der Deutschunterricht, 32. Jg., Heft 2, S. 94–104.

Dehn, Mechthild/Petra Heinrich/Susanne Wagner-Lueken/Gerti Weber (1991): Der Computergeist und seine Frau. Computer: Medium für Schriftkultur? Die Grundschulzeitschrift, Heft 47, S. 19–23.

Dehn, Mechthild/Petra Hüttis-Graff/Norbert Kruse (Hrsg.) (1996): Elementare Schriftkultur Schwierige Lernentwicklung und Unterrichtskonzept. Weinheim.

Dehn, Mechthild/Steffi Habersaat/Swantje Weinhold (1998): Uber literarische Figuren und Medienfiguren. Schreiben als kulturelle Tätigkeit. In: Osburg (Hrsg.), S. 9–37.

Dehn, Mechthild/Lis Schüler (1998): Lüge und Wahrheit: Vorstellungen klären. Differenzierung in der Aufgabe – Schreiben nach Vorgaben. Praxis Deutsch, Heft 149, S. 31–35.

Dehn, Mechthild/Thomas Hoffmann/Oliver Lüth/Maria Peters (2004): Zwischen Text und Bild. Schreiben und Gestalten mit neuen Medien. Freiburg.

Dehn, Mechthild/Angela Andersen/Irmtraud Schnelle/Lis Schüler (2008): Ästhetische Zugangsweisen und ihre Potentiale für Literalität – Schreiben zum Gemälde „Die Netzflickerinnen". In: Gabriele Lieber (Hrsg.): Lehren und Lernen mit Bildern. Ein Handbuch zur Bilddidaktik. Baltmannsweiler, S. 224–234.

Dehn, Mechthild/Petra Hüttis-Graff (2010): Zeit für die Schrift: Beobachtung, Diagnose, Lernhilfen. Berlin.

Dehn, Mechthild/Lis Schüler (2010): Von der Schreibidee zum Text. Die Grundschulzeitschrift, Heft 231, S. 24–29.

Dehn, Wilhelm (1969): Literaturdidaktik „für ein breites Publikum". Literatur in Wissenschaft und Unterricht, Bd. 2, Heft 3, S. 184–195.

Dehn, Wilhelm (1974) (Hrsg.): Ästhetische Erfahrung und literarisches Lernen. Frankfurt a. M.

Dehn, Wilhelm (1981): Das Interesse am Schreiben. Der Deutschunterricht, 33. Jg., Heft 1, S. 26–41.

Dehn, Wilhelm (1984): Literarität. Einführung zum Themenheft. Der Deutschunterricht, 36. Jg., Heft 6, S. 3–8; und: Exkurse zum Thema, S. 95–100.

Erlbruch, Wolf ([3]2004): Die große Frage. Hammer. Wuppertal.

Erlinger, Hans Dieter (2001): Kinder erzählen. Narrative Antworten auf mediale Angebote. In: ders. (Hrsg.): Kinder und ihr Symbolverständnis. Theorien – Geschichten – Bilder. München, S. 31–53.

Feilke, Helmuth (1995): Auf dem Weg zum Text. Die Entwicklung der Textkompetenz im Grundschulalter. In: Gerhard Augst (Hrsg.): Frühes Schreiben. Untersuchungen zum Schreiberwerb (Siegener Studien Bd. 56). Essen, S. 69–88.

Feilke, Helmuth: Über sprachdidaktische Grenzen: Von „Erfindern", „Entdeckern" und „Mentoren". Didaktik Deutsch, Heft 10, S. 4–25.

Feilke, Helmuth/Paul Portmann (1996) (Hrsg.): Schreiben im Umbruch. Schreibforschung und schulisches Schreiben. Stuttgart.

Fix, Martin/Roland Jost (2004): Spuren der Medienrezeption in Schülertexten. In: Marion Bönninghausen/Heidi Rösch (Hrsg.): Intermedialität im Deutschunterricht. Baltmannsweiler, S. 156–173.

Flower, Linda S./John R. Hayes (1980): The Dynamics of Composing: Making Plans und Juggling Constraints. In: Lee W. Gregg/Erwin R. Steinberg (Hrsg.): Cognitive Processes in Writing. Hillsdale/N. J., S. 31–50.

Fuhrhop, Nanna/Astrid Müller (2010): Schriftstrukturen entdecken. Praxis Deutsch, Heft 221, S. 4–13.

Gogolin, Ingrid (2008): Herausforderung Bildungssprache. In: Die Grundschulzeitschrift, Heft 215/216, S. 26.

Gresillon, Almuth (1995): Über die allmähliche Verfertigung von Texten beim Schreiben. In: Raible (Hrsg.), S. 1–36.

Günther, Hartmut (1995): Die Schrift als Modell der Lautsprache. Osnabrücker Beiträge zur Sprachtheorie, Heft 51, S. 15–32.

Habersaat, Steffi (1995): Komplexität in Kindertexten? Zu einer Kontroverse in der Schreibforschung. Staatsexamensarbeit. Universität Hamburg. Fachbereich Erziehungswissenschaft. Unveröffentlichtes Manuskript.

Habersaat, Steffi/Mechthild Dehn (1998): Komplexität in Kindertexten – konzeptionelle Schriftlichkeit als Aufgabe für den Anfangsunterricht. In: Spitta (Hrsg.), S. 169–197.

Härle, Gerhard/Bernhard Rank (2010): Wege zum Lesen durch Literatur. In: Gerhard Härle/Bernhard Rank (Hrsg.): Wege zum Lesen und zur Literatur. Baltmannsweiler, S. 1–20.

Hasert, Jürgen W. (1998): Schreiben mit der Hand. Schreibmotorische Prozesse bei 8–10jährigen Grundschülern. Frankfurt.

Haueis, Eduard (1995): Mit der Schreibforschung weiter im alten didaktischen Trott? Von der Themenstellung zum fertigen Text. Osnabrücker Beiträge zur Sprachtheorie, Heft 51, S. 97–115.

Havelock, Eric A. (1992): Als die Muse schreiben lernte. Frankfurt a. M.

Hoffmann, Thomas/Oliver Lüth (2007): Adventure: Zwischen Erzählung und Spiel. Transformationsprozesse in Schülertexten zu „Torins Passage". Tönning. Im Internet: http://www.schwimmenlernenimnetz.de/veroeffentlichungen/holue_adventure.pdf (letzter Zugriff: 13.05.2011).

Hofmann, Bernhard/Renate Valtin (Hrsg.) (2009): Projekte, Positionen, Perspektiven. 40 Jahre DGLS. Berlin.

Hüttis-Graff, Petra (2010): Die Lese-Hör-Kiste: Vom Hören lernen. In: Gudrun Schulz (Hrsg.): Basisbuch Lesen. Berlin, S. 214–222.

Hüttis-Graff, Petra/Stefanie Klenz/Daniela Merklinger/Angelika Speck-Hamdan (2010): Sprachkompetenz erwerben: Bildungssprache als Bedingung für erfolgreiches Lernen. In: Horst Bartnitzky/Ulrich Hecker (Hrsg.): Allen Kindern gerecht werden. Grundschulverband Band 129. Frankfurt, S. 238–265.

Hüttis-Graff, Petra/Daniela Merklinger (2010): Ohne Buchstaben Texte schreiben. Ein Hörspiel für Kinder als Zugang zu Schriftlichkeit. In: Dagmar Grenz (Hrsg.): Kinder- und Jugendliteratur. Theorie, Geschichte, Didaktik. Baltmannsweiler, S. 179–198.

Iser, Wolfgang (1993): Das Fiktive und das Imaginäre. Perspektiven literarischer Anthropologie. Frankfurt.

Ivo, Hubert (1982): Lehrer korrigieren Aufsätze. Beschreibung eines Zustands und Überlegungen zu Alternativen. Frankfurt a. M.

Jakobson, Roman (1970): Linguistik und Poetik. In: Jens Ihwe (Hrsg.): Literaturwissenschaft und Linguistik. Ergebnisse und Perspektiven. Bd. 11/1, Frankfurt a. M., S. 142–178 (amerik. 1960).

Jantzen, Christoph (2003): Eigene Texte in der Schule überarbeiten: beobachten – verstehen – lernen. In: Erika Brinkmann/Norbert Kruse/Claudia Osburg (Hrsg.): Kinder schreiben und lesen. Beobachten – Verstehen – Lehren. Freiburg i. Br., S. 111–122.

Jantzen, Christoph (2005): Implizites Lernen: Inhaltliche und strukturelle Deutungen beim Überarbeiten eigener Texte. In: Dehn, Mechthild/Petra Hüttis-Graff (Hrsg.): Kompetenz und Leistung im Deutschunterricht. Spielraum für Muster des Lernens und Lehrens. Freiburg i. Br., S. 93–104.

Jantzen, Christoph (2010): Verändert sich die Welt beim Überarbeiten? Oder: Warum Schreiben und Überarbeiten von Anfang an zusammen gehören. In: Christoph Jantzen/Daniela Merklinger (Hrsg.): Lesen und Schreiben: Lernerperspektiven und Könnenserfahrungen. Freiburg i. Br., S. 115–146.

Jianghong, Chen (2009): Der Tigerprinz. Frankfurt a. M.

Knapp, Werner (1997): Schriftliches Erzählen in der Zweitsprache. Tübingen.

Koch, Peter/Wulf Oesterreicher (1994): Schriftlichkeit und Sprache. In: Hartmut Günther/Otto Ludwig (Hrsg.): Schrift und Schriftlichkeit. Bd. 1. Berlin, S. 587–604.

Koch, Peter/Wulf Oesterreicher (2007): Schriftlichkeit und kommunikative Distanz. Zeitschrift für Germanistische Linguistik, Heft 35, S. 346–375.

Kohl, Eva-Maria/Michael Ritter (2010): Schreibszenarien. Wege zum kreativen Schreiben in der Grundschule. Seelze-Velber.

Kohl, Eva-Maria/Michael Ritter (2011) (Hrsg.): Die Stimmen der Kinder. Kindertexte in Forschungsperspektiven. Baltmannsweiler.

Köppert, Christine/Kaspar H. Spinner (1998): Imagination im Literaturunterricht. Neue Sammlung, Jg. 38, Heft 2, S. 141–170.

Köppert, Christine/Kaspar H. Spinner (2003): Filmdidaktik: Imaginationsorientierte Verfahren. In: Volker Deubel/Klaus H. Kiefer (Hrsg.): MedienBildung im Umbruch. Lehren und Lernen im Kontext der Neuen Medien. Bielefeld, S. 59–74.

Kruse, Norbert (2009): Rückmeldungen von Lehrenden zum Textschreiben in der Grundschule – Textgespräche mit Kindern führen? In: Bernhard Hofmann/Renate Valtin (Hrsg.), S. 206–225.

Kruse, Norbert (2010): Überarbeitungskompetenz in der Grundschule entwickeln. In: Grundschulunterricht Deutsch, Heft 3, S. 4–7.

Kruse, Norbert (2011): Poetik in Kindertexten? Zur Erweiterung des sprachlichen Rahmens für die Analyse. In: Kohl/Ritter (Hrsg.), S. 73–82.

Labov, William/Joshua Waletzky (1973): Erzählanalyse: mündliche Versionen persönlicher Erfahrung. In: Jens Ihwe (Hrsg.): Literaturwissenschaft und Linguistik. Bd. 2. Frankfurt, S. 78–126.

Lehmann, Rainer/Rainer Peek (1997): Aspekte der Lernausgangslage von Schülerinnen und Schülern der fünften Klassen an Hamburger Schulen. Behörde für Schule, Jugend und Berufsbildung. Hamburg.

Lehnerer, Thomas (1994): Methode der Kunst. Würzburg.

Ludwig, Otto (1988): Der Schulaufsatz. Seine Geschichte in Deutschland. Berlin.

Ludwig, Otto (1995): Integriertes und nicht-integriertes Schreiben. Zu einer Theorie des Schreibens: eine Skizze. In: Baurmann/Weingarten (Hrsg.), S. 273–287.

Maaß, Kerstin (2010): Der Textanalysebaum. Über Texte und Textualität reden. Praxis Deutsch, Heft 223, S. 18–25.

May, Peter unter Mitarbeit von Ulrich Vieluf und Volkmar Malitzky (2001): Hamburger Schreibprobe Klasse 1–9. Diagnose orthografischer Kompetenz zur Erfassung der grundlegenden Rechtschreibstrategien. Hamburg/Velber (Neustandardisierung; zuerst 1994).

Meiers, Kurt (1988): Der Herbst. Praxis Grundschule, Heft 4.

Menzel, Wolfgang (1979): Es heißt nicht „kriegen", sondern „bekommen". Sonderheft Praxis Deutsch, S. 34–44.

Merkelbach, Valentin (1989): Korrigieren – Lernziel für Lehrer und Schüler. Der Deutschunterricht, 41. Jg., Heft 3, S. 44–50.

Merklinger, Daniela (2009): Schreiben ohne Stift – Zur Bedeutung von Medium und Skriptor für die Anfänge des Schreibens. In: Bernhard Hofmann/Renate Valtin (Hrsg.), S. 177–204.

Merklinger, Daniela (2010): Lernendes Schreiben am Übergang von Mündlichkeit zu Schriftlichkeit. In: Thorsten Pohl/Torsten Steinhoff (Hrsg.): Textformen als Lernformen (Kölner Beiträge zur Sprachdidaktik – KöBeS). Duisburg, S. 117–142.

Merklinger, Daniela (2011): Frühe Zugänge zu Schriftlichkeit. Eine explorative Studie zum Diktieren. Freiburg.

Merklinger, Daniela/Lis Schüler (2011): „Er soll die Rolle übernehmen von den Tigerkindern". Der Tigerprinz. In: Grundschulmagazin, Heft 2, S. 24–28.

Merz-Grötsch, Jasmin (2001): Schreiben als System. Bd. 2: Die Wirklichkeit aus Schülersicht. Eine empirische Analyse. Freiburg i. Br.

Mollenhauer, Klaus (1996): Grundfragen ästhetischer Bildung. Theoretische und empirische Befunde zur ästhetischen Erfahrung von Kindern. Weinheim.

Mukařovský, Jan (1967): Kapitel aus der Poetik. Frankfurt (tschech. 1948).

Murray, Donald M. (1978): Internal Revision: A Process of Discovery. In: Charles R. Cooper/Lee Odell (Hrsg.): Research on Composing: Points of Departure. Urbana/Ill., S. 85 –103.

Neisser, Ulric (1979): Kognition und Wirklichkeit. Stuttgart (amerik. 1976).

Nussbaumer, Markus (1993): Textbegriff und Textanalyse. In: Peter Eisenberg/Peter Klotz (Hrsg.): Sprache gebrauchen – Sprachwissen erwerben. Stuttgart, S. 63 – 84.

Ong, Walter (1987): Oralität und Literalität. Die Technologisierung des Wortes. Opladen.

Osburg, Claudia (1998) (Hrsg.): Textschreiben – Rechtschreiben – Alphabetisierung. Initiierung sprachlicher Lernprozesse im Bereich der Grundschule, Sonderschule und Erwachsenenbildung. Hohengehren.

Otto, Gunter (1994): Lernen und ästhetische Erfahrung. In: Lutz Koch/Winfried Marotzki/Helmut Peukert (Hrsg.): Pädagogik und Ästhetik. Weinheim, S. 145 – 159.

Otto, Gunter und Maria (1987): Auslegen. Ästhetische Erziehung als Praxis des Auslegens in Bildern und des Auslegens von Bildern. 2 Bd. Seelze.

Peters, Maria (1996): Blick – Wort – Berührung. Differenzen als ästhetisches Potential in der Rezeption plastischer Werke von Arp, Maillol und E. Walter. München.

Pohl, Thorsten (2007): Studie zur Ontogenese wissenschaftlichen Schreibens. Tübingen.

Pohl, Thorsten/Torsten Steinhoff (2010) (Hrsg.): Textformen als Lernformen. In: dies. (Hrsg.): Textformen als Lernformen. KöBeS (Kölner Beiträge zur Sprachdidaktik) 2010, S. 5 – 26.

Popper, Karl/Konrad Lorenz (1985): Die Zukunft ist offen. Das Altenberger Gespräch. München.

Portmann, Paul (1993): Zur Pilotfunktion bewussten Lernens. In: Peter Eisenberg/Peter Klotz (Hrsg.): Sprache gebrauchen – Sprachwissen erwerben. Stuttgart, S. 97 – 118.

Portmann-Tselikas, Paul (1997): Erarbeitung von Textstrukturen. Zu einigen Verbindungen zwischen Schreibforschung und kognitiver Textlinguistik. In: Gerd Antos/Heike Tietz (Hrsg.): Die Zukunft der Textlinguistik. Tübingen, S. 65 – 80.

Raible, Wolfgang (1995) (Hrsg.): Kulturelle Perspektiven auf Schrift. Tübingen.

Rau, Cornelia (1994): Revisionen beim Schreiben. Zur Bedeutung von Veränderungen in Textproduktionsprozessen. Tübingen.

Richter, Karin (1998): Kinderliteratur in der Grundschule des „Medienzeitalters" – eine didaktische Herausforderung. In: Bettina Hurrelmann/Karin Richter (Hrsg.): Kinderliteratur im Unterricht. Theorien und Modelle zur Kinder- und Jugendliteratur im pädagogisch-didaktischen Kontext. München, S. 121 – 133.

Richter, Karin (2007): Kinderliteratur im Literaturunterricht der Grundschule. Befunde – Konzepte – Modelle. Baltmannsweiler.

Richter, Karin (2010a): Kinderliteratur als Anregung zu Schreibideen. Kindliche Texte und das Erschließen von Kunstwelten. In: Die Grundschulzeitschrift, Heft 231, S. 12 – 16.

Richter, Karin (2010b): Krabat und die Schwarze Mühle. Die sorbische Sage im literarischen, ethnischen, historischen und medialen Kontext. Bilder erzählen Geschichten – Geschichten erzählen zu Bildern. Modelle und Materialien für den Literaturunterricht (Klasse 3 bis Klasse 9). Bd. 7. Baltmannsweiler.

Richter, Karin/Leonore Jahn (2008): Griechische Mythen in der Grundschule. Der Trojanische Krieg und die Irrfahrten des Odysseus. Modelle und Materialien für den Literaturunterricht. Modelle und Materialien für den Literaturunterricht (Klasse 3 bis Klasse 6). Bd. 5. Baltmannsweiler.

Ritter, Michael (2008): Wege ins Schreiben. Eine Studie zur Schreibdidaktik in der Grundschule. Baltmannsweiler.

Ritter, Michael (2011): „Ich bin der Wind, der die Zweige bewegt." Zur potentiellen Bedeutung von Kindertexten für erziehungs- und bildungswissenschaftliche Forschungen. In: Kohl/Ritter (Hrsg.), S. 15–31.

Romberg, Susanne (1993): Wege Erwachsener in die Welt der Schrift. Schreibprozesse bei funktionalen Analphabeten. Opladen.

Rosebrock, Cornelia (1995) (Hrsg.): Lesen im Medienzeitalter. Biographische und historische Aspekte literarischer Sozialisation. Weinheim und München.

Rumpf, Horst (1976): Schuldeutsch. Über Verfahren und Konsequenzen der Ablösung der Sprache von Erfahrung. In: Rudolf Messner/Horst Rumpf (Hrsg.): Schuldeutsch? Materialien zur Einführung in die Sprachdidaktik. Wien, S. 10–25.

Scardamalia, Marlene/Carl Bereiter (1983): The Development of Evaluative, Diagnostic and Remedial Capabilities in Children's Composing. In: Margaret Martlew (ed.): The Psychology of Written Language. Developmental and Educational Perspectives. New York.

Scheffler, Axel/Julia Donaldson (2002): Der Grüffelo. Weinheim und Basel.

Schülein, Frieder/Dagmar Wolf/Dietrich Boueke (1995): Mündliche und schriftliche Erzähltexte von Kindern und Erwachsenen. In: Baurmann/Weingarten (Hrsg.), S. 243–269.

Schüler, Lis (1998): „Formulierungen" als Anspruch an Spracharbeit in der Grundschule. Untersuchungen zu Unterrichtsversuchen in Klasse 4. Staatsexamensarbeit Universität Hamburg. Fachbereich Erziehungswissenschaft. Manuskript.

Schüler, Lis/Mechthild Dehn (2010a): „Die Netzflickerinnen". Eine Bild-Figur als Anstoß. In: Die Grundschulzeitschrift, Heft 231, S. 34–37.

Schüler, Lis/Mechthild Dehn (2010b): Übersicht: Schreibideen. Die Grundschulzeitschrift, Heft 231, S. 52–53.

Schulte, Kerstin (2000): Kohärenz. Eine Untersuchung an Texten aus Klasse 1. Frankfurt a. M.

Singer, Wolf (2004): Das Bild in uns – Vom Bild zur Wahrnehmung. In: Christa Maar/Hubert Burda (Hrsg.): Iconic turn. Die neue Macht der Bilder. Köln, S. 56–76.

Speck-Hamdan, Angelika (2005): Nahtstelle Übergang vom Elementar- zum Primarbereich. In: Horst Bartnitzky/Angelika Speck-Hamdan (Hrsg.): Deutsch als Zweitsprache lernen. Frankfurt a. M., S. 100–109.

Spinner, Kaspar H. (1995): Die Entwicklung literarischer Kompetenz beim Kind. In: Cornelia Rosebrock (Hrsg.): Lesen im Medienzeitalter. Biographische und historische Aspekte literarischer Sozialisation. Weinheim und München, S. 81–96.

Spinner, Kaspar H. (2004): Von der Filmerfahrung zur literarischen Textanalyse. In: Hartmut Jonas/Petra Josting (Hrsg.): Medien – Deutschunterricht – Ästhetik. Jutta Wermke zum 60. Geburtstag gewidmet. München 2004, S. 56–76.

Spinner, Kaspar H. (2006): Literarisches Lernen. In: Praxis Deutsch, Heft 200, S. 6–16.

Spinner, Kaspar H. (2007): Literarisches Lernen in der Grundschule. In: Kinder-/Jugendliteratur und Medien in Forschung, Schule und Bibliothek, 59. Jg., Heft 3, S. 3–10.

Spinner, Kaspar H. (2010): Grundmotive und -symbole der Kinder- und Jugendliteratur. In: Dagmar Grenz (Hrsg.): Kinder- und Jugendliteratur. Theorie, Geschichte, Didaktik. Baltmannsweiler, S. 31–41.

Spitta, Gudrun (1992): Schreibkonferenzen – ein Weg vom spontanen Schreiben zum bewussten Verfassen von Texten. Frankfurt.

Spitta, Gudrun (Hrsg.) (1998): Freies Schreiben – eigene Wege gehen. Lengwil.

Steinig, Wolfgang/Hans-Werner Huneke (2000): Sprachdidaktik Deutsch. Eine Einführung. Berlin.

Theunert, Helga (2006): Bilderwelten im Kopf. Interdisziplinäre Zugänge. München.

Tholen, Nina (2010): Beim Lesenlernen die literarische Kompetenz der Kinder nutzen. In: Gudrun Schulz (Hrsg.): Lesen lernen in der Grundschule. Berlin, S. 151–163.

Ulich, Michaela/Dieter Ulich (1994): Literarische Sozialisation: Wie kann das Lesen von Geschichten zur Persönlichkeitsentwicklung beitragen? Zeitschrift für Pädagogik, 40. Jg., S. 821–834.

Wangerin, Wolfgang (2006): Ästhetische Erfahrung jenseits der Begriffe? Musik und Bildende Kunst im Deutschunterricht. Eine Einführung. In: ders. (Hrsg.): Musik und Bildende Kunst im Deutschunterricht. Baltmannsweiler, S. 2–54.

Wardetzky, Kristin (1991): Frühe Prägung? Märchenrezeption und Entwicklung literarischer Interessen. In: Hans-Heino Ewers (Hrsg.): Kindliches Erzählen, Erzählen für Kinder. Weinheim, S. 61–81.

Wardetzky, Kristin (1996): Zwischen Traum und Realität. Kindertexte aus Ost-und Westdeutschland im Vergleich. Teil I und II. Die Grundschulzeitschrift, Heft 91, S. 46–49; Heft 92, S. 46–51.

Wardetzky, Kristin (2007): Projekt Erzählen. Baltmannsweiler.

Wardetzky, Kristin (2010): Schwimmen lernen. Vom Zuhören über das Erzählen zum Schreiben. Die Grundschulzeitschrift, Heft 231, S. 44–47.

Wardetzky, Kristin/Christiane Weigel (2008): Sprachlos? Erzählen im interkulturellen Kontext. Erfahrungen aus einer Grundschule. Baltmannsweiler.

Weidenmann, Bernd (1988): Psychische Prozesse beim Verstehen von Bildern. Bern.

Weinert, Franz E./Andreas Helmke (1997) (Hrsg.): Entwicklung im Grundschulalter. Weinheim.

Weinhold, Swantje (2000): Text als Herausforderung. Zur Textkompetenz am Schulanfang. Freiburg.

Weinhold, Swantje (2005): Schreibkonzepte von Grundschulkindern. Ergebnisse einer Befragung zum Textschreiben im Kontext neuer Medien. In: Mechthild Dehn/Petra Hüttis-Graff (Hrsg.): Kompetenz und Leistung im Deutschunterricht. Spielraum für Muster des Lernens und Lehrens. Freiburg i. Br., S. 73–92.

Welge, Gisela (1996a): „Und sie gehen ein Stück zusammen." – Ein später Zugang zur Schrift. In: Dehn/Hüttis-Graff/Kruse (Hrsg.), S. 83–91.

Welge, Gisela (1996b): Unterrichtliche Kontexte für das Schreiben in Klasse 1. In: Dehn/Hüttis-Graff/Kruse (Hrsg.), S. 92–98.

Wertsch, James (1991): Voices of the Mind. A Sociocultural Approach to Mediated Action. London.

Wertsch, James (1996): Vygotskij und die gesellschaftliche Bildung des Bewusstseins. Marburg (amerik. 1988).

Wieler, Petra (1997): Vorlesen in der Familie. Fallstudien zur literarisch-kulturellen Sozialisation von Vierjährigen. München.

Wieler, Petra (2011): Mehrsprachige Kinder erzählen und schreiben zu einer Bilder(buch)geschichte und deren Multimedia-Adaption als Living-Book. In: Ernst Apeltauer/Martina Rost-Roth (Hrsg.): Sprachförderung. Von der Vor- in die Grundschule. Tübingen, S. 55–70.

Wieler, Petra/Birgit Brandt/Natascha Naujok/Janina Petzold/Jeanette Hoffmann (2008): Medienrezeption und Narration. Gespräche und Erzählungen zur Medienrezeption von Grundschulkindern. Freiburg.

Wilkoń, Piotr und Józef (1989): Rosalind das Katzenkind. Zürich.

Wolf-Weber, Ingeborg/Mechthild Dehn (1993): Geschichten vom Schulanfang. Weinheim.

Wygotski, Lew S. (1969): Denken und Sprechen. Frankfurt (russ. 1934).

Wygotski, Lew S. (2002): Denken und Sprechen. Herausgegeben und übersetzt von Joachim Lompscher und Georg Rückriem. Weinheim (russ. 1934).

Nachbemerkung

Dieses Buch ist in zwanzig Jahren aus der Kooperation mit Lehrerinnen und Lehrern, mit Studierenden und mit Kolleginnen und Kollegen entstanden. Wir haben Schülertexte als *Texte* gelesen, auch gegen den Strich der schulischen Alltagsroutine; wir haben uns ausgetauscht über das, was uns aufgefallen ist; wir haben nach Zusammenhängen zwischen den Textqualitäten, den Aufgabenstellungen und Unterrichtsformen gefragt, haben unsere Vermutungen an neuen Aufgabenstellungen geprüft. Um zu ergründen, was wir fanden, haben wir in der Theorie gesucht: in der Theorie der Sprache, der Schrift und des Schreibens, der literarischen Anthropologie; in der Theorie des Bildersehens und -lesens, der „visual literacy"; in der Theorie des Lernens und Unterrichtens – vor allem auch, was den Begriff von Bildung und Leistung in der Schule betrifft. Daraus entstand diese Grundlegung für einen Schreibunterricht, der Imagination und Wissen verbindet – als Schreiben zu Vorgaben (zu Texten, zu Bildern, zu Sachthemen).

In diesen Jahren wurden umfangreiche Textsammlungen erstellt. Sie sind Fundus für die Begründung der Konzeption und für die Auswahl von Beispieltexten zur Konkretisierung:

▸ Das größte Korpus umfasst ca. 3.000 Texte (aus der Vorschulklasse bis Klasse 4; 1991–1997); sie sind zu literarischen Figuren (wie Pippi Langstrumpf, Rotkäppchen, Willi Wiberg, Mowgli) und zu Medienfiguren geschrieben (wie Batman, Arielle, Aladdin, König der Löwen, Super Mario). Beteiligt waren unter anderem die 20 Klassen aus dem Modellversuch „Elementare Schriftkultur als Prävention von Lese-Rechtschreibschwierigkeiten und Analphabetismus bei Grundschulkindern" (vgl. Sjölin 1996; Weinhold 2000).

▸ Außerdem liegen ca. 600 Texte zu Bildern und Bilderbüchern vor, die im Rahmen „Integrierter Schulpraktika" vor allem in Klasse 1 und Klasse 4 geschrieben wurden (vgl. Habersaat 1995, 1997; Christensen 1996, 1998; Habersaat/Dehn 1998; Schüler 1998; Schulte 2000).

▸ Weiterhin enthält die Sammlung ca. 700 Texte, die im Unterrichtsalltag entstanden sind (aus Klasse 1 bis Klasse 4; 1989–2010). Zur Entstehung mancher Texte liegen (zumeist im Zusammenhang mit den beiden Modellversuchen) transkribierte Unterrichtsprotokolle vor.

▸ Im Rahmen des BLK-Modellversuchs „Schwimmenlernen im Netz" im Rahmen des Programms „Kulturelle Bildung im Medienzeitalter" ist das Korpus von ca. 600 Texten und medialen Darstellungen zum Computerspiel *Torins Passage*, zum Bilderbuch *Rosalind*, zum Bild von Munch *Mädchen am Meer* und zu einem Werk der Netzkunst entstanden. Wir beschränken uns hier auf die geschriebenen Texte (zum darstellenden und medialen Gestalten mit neuen Medien vgl. Dehn u. a. 2004).

Zu danken ist vielen: Angela Andersen, Sigrid Andersen, Stefan Erhorn, Helga Grust und Heidi Hübner-Clausnitzer, Helga Kaul-Petrasch, Jutta Körner-Diekmann, Brigitte Kuhlwein, Margrit Nikatschalo-Schlüter, Hannelore Schröder, Ingeborg Wolf-Weber;

vor allem Irmtraud Schnelle, die immer wieder neue Anstöße für Erkundungen gegeben hat, und nicht zuletzt Gisela Welge, die – viel zu früh – 1997 gestorben ist.

Die Gespräche über die Texte der Schülerinnen und Schüler, über Kontexte für Analyse und neue Erprobung sind ganz wesentlich in verschiedenen Arbeitsgruppen, im Graduierten Kolleg „Ästhetische Bildung" (1991–2000), vor allem in der „Text-AG" vorangetrieben worden von: Timm Christensen, Claudia Dyroff, Steffi Habersaat, Thomas Hoffmann, Christoph Jantzen, Oliver Lüth, Norbert Neuß, Lis Schüler, Kerstin Maaß (Schulte), Amelie Sjölin, Swantje Weinhold; und auch von Petra Hüttis-Graff und Norbert Kruse in Gesprächen über viele Jahre. Daniela Merklinger hat mit ihrer Untersuchung über frühe Zugänge zu Schriftlichkeit beim kindlichen Diktieren zu Bilderbüchern neue Impulse und Bestätigungen für die Betrachtung gefunden (Merklinger 2011).

Und nicht zuletzt haben zwei Kunstpädagogen die Arbeiten begleitet, manches Ergebnis und Zwischenergebnis auch betreut und Erweiterungen der Aufgabenstellung angeregt: der Sprecher des Graduiertenkollegs „Ästhetische Bildung" Gunter Otto (1927–1999) und die Kollegin Maria Peters.

Quellenverzeichnis

7 Mottos: Wolfgang Iser: *Das Fiktive und das Imaginäre. Perspektiven literarischer Anthropologie.* Frankfurt, 1993, S. 512 – Gunter Otto: *Lernen und ästhetische Erfahrung.* In: L. Koch/W. Marotzki/H. Peukert (Hrsg.): *Pädagogik und Ästhetik.* Weinheim, 1994, S. 156 – Klaus Mollenhauer: *Grundfragen ästhetischer Bildung. Theoretische und empirische Befunde zur ästhetischen Erfahrung von Kindern.* Weinheim, 1996, S. 257 • **8, 56, 57, 58, 136, 138, 141 unten, 176, 178** Illustrationen von Annegert Fuchshuber aus: *Mausemärchen – Riesengeschichte* © 1983 by Thienemann Verlag (Thienemann Verlag GmbH), Stuttgart/Wien • **15** Foto: Marco Baumgarten • **23, 24, 208** Liebermann: © bpk | Hamburger Kunsthalle | Elke Walford • **30, 31, 108, 121, 138, 141 oben** Illustrationen von P. und J. Wilkoń: Mit freundlicher Genehmigung von Boheme Press • **39** Foto: © Michael DeLeon / iStockphoto • **49** Grafik: Mit freundlicher Genehmigung von DuMont Buchverlag, Köln • **51, 66** Dürer: Privatbesitz • **68** Illustration: © Olof und Lena Landström • **78/79** Textauszüge und Grafik aus Augst u. a. (2007): Mit freundlicher Genehmigung von Peter Lang Verlag, Frankfurt/Main • **83** Foto: Marco Baumgarten • **101** Bildergeschichte: © *Der kleine Herr Jakob* von Hans Jürgen Press, Beltz & Gelberg, Weinheim/Basel • **103** Illustration von F. K. Waechter aus: Christine Nöstlinger, *Der gefrorene Prinz* © 1990 Beltz & Gelberg in der Verlagsgruppe Beltz, Weinheim/Basel • **109** Illustration: *König der Löwen 2 – Simbas Königreich (Lion King II: Simba's Pride,* USA 1998, Regie: Rob LaDuca, Darrell Rooney) © Disney/Cinetext • **113, 186** Marc: © - - ARTOTHEK • **116** Fotos: Miriam Keller • **119, 145** Foto: Lena Wahl • **127** Foto: Meike Hüttmann • **134** Illustration von C. Boujon: © 1992, l'école des loisirs, Paris. Quelle: *On a volé Jeannot Lapin* by Claude Boujon • **142, 143** Illustration von Janosch: © Janosch film & medien AG • **146** Foto: Annette Möller • **148** Illustration von A. Scheffler: Mit freundlicher Genehmigung von Beltz & Gelberg, Weinheim/Basel • **152** Brueghel: © Photobusiness – ARTOTHEK • **159** Munch: © bpk | Hamburger Kunsthalle | Elke Walford • **163, 164, 165** Illustrationen von Chen Jianghong aus: *Der Tigerprinz.* Bilderbuch. Aus dem Französischen von Erika und Karl A. Klewer. Moritz Verlag, Frankfurt/Main 2005 • **168, 169** Screenshots Torin: Mit freundlicher Genehmigung von Thomas Hoffmann und Oliver Lüth • **182** Dürer: © akg-images • **184** Zeichnungen: Nicola Schneider • **188** Friedrich: © Gnamm – ARTOTHEK • **189** Modersohn-Becker: Privatbesitz • **190** Magritte: VG Bild-Kunst, Bonn 2011 • **191** Dalí: © Salvador Dalí, Fundación Gala-Salvador Dalí / VG Bild-Kunst, Bonn 2011 • **195, 196, 197** Illustrationen von Wolf Erlbruch: aus *Die große Frage,* Peter Hammer Verlag, Wuppertal, 2004 • **200/201** Erzähltext: Irmtraud Schnelle • **210** Foto: Petra Hüttis-Graf • **218** Klee: © Hans Hinz – ARTOTHEK • **234** Friedrich: © Blauel/Gnamm – ARTOTHEK